PONS

SPRACHFÜHRER

BUSINESS-ENGLISCH

Meetings, Messen und Präsentationen
erfolgreich meistern

AF203681

PONS GmbH
Stuttgart

PONS Sprachführer
Business-Englisch

Neubearbeitung auf der Basis von
PONS Sprachführer Business-Englisch
978-3-12-517041-4

Bearbeitet von: Ines Balcik, Inga Bertz, Anette Dralle,
Madeleine Poole, Christiane Wirth.

1. Auflage 2014 (1,01 – 2014)

www.pons.de
E-Mail: info@pons.de

Projektleitung: Gabriela Neumann
Umschlaggestaltung: Anne Helbich, Stuttgart
Logoentwurf: Erwin Poell, Heidelberg
Logoüberarbeitung: Sabine Redlin, Ludwigsburg
Satz: Satzkasten, Stuttgart
Druck: L.E.G.O. S.p.A., Lavis (TN)
Printed in Italy

ISBN: 978-3-12-517157-2

Vorwort

Liebe Leserin, lieber Leser,

Sie planen einen Business-Trip ins Ausland und Sie freuen sich darauf, Ihre Geschäftspartner und deren Kultur kennenzulernen? Mit dem Sprachführer Business-Englisch von PONS haben Sie stets die richtigen Worte parat – für die wichtigsten Stationen Ihrer Geschäftsreise.

Vom Messe- und Firmenbesuch über Vertragsverhandlungen und Präsentationen bis hin zum Smalltalk mit dem Geschäftspartner – in **16 thematischen Kapiteln** finden Sie immer den passenden Satz. Dabei geht es vor allem ums Business – aber auch um manch andere Situation, mit der man auf einer Auslandsreise konfrontiert wird.

Um peinliche Situationen zu vermeiden, haben wir für Sie einen **Business-Knigge**, der die wichtigsten Verhaltensregeln in verschiedenen Situationen wie Begrüßen, Essen oder Körpersprache beschreibt. Und wenn es schnell gehen muss, schlagen Sie einfach im **ausführlichen Wörterbuch** nach.

Als kleines Extra für Sie: Den Sprachführer Business-Englisch gibt es auch als **E-Book**. Unter www.pons.de/business-sprachfuehrer können Sie die Hauptthemen kostenlos herunterladen. So haben Sie den wichtigsten Wortschatz immer dabei.

Außerdem können Sie unter www.pons.de/business-sprachfuehrer den **Basiswortschatz** der 10 wichtigsten Handelsnationen **kostenlos downloaden** und damit Ihre Aussprache trainieren.

Viel Erfolg und gute Geschäfte wünscht Ihnen

Ihre

PONS Redaktion

Teil I Sprachführer Business-Englisch

Das Wichtigste in Kürze 23

Inhalt

Inhalt

Inhalt

In der City   133

Smalltalk   143

Hilfe!   149

Teil II Business-Knigge und Basis-Wortschatz

Inhalt

Inhalt

Teil III Wörterbuch

Gut vorbereitet.

Wann nennen sich Geschäftspartner beim Vornamen?
Wie wichtig ist Blickkontakt?
Die wichtigsten Einzelheiten finden Sie hier.

ANDERE LÄNDER …

In den englischsprachigen Ländern begegnet man dem ausländischen Besucher bzw. der Besucherin im Allgemeinen freundlich und hilfsbereit. Eventuelle „Ausrutscher" werden normalerweise höflich übersehen.

Vieles, was Ihnen in Großbritannien, den USA, Kanada, Australien oder Neuseeland begegnet, wird Ihnen sicherlich bekannt vorkommen. Sie werden jedoch auch erhebliche, nicht immer sofort offensichtliche Unterschiede feststellen, gerade wenn es darum geht, wie etwas gemacht oder empfunden wird.

NAMEN

In den englischsprachigen Ländern wird man Sie schneller beim Vornamen nennen. Dies ist unter Geschäftsleuten üblich, auch unter Vorgesetzten und deren Mitarbeiter/innen – es bedeutet jedoch nicht zwangsläufig die Anbahnung einer freundschaftlichen Beziehung.

Guten Tag, Herr Baker.
Hello Mr Baker.

Oh, nennen Sie mich doch einfach Richard!
Oh, please call me Richard

In Ordnung. Ich heiße Ben.
Right (US: OK). I'm Ben.

Vornamen werden in englischsprachigen Ländern gerne abgekürzt, z. B. Robert → Bob und Jacqueline → Jackie. Wenn Sie es vorziehen, mit Ihrem vollen Vornamen angesprochen zu werden, dann sagen Sie es bitte.

Hallo, Liz!
Hi, Liz!

Hallo, ich heiße Jamie.
Hi, I'm Jamie.

TITEL UND BERUFSBEZEICHNUNGEN

▶ **Kapitel: Das Wichtigste in Kürze,** Sich und andere vorstellen

Sir (und noch seltener Madam) werden gelegentlich noch im Kundenkontakt, z. B. von Verkaufs- oder Restaurantpersonal verwendet. Vorgesetzte und ältere Herren werden zum Zeichen des Respekts manchmal mit Sir angesprochen.

Als Ehrentitel gehört Sir zum Vornamen, z. B. John Smith wird als Sir John angesprochen (nicht Sir Smith). Frauen werden mit Dame, z. B.

Dame Agatha Christie angeredet. Die Titel Lord und Lady hingegen
werden mit dem Familiennamen verbunden, z. B. Lady Thatcher.
In den USA werden Personen in öffentlichen Ämtern häufig mit ihrer
Berufsbezeichnung vorgestellt, z. B. Senator Brown, Judge Malone
oder Reverend Willis.
Merken Sie sich auf jeden Fall die Berufsbezeichnungen bzw. die
akademischen Titel Ihrer Geschäftspartner(innen), aber benutzen Sie
diese nur, wenn andere es auch tun. Meist werden sie nur im Schrift-
verkehr (dies gilt auch für E-Mails!) verwendet bzw. bei förmlichen
Vorstellungen.
Übrigens: Doctor wird gewöhnlich nur für Ärzte und Ärztinnen
verwendet.

KÖRPER- UND BLICKKONTAKT

In formellen Situationen begrüßt man sich mit einem kurzen festen
Händedruck. Dies gilt auch für Beglückwünschungen oder bei feier-
lichen Anlässen, z. B. beim Unterzeichnen von Verträgen. Regelmä-
ßiges Händeschütteln zwischen Kollegen und Kolleginnen, z. B. bei
der Ankunft im Büro, ist jedoch nicht üblich.
Besonders in Nordamerika und Australien ist es unter Männern nicht
ungewöhnlich, dem Gesprächspartner auf die Schulter oder den
Rücken zu klopfen, um eine kollegiale Atmosphäre zu schaffen.
In einem Gespräch unter Männern wird regelmäßiger, direkter
Blickkontakt erwartet. Bleibt er aus, so wird dies als Zeichen von
Unsicherheit und Unehrlichkeit verstanden. Frauen hingegen suchen
im Gespräch mit Männern eher kurzen, regelmäßig unterbrochenen
Blickkontakt.

GESTIK

▷ den Mittelfinger über den Zeigefinger gelegt
  = Ich drücke Ihnen die Daumen.
▷ den Zeigefinger gegen die Schläfe klopfen
  = Sie spinnen wohl!
▷ der Daumen zeigt aus einer geschlossenen Faust vertikal nach
  oben/nach unten
  = Alles in Ordnung./Schlecht gelaufen.

Vermeiden Sie möglichst
▷ den erhobenen, belehrenden Zeigefinger
▷ mit dem Finger auf jemanden zu zeigen (benutzen Sie stattdessen
  die offene Hand)
▷ auf den Tisch zu klopfen (wird nur benutzt, um störende Unruhe in
  einer Besprechung zu beseitigen; applaudieren Sie stattdessen)

▷ das V-sign
(Churchills „V for Victory"-Zeichen wird mit nach außen gekehrter Handfläche gemacht. Das gleiche Zeichen, jedoch mit nach außen zeigendem Handrücken, verkörpert die schlimmste Beleidigung in Großbritannien. Um sicherzugehen, verwenden Sie keines davon!)

HÖFLICHKEIT

Excuse me ist eine der wichtigsten englischen Wendungen. Sie können sie immer dann benutzen, wenn Sie jemanden auf irgendeine Weise stören oder unterbrechen.

Entschuldigung/Verzeihung, …
Excuse me, …

… ist dieser Platz noch frei?
… is this seat free?

… darf ich mal vorbei?
… could you let me through, please?

… wo ist der Aufzug, bitte?
… can you tell me where the lift is, please?

… kann ich hierzu kurz etwas anmerken?
… can I add something here?

Sie werden feststellen, dass man in den USA, und vor allem auch in Australien, dazu tendiert, seine Meinung offen und direkt zu vertreten. In anderen englischsprachigen Ländern äußert man sich hingegen eher verhalten. Die folgenden Redewendungen helfen Ihnen, sich diplomatisch auszudrücken:

▷ Leiten Sie Ihre Aussage mit einer höflichen Wendung ein:
That isn't possible. → I'm afraid that isn't possible.
Show us the figures. → Excuse me, but could we see the figures, please?

▷ Ersetzen Sie negative Wörter durch positive:
It will be very difficult. → It won't be very easy.
That's wrong! → That's not quite right.

▷ Verwenden Sie den Konjunktiv:
I want a copy of the report. → I'd like a copy of the report.
Can you do that? → Would you be able to do that?

▷ Machen Sie aus einer Aufforderung einen Vorschlag:
Ask Ms Waters. → Why don't you ask Ms Waters?
Tell head office. → Have you thought of telling the head office?

▷ Entpersonifizieren Sie eine Aufforderung:
You can't smoke here. → This is a non-smoking area.
You can't take a photo here. → Sorry, photography is not allowed here.

MÄNNER UND FRAUEN

In den USA ist es Arbeitgebern nicht mehr gestattet, nach Alter, Geschlecht oder Familienstand der Bewerber(innen) zu fragen und schon eine harmlos gemeinte Äußerung einer Kollegin gegenüber kann unter Umständen als sexuelle Belästigung aufgefasst werden. Der Interpretationsrahmen für derartige Dinge mag zur Zeit in anderen Ländern weiter gefasst sein, amerikanische Trends verbreiten sich jedoch schnell in der englischsprachigen Welt. Riskieren Sie also besser keine Bemerkungen, die in irgendeiner Weise diskriminierend wirken könnten.

Seit einiger Zeit gibt es im Englischen die Tendenz, maskuline und feminine, aber auch andere Formen, zu „neutralisieren", und zwar folgendermaßen:

▷ Bestimmte feminine Formen sind nicht gebräuchlich, z. B.:
manageress → manager

▷ Die Wortendungen -man/-woman verändern sich bisweilen zu -person, z. B.:
salesman/-woman → salesperson

▷ Anstatt zwischen männlichen und weiblichen Formen zu unterscheiden, wird ein neuer, neutraler Begriff benutzt:
policeman/policewoman → police officer
steward/stewardess → flight attendant

▷ „He or she" wird anstelle von nur „he" verwendet, z. B.:
If an employee is ill for more than three days, he or she has to get a medical certificate.

▷ „Someone/Anyone" wird in Verbindung mit „they" benutzt, z. B.:
If anyone would like more information, they should contact me.

▷ Das neutrale Ms (mit weichem -s gesprochen) wird verwendet, um Mrs (für eine verheiratete Frau) und Miss (für eine unverheiratete Frau) zu ersetzen, z. B.:
Ms Baines, may I introduce Ms Dumas from our Paris office?

FLUCHEN UND TABUWÖRTER

Verwenden Sie nach Möglichkeit keine solchen Wörter, denn es ist schwierig, ihre Wirkung in einer Fremdsprache zu beurteilen. Einige der gebräuchlichsten sind:
arsehole (US: asshole), balls, bastard, bitch, bollocks, bugger, crap, cunt, damn, fuck, hell, bloody, piss, prick, shit, sod, tit

LÄNDER UND NATIONALITÄTEN

Großbritannien und Irland

Zusammen mit der Provinz Nordirland (oft auch Ulster genannt) bildet Großbritannien (England, Schottland und Wales) das United Kingdom (UK). Der größte Teil Irlands, die Republic of Ireland (auch Eire), ist seit 1921 unabhängig.
Alle Bürgerinnen und Bürger des United Kingdom besitzen die britische Nationalität. Die Waliser und Schotten sind sich aber ihrer individuellen historischen Identität noch sehr bewusst und sollten auf keinen Fall English genannt werden!

Ich bin Brite/Britin.
I'm British.

Meine Frau ist Waliserin/Irin.
My wife's Welsh/Irish.

Der Chef ist Schotte.
The boss is Scottish (auch: Scots).

Er kommt aus Mittelschottland.
He's from central Scotland.

Die USA und Kanada

Statt von „Amerika" sprechen US-Bürger oft von the States.

Er kommt aus den USA.
He's from the States.

Wann fahren Sie nach Amerika zurück?
When are you going back to the States?

Kanadier(innen) mögen es nicht, mit den Vereinigten Staaten „in einen Topf" geworfen zu werden. Ungefähr 25 % der kanadischen Bevölkerung sind übrigens französische Muttersprachler(innen), von denen die meisten in Quebec leben.

Australien und Neuseeland

Wie Kanada sind auch Australien und Neuseeland seit vielen Jahren unabhängige Länder innerhalb des British Commonwealth. Australier(innen) sind sowohl für ihre Offenheit und Direktheit bekannt als auch dafür, dass sie Wichtigtuerei und eingebildetes Verhalten strikt ablehnen.
Neuseeländer(innen) orientieren sich eher an Großbritannien und sind im Allgemeinen konservativer als ihre australischen Nachbarn, mit denen sie nicht verwechselt werden möchten.

Rund um die Welt

Die nachstehende Liste gibt Ihnen einen Überblick über Ländernamen und Nationalitäten auf Englisch:

Ägypten/ägyptisch	*Egypt/Egyptian*
Belgien/belgisch	*Belgium/Belgian*
Brasilien/brasilianisch	*Brazil/Brazilian*
China/chinesisch	*China/Chinese*
Dänemark/dänisch	*Denmark/Danish*
Estland/estnisch	*Estonia/Estonian*
Frankreich/französisch	*France/French*
Griechenland/griechisch	*Greece/Greek*
Italien/italienisch	*Italy/Italian*
Japan/japanisch	*Japan/Japanese*
Lettland/lettisch	*Latvia/Latvian*
Litauen/litauisch	*Lithuania/Lithuanian*
Niederlande/niederländisch	*The Netherlands/Dutch*
Norwegen/norwegisch	*Norway/Norwegian*
Polen/polnisch	*Poland/Polish*
Portugal/portugiesisch	*Portugal/Portuguese*
Russland/russisch	*Russia/Russian*
Schweden/schwedisch	*Sweden/Swedish*
Spanien/spanisch	*Spain/Spanish*
Tschechien/tschechisch	*The Czech Republic/Czech*
Türkei/türkisch	*Turkey/Turkish*
Ungarn/ungarisch	*Hungary/Hungarian*
Zypern/zypriotisch	*Cyprus/Cypriot*

MEERE, SEEN UND FLÜSSE

Ärmelkanal	*The (English) Channel*
Bodensee	*Lake Constance*
Genfer See	*Lake Geneva*
Mittelmeer	*The Mediterranean*
Nordsee	*The North Sea*
Obersee (USA/Kanada)	*Lake Superior*
Ostsee	*The Baltic*
Rhein	*The Rhine*
Themse	*The Thames*

VOM DEUTSCHEN ABWEICHENDE STÄDTENAMEN

Athen	*Athens*
Brüssel	*Brussels*
Den Haag	*The Hague*
Genua	*Genoa*
Lissabon	*Lisbon*
Lüttich	*Liège*
Mailand	*Milan*
Moskau	*Moscow*
Neapel	*Naples*
Prag	*Prague*
Warschau	*Warsaw*
Venedig	*Venice*

STÄDTE UND REGIONEN DER DEUTSCHSPRACHIGEN LÄNDER

Deutschland	**Germany**
Aachen	*Aix-la-Chapelle, Aachen*
Bayern	*Bavaria*
Hessen	*Hesse*
Köln	*Cologne*
München	*Munich*
Niedersachsen	*Lower Saxony*
Nordrhein-Westfalen	*North Rhine-Westphalia*
Nürnberg	*Nuremberg*
Rheinland-Pfalz	*Rhineland-Palatinate*
Thüringen	*Thuringia*
Mecklenburg-Vorpommern	*Western Pomerania*
Österreich	*Austria*
Kärnten	*Carinthia*
Steiermark	*Styria*
Wien	*Vienna*
Schweiz	*Switzerland*
Basel	*Bâle, Basle, Basel*
Genf	*Geneva*
Neuenburg	*Neuchâtel*
Waadt	*Vaud*
Wallis	*Valais*

Guten Tag und auf Wiedersehen!

Es gibt Sätze, die man immer wieder braucht.
Wer diese und noch ein paar Vokabeln mehr parat hat,
ist bestens gerüstet.

BEGRÜSSEN | Greeting

Good morning wird bis mittags verwendet, Good afternoon bis etwa 18 Uhr (im Winter etwas früher), danach heißt es Good evening. In Australien hört man auch Good day. Goodnight sagt man nur, bevor man zu Bett geht.
Hello oder Hi können Sie zu jeder Tageszeit als informelle Begrüßung verwenden.
Wenn Sie Bekannte treffen, erkundigen Sie sich nach deren Befinden. Diese eigentlich konventionelle Frage wird normalerweise kurzweilig und positiv beantwortet. Wichtig dabei ist, die Frage zurückzugeben.

Peter! Lange nicht gesehen!
Hello, Peter! Long time no see!

Wie geht es Ihnen/dir?
How are you?

Weniger formell sind:
How's things?/How are you doing?/How's life?

Danke, gut./Danke, bestens./Nicht schlecht.
Fine, thanks./Very well, thanks./Oh, not so bad.

Und Ihnen/dir?
And you?/And yourself?/How about you?

Wie läuft das Geschäft?
How's business?

Sehr gut./Nicht schlecht./Ich kann nicht klagen!
Great./Not bad at all./Can't complain!

Und wie geht's der/Ihrer Familie?
How's the family?

Danke, bestens. Und bei Ihnen?
Very well, thanks. And yours?

SICH UND ANDERE VORSTELLEN | Introducing yourself and others

▶ **Kapitel: Reisevorbereitung,** Namen

Stellen Sie sich mit Vor- und Nachnamen vor; Titel werden nicht genannt.

Darf ich mich vorstellen?
Excuse me, may I introduce myself?

Ich bin Peter Ross von der Firma …
I'm Peter Ross from …

Übernehmen Sie die Vorstellung anderer, so nennen Sie auch deren Vornamen, es sei denn die Situation ist sehr formell.

Peter, das ist meine Kollegin Gill Hill. Gill, das ist Peter Kaiser.
Peter, this is my colleague Gill Hill. Gill, this is Peter Kaiser.

Herr Kaiser, ich möchte Ihnen Frau Hill, unsere Verkaufsleiterin, vorstellen. Frau Hill, das ist Herr Kaiser.
Mr Kaiser, I'd like to introduce Ms Hill, our sales director. Ms Hill, this is Mr Kaiser.

Angenehm.
Pleased to meet you./How do you do? (US auch: *How are you?*)

Verzeihung. Ich habe Ihren Namen nicht verstanden.
I'm sorry, I didn't catch (US: get) your name.

Darf ich Ihnen meine Karte überreichen?
Let me give you my card.

SICH VERABSCHIEDEN | Saying goodbye

▶ **Kapitel: After Work,** Zeit zu gehen

Es war schön, Sie kennenzulernen.
Well, it's been nice meeting you.

Ganz meinerseits.
Yes, you too.

Ja, dann auf hoffentlich bald.
See you again, I hope.

Bei Verabschiedungen werden Sie oft Sätze wie „Let's have a drink sometime" oder „We must have lunch together" hören. Solche Wendungen sind in der Regel eher als ein Zeichen des guten Willens statt als fester Vorsatz zu verstehen – obwohl dies natürlich nicht ausschließt, dass eine solche Verabredung nicht doch irgendwann stattfinden könnte.

Wir sehen uns dann am Donnerstag/bei der Besprechung/in Toronto.
See you on Thursday/at the meeting/in Toronto.

Genau. Bis dann./Bis später.
Yes, see you then/see you later.

Auf Wiedersehen./Tschüs.
Goodbye./Bye.

WÜNSCHE ÄUSSERN | Asking for something

Eine Bitte kann einfach, aber immer noch höflich formuliert werden, wenn sie mit einem „please" endet. Aber Vorsicht! Verwenden Sie „please" nicht am Satzanfang, sonst wird dies als Aufforderung verstanden. Übrigens: „could" wirkt höflicher als „can".

Können Sie mir bitte Ihre Broschüre zusenden?
Could you send me your brochure, please?

Könnten Sie mir mit … helfen?
Could you help me with …, please?

Würden Sie mir einen Gefallen tun?
Could you do me a favour, please?

Wären Sie so freundlich und …?
Would you be kind enough to …?

Wir wären Ihnen sehr verbunden, wenn …
We would be very grateful if …

Wäre es möglich … zu (tun)?
Would it be possible to …?

Dürfte ich …?
May I/Would it be all right if I …?

Hätten Sie etwas dagegen, wenn ich …?
Do you mind if I …?

AUF WÜNSCHE REAGIEREN | Reacting to a request

Selbstverständlich.
Certainly./Yes, of course.

Aber sicher./Kein Problem./Bitte schön.
Sure./No problem./Go ahead.

Leider nicht.
I'm afraid not.

Das könnte etwas schwierig sein.
That might be a bit of a problem.

Das ist leider nicht möglich.
Unfortunately that wouldn't be possible.

SICH BEDANKEN | Thanking

Danke./Danke schön./Vielen Dank.
Thanks./Thank you./Thank you very much.

Das ist sehr freundlich von Ihnen.
That's very kind of you.

Bitte schön./Gern geschehen./Nicht der Rede wert.
You're welcome./My pleasure./Don't mention it.

SICH ENTSCHULDIGEN | Apologizing

Oh, Entschuldigung!
Oh, sorry!

Verzeihung.
I beg your pardon.

Es tut mir (sehr) leid.
I'm (very) sorry.

Ich möchte mich für … entschuldigen.
I must apologize for …

Macht nichts./Kein Problem.
That's OK./Don't worry about it.

INTERESSE ZEIGEN | Showing interest

In der Tat?/Wirklich?
Is that so?

Ich verstehe.
I see.

Interessant!
That's interesting.

Das ist mir neu.
Really? I didn't know that.

Sehr beeindruckend.
I'm impressed.

Toll!
Wow!

GRATULIEREN UND BEDAUERN AUSDRÜCKEN | Congratulating and commiserating

Herzlichen Glückwunsch!
Congratulations!

Das ist aber schön für Sie!
You must be very pleased.

Oh je!/Wie schade!
Oh dear!/What a pity! (US: That's too bad.)

Das tut mir leid.
I'm sorry to hear that.

VERSTÄNDIGUNGSSCHWIERIGKEITEN | Communication problems

Mein Englisch ist leider nicht so gut/etwas eingerostet.
I'm afraid my English isn't very good/is a bit rusty.

Würden Sie das bitte wiederholen?
Could you repeat that, please?

Ich habe das leider nicht verstanden.
I'm sorry, I didn't understand that.

Das habe ich akustisch nicht verstanden.
Excuse me, I didn't catch (US: get) that.

Könnten Sie bitte etwas lauter sprechen?
Could you speak up a bit, please?

Könnten Sie bitte etwas langsamer sprechen?
Could you speak a bit more slowly, please?

Könnten Sie das noch einmal erklären?
Could you explain that again, please?

Wie sagt man ... auf Englisch?
How do you say ... in English?

Wie/Was heißt ... auf Englisch?
What's ... in English?

Könnten Sie das bitte buchstabieren?
Could you spell that, please?

Wie spricht man das aus?
How do you pronounce that?

NÜTZLICHE ABKÜRZUNGEN | Useful abbreviations

asap	= *as soon as possible*	so schnell wie möglich
c/o	= *care of*	bei
cc	= *copy to (urspr. carbon copy)*	Kopie an
contd	= *continued*	folgt, wird fortgesetzt
e.g.	= *(lat.) exempli gratia*	zum Beispiel
encl.	= *enclosed*	anbei, Anlage
ETA	= *estimated time of arrival*	voraussichtliche Ankunfts- zeit
FAO	= *for the attention of*	zu Händen
i.e.	= *(lat.) id est*	das heißt
incl.	= *including*	einschließlich
PTO	= *please turn over*	bitte wenden
re(f).	= *with reference to*	Betreff, betrifft
recd	= *received*	eingegangen
RSVP	= *(franz.) répondez s'il vous plaît*	um Antwort wird gebeten
w/e	= *weekend*	Wochenende

BUCHSTABIEREN | Spelling

In bestimmten Bereichen, z. B. bei der Polizei und in der Luftfahrt, benutzt man das internationale ICAO-Alphabet ("Alpha, Bravo, …") Daneben gibt es jedoch keine standardisierte Buchstabierform, die von allen englischen Muttersprachlern gleichermaßen verwendet wird. In allgemeinen Situationen können bekannte Wörter und Orte benutzt werden, z. B.:

A	for *America, Africa*		N	for *Napoleon, Norway*
B	for *Bobby, Britain*		O	for *orange, Olympics*
C	for *Charlie, China*		P	for *Peter, Poland*
D	for *Denmark, David*		Q	for *queen, quick*
E	for *Edward, easy*		R	for *Richard, Russia*
F	for *Freddy, France*		S	for *Sammy, Sweden*
G	for *George, Germany*		T	for *Tommy, Turkey*
H	for *Harry, Holland*		U	for *USA, usually*
I	for *Italy, India*		V	for *very, Vietnam*
J	for *Johnny, Japan*		W	for *Willy, west*
K	for *Katie, Korea*		X	for *X-ray* (= Röntgen)
L	for *London, love*		Y	for *yellow, York*
M	for *Mary, Mexico*		Z	for *zebra, Zurich*

▶ **Kapitel: Das Wichtigste in Kürze,** Datum

Grundzahlen | Cardinal numbers

Bitte beachten Sie, dass die Zahl eins in englischsprachigen Ländern nur als einfacher Strich (I) geschrieben wird, die sieben dagegen ohne horizontalen Balken (7). Eine handgeschriebene „europäische" 1 kann dadurch als 7 missverstanden werden.

In den USA lässt man nach hundred das and oft weg.

0	*zero* (*GB auch:* ***nought***)
1	*one*
2	*two*
3	*three*
4	*four*
5	*five*
6	*six*
7	*seven*
8	*eight*
9	*nine*
10	*ten*
11	*eleven*
12	*twelve*
13	*thirteen*
14	*fourteen*
15	*fifteen*
16	*sixteen*
17	*seventeen*
18	*eighteen*
19	*nineteen*
20	*twenty*
21	*twenty-one*
22	*twenty-two*
23	*twenty-three*
30	*thirty*
40	*forty*
50	*fifty*
60	*sixty*
70	*seventy*
80	*eighty*
90	*ninety*
100	*a/one hundred*
101	*one hundred (and) one*
111	*one hundred (and) eleven*
1,000	*a/one thousand*
1,100	*one thousand one hundred* (*auch:* ***eleven hundred***)

1,110	*one thousand one hundred (and) ten*
110,000	*one hundred (and) ten thousand*
1,100,000	*one million one hundred thousand*
1,000,000,000	*a/one billion*

Punkt oder Komma? | Point or comma?

Tausender werden im Englischen mit Hilfe eines Kommas gegliedert, dezimale Zahlen dagegen mit einem Punkt.

deutsch

4,153	vier Komma eins fünf drei
4.153	viertausendeinhundertdreiundfünfzig

englisch

4.153	*four point one five three*
4,153	*four thousand one hundred (and) fifty-three*

Die Währung wird vor dem Dezimalpunkt gesprochen.

$600.23	*six hundred dollars (and) twenty-three cents*

Bruchzahlen | Fractions

1/4	*a/one quarter*
1/2	*a/one half*
2/3	*two thirds*
3/4	*three quarters*
4/5	*four fifths*
7/8	*seven eighths*
11/12	*eleven twelfths*

Arithmetische Zeichen | Arithmetical symbols

+	*and, plus*	~	*equivalent to*
−	*minus*	<	*less than*
×	*times, multiplied by*	>	*greater than*
÷	*divided by*	≤	*less than or equal to*
=	*is, equals*	≥	*greater than or equal to*

DATUM | The date

Wenn das Datum in Zahlen geschrieben wird, steht in Nordamerika der Monat vor dem Tag, z. B. wird mit dem „1.4." in den USA der vierte Januar bezeichnet, in Großbritannien dagegen, wie auch in den anderen europäischen Ländern, der erste April.

Welches Datum ist heute?
What's the date today, please?

Es ist Dienstag, der erste Juni.
It's Tuesday the first of June/June the first (US: June first).

1st	*first*	11th	*eleventh*	21st	*twenty-first*
2nd	*second*	12th	*twelfth*	22nd	*twenty-second*
3rd	*third*	13th	*thirteenth*	23rd	*twenty-third*
4th	*fourth*	14th	*fourteenth*	24th	*twenty-fourth*
5th	*fifth*	15th	*fifteenth*	25th	*twenty-fifth*
6th	*sixth*	16th	*sixteenth*	26th	*twenty-sixth*
7th	*seventh*	17th	*seventeenth*	27th	*twenty-seventh*
8th	*eighth*	18th	*eighteenth*	28th	*twenty-eighth*
9th	*ninth*	19th	*nineteenth*	29th	*twenty-ninth*
10th	*tenth*	20th	*twentieth*	30th	*thirtieth*
				31st	*thirty-first*

Bis zum neunten Jahr eines Jahrhunderts können Jahreszahlen entweder mit oh oder mit hundred (bzw. thousand) und der entsprechenden Zahl gebildet werden. In den USA verzichtet man oft auf das and.

1900	*nineteen hundred*
1901	*nineteen oh one/nineteen hundred (and) one*
1909	*nineteen oh nine/nineteen hundred (and) nine*
1910	*nineteen ten*
1929	*nineteen twenty-nine*
1951	*nineteen fifty-one*
2000	*two thousand*
2001	*two thousand (and) one*

Wochentage und Monate | Days of the week and months

Monday, Tuesday, Wednesday, Thursday, Friday, Saturday, Sunday

January, February, March, April, May, June, July, August, September, October, November, December

Wichtige Feiertage | Important public holidays

Neujahr	*New Year's Day*
Karfreitag	*Good Friday*
Ostern	*Easter*
Pfingsten	*Whitsun (US: Pentecost)*
Pfingstmontag	*Whit Monday*
Heiligabend	*Christmas Eve*
1. Weihnachtstag	*Christmas Day*
2. Weihnachtstag	*Boxing Day (nicht in den USA)*
Silvester	*New Year's Eve*

Gestern, heute und morgen | Yesterday, today and tomorrow

morgens/mittags/nachmittags/abends/nachts
in the morning/at lunchtime/in the afternoon/in the evening/at night

frühmorgens/am frühen Nachmittag/spätabends
in the early morning/in mid-afternoon/late in the evening

gestern Morgen/heute Nachmittag/morgen Abend
yesterday morning/this afternoon/tomorrow evening

gestern Abend/heute Abend/morgen Abend
last night/tonight/tomorrow night

vor zwei Tagen/vorgestern
two days ago/the day before yesterday

übermorgen/in zwei Tagen
the day after tomorrow/in two days

morgen in einer Woche/Dienstag in einer Woche
a week tomorrow (US: from tomorrow)/a week on Tuesday

letzte Woche/diesen Monat/nächstes Jahr
last week/this month/next year

Wochentag/Wochenende
weekday/weekend

Vierteljahr/Halbjahr/Jahr
quarter (of the year)/half-year/year

Jahrzehnt/Jahrhundert/Jahrtausend
decade/century/millennium

UHRZEIT | Time of day

Das digitale 24-Stunden-System wird im englischsprachigen Raum meistens nur bei Fahrplänen benutzt. Die Zeit von Mitternacht bis 12 Uhr mittags wird mit a.m. (lateinisch: ante meridiem = vor Mittag) bezeichnet, von 12 Uhr mittags bis Mitternacht wird p.m. verwendet (post meridiem = nach Mittag).

Entschuldigung, können Sie mir sagen, wie spät es ist?
Excuse me, can you tell me the time, please?

Ja, es ist ungefähr/genau zwölf Uhr.
Yes, it's about/exactly twelve o'clock.

Innerhalb der 5-Minuten-Zeiteinteilung auf dem Zifferblatt werden die einzelnen Minuten (minutes) angegeben.

12:00	**twelve o'clock, midday** (auch: **noon**); **midnight**
12:01	**twelve oh one, one minute past** (US: **after**) **twelve**
12:02	**twelve oh two, two minutes past twelve**
12:05	**twelve oh five, five past twelve**
12:15	**twelve fifteen, (a) quarter past twelve**
12:25	**twelve twenty-five, twenty-five past twelve**

Vorsicht! Half twelve bedeutet nicht 11:30 Uhr oder 23:30 Uhr, sondern ist die britische Abkürzung von half past twelve. „Fünf vor/nach halb" gibt es im Englischen nicht.

12:30	**twelve thirty, half (past) twelve**
12:35	**twelve thirty-five, twenty-five to** (US: **of**) **one**
12:45	**twelve forty-five, (a) quarter to one**
12:55	**twelve fifty-five, five to one**

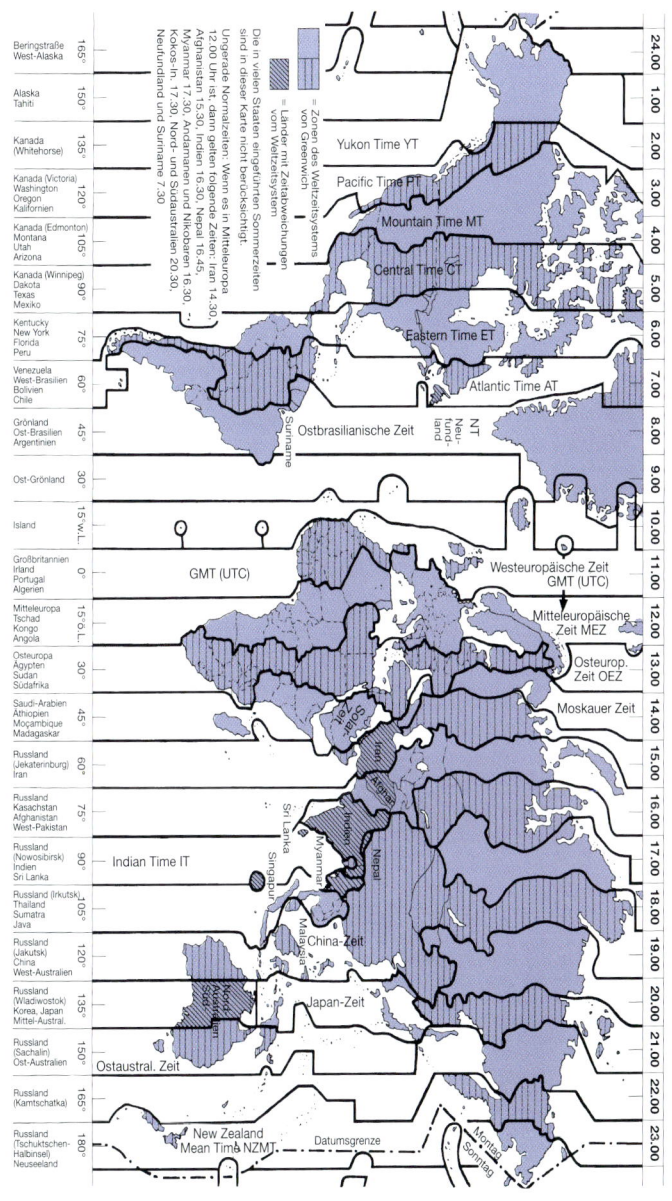

Beringstraße West-Alaska · 165°
Alaska Tahiti · 150°
Kanada (Whitehorse) · 135°
Kanada (Victoria) Washington Oregon Kalifornien · 120°
Kanada (Edmonton) Montana Utah Arizona · 105°
Kanada (Winnipeg) Dakota Texas Mexiko · 90°
Kentucky New York Florida Peru · 75°
Venezuela West-Brasilien Bolivien Chile · 60°
Grönland Ost-Brasilien Argentinien · 45°
Ost-Grönland · 30°
Island · 15° w.L.
Großbritannien Irland Portugal Algerien · 0°
Mitteleuropa Tschad Kongo Angola · 15° ö.L.
Osteuropa Ägypten Sudan Südafrika · 30°
Saudi-Arabien Äthiopien Moçambique Madagaskar · 45°
Russland (Jekaterinburg) Iran · 60°
Russland Kasachstan Afghanistan West-Pakistan · 75°
Russland (Nowosibirsk) Indien Sri Lanka · 90°
Russland (Irkutsk) Thailand Sumatra Java · 105°
Russland (Wladiwostok) China West-Australien · 120°
Russland (Wladiwostok) Korea, Japan Mittel-Austral. · 135°
Russland (Sachalin) Ost-Australien · 150°
Russland (Kamtschatka) · 165°
Russland (Tschuktschen-Halbinsel) Neuseeland · 180°

= Zonen des Weltzeitsystems von Greenwich

= Länder mit Zeitabweichungen vom Weltzeitsystem

Die in vielen Staaten eingeführten Sommerzeiten sind in dieser Karte nicht berücksichtigt.
Ungerade Normalzeiten: Wenn es in Mitteleuropa 12.00 Uhr ist, dann gelten folgende Zeiten: Iran 14.30, Afghanistan 15.30, Indien 16.30, Nepal 16.45, Myanmar 17.30, Andamanen und Nikobaren 16.30, Kokos-In. 17.30, Nord- und Südaustralien 20.30, Neufundland und Surinam 7.30.

Yukon Time YT
Pacific Time PT
Mountain Time MT
Central Time CT
Eastern Time ET
Atlantic Time AT
Ostbrasilianische Zeit
Suriname
NT Neu-fund-land
GMT (UTC)
Westeuropäische Zeit GMT (UTC)
Mitteleuropäische Zeit MEZ
Osteurop. Zeit OEZ
Moskauer Zeit
Indian Time IT
Sri Lanka
Singapur
Myanmar
Nepal
China-Zeit
Japan-Zeit
Ostaustral. Zeit
New Zealand Mean Time NZMT
Datumsgrenze
Montag Sonntag

24.00 · 1.00 · 2.00 · 3.00 · 4.00 · 5.00 · 6.00 · 7.00 · 8.00 · 9.00 · 10.00 · 11.00 · 12.00 · 13.00 · 14.00 · 15.00 · 16.00 · 17.00 · 18.00 · 19.00 · 20.00 · 21.00 · 22.00 · 23.00

Telefon und E-Mail

Bleiben Sie dran.

Die Kommunikationswege verändern sich ständig.
Umso wichtiger ist es, ein paar Regeln, Floskeln und
Begriffe für das (virtuelle) Miteinander zu kennen.

Vergessen Sie bei Anrufen z. B. in die USA oder nach Australien nicht die Zeitverschiebung: 12 Uhr mitteleuropäische Zeit entspricht 6 Uhr morgens in New York, 3 Uhr morgens in San Francisco und 23 Uhr in Auckland! Bürotelefone sind im Allgemeinen von 9 Uhr bis 17 Uhr besetzt.

TELEFONNUMMERN AUSSPRECHEN | Giving telephone numbers

▷ Zahlen werden einzeln gesprochen:
312964 = three one two nine six four (nicht: thirty-one twenty-nine sixty-four)
▷ Verdoppelungen von Zahlen:
22 = double two (*US:* two two), nicht: twenty-two
222 = two double two bzw. double two two (*US:* two two two)
▷ Die Null:
695770 = six nine five double seven oh/zero

ANS TELEFON GEHEN | Answering the telephone

▷ Private Anschlüsse melden sich meistens einfach mit:
Hello?
▷ Telefonzentralen von Firmen antworten mit dem Firmennamen:
APB, good morning./Grand Hotel, can I help you?
▷ Innerhalb einer Firma meldet man sich gewöhnlich mit der Abteilung:
Sales department, Rachel Samson speaking.
▷ Viele Firmen setzen Anrufbeantworter und Telefonverbindungssysteme ein:

Hier ist ... . Alle unsere Mitarbeiter(innen) sind zur Zeit im Gespräch. Sie werden aber weiterverbunden, sobald ein/e Mitarbeiter(in) verfügbar ist. Bitte warten Sie.

Thank you for calling ... . All our operators are engaged at the moment. Someone will be with you as soon as possible. Please hold the line.

Wählen Sie eine Eins für die Buchhaltung, eine Zwei für den Kundenservice.
Please press one for accounts, two for customer service.

Spreche ich mit Herrn/Frau ...?
Hello? Is that Mr/Ms ...?

Entschuldigen Sie bitte. Ich muss mich verwählt haben.
Oh, I'm sorry! I've got the wrong number.

Macht nichts.
That's OK.

Ich würde gern Herrn/Frau ... sprechen.
Hello, I'd like to speak to Mr/Ms ..., please.

Könnten Sie mich mit Herrn/Frau ... verbinden?
Could you put me through to Mr/Ms ...?

Mit wem spreche ich bitte? *(am anderen Ende der Leitung)*
Who's calling, please?

Mein Name ist ..., ich bin von der Firma ...
This is ... from ...

Einen Augenblick, bitte.
One moment, please. (US: Just a moment, please.)

Bitte warten Sie.
Hold on/Hold the line, please.

Ich versuche, Sie zu verbinden.
I'm connecting you now.

Es meldet sich niemand.
I'm afraid there's no answer.

Es ist leider besetzt. Möchten Sie warten?
I'm afraid the line's busy (GB auch: engaged). Would you like to hold?

Vielen Dank, aber ich melde mich wieder.
It's all right, thanks. I'll call back later.

Wann kann ich ihn/sie am besten erreichen?
When would be a good time?

Er spricht gerade.
I'm afraid he's on the other line.

Sie ist in einer Besprechung/zu Tisch/im Urlaub/krank.
She's in a meeting/at lunch/on holiday/ill (US: sick).

Er ist heute nicht im Hause/im Augenblick nicht da.
He's not in the office today/He's not in at the moment.

Kann ich Ihnen weiterhelfen?
Can I help you perhaps?

EINE NACHRICHT HINTERLASSEN | Leaving a message

Möchten Sie eine Nachricht hinterlassen?
Can I take a message?

Könnten Sie ihm/ihr bitte etwas ausrichten?
Could you give him/her a message?

Er/Sie möchte mich bitte zurückrufen.
Could you ask him/her to call me back?

Wie lautet Ihre Nummer, bitte?
What's your number, please?

695770, Vorwahl 0151.
It's 695770. The code's 0151.

Ich wiederhole. *(am anderen Ende der Leitung)*
Let me just read that back.

Ich werde es ausrichten.
I'll pass it on.

JEMANDEN ERREICHEN | Getting through

Ich sollte Sie zurückrufen.
I got a message to call you.

Vielen Dank für Ihren Anruf/Rückruf.
Thank you for calling/calling back.

Was kann ich für Sie tun?
What can I do for you?

Es geht um …
I'm calling about …

SCHWIERIGKEITEN | Problems

▶ **Kapitel: Das Wichtigste in Kürze,** Verständigungsschwierigkeiten

Ich habe Ihren Namen leider nicht verstanden.
I'm sorry – I didn't catch (US: get) the name.

Und von wo rufen Sie an?
And where are you calling from, please?

Die Verbindung ist sehr schlecht. Könnten Sie bitte neu wählen?
I'm afraid it's a very bad line. Could you try calling us again, please?

Wir sind unterbrochen worden.
We were cut off.

Kein Anschluss unter dieser Nummer.
The number you called has not been recognized.
(US: The number you have dialed is no longer in service.)

EINE NACHRICHT HINTERLASSEN | Leaving a message

Dieser Anschluss ist zur Zeit leider nicht besetzt. Bitte hinterlassen
Sie Ihren Namen und Ihre Telefonnummer. Wir rufen Sie dann
umgehend zurück. Bitte sprechen Sie nach dem Signalton.

I'm afraid no one's available to take your call at the moment, but if
you'd like to leave your name and number, we'll call you back as
soon as possible. Please speak after the tone.

Hier spricht …, meine Telefonnummer ist 01721-950038.
Hello, this is … on 01721-950038 (US: …, my number is 01721-
950038).

Würden Sie mich bitte so bald wie möglich/im Laufe des Tages
zurückrufen?
Could you call me back as soon as possible/some time today,
please?

Es ist dringend/nicht dringend.
It's urgent/not urgent.

DAS GESPRÄCH BEENDEN | Finishing the call

Ich bin gerade in einer Besprechung.
I'm in a meeting at the moment.

Ich habe gleich einen Termin.
I have an appointment in a few minutes.

Darf ich Sie zurückrufen?
Can I call you back?

Ich überprüfe das und rufe Sie dann zurück.
I'll check that and get back to you.

Also, das wär's dann.
OK. That's it, I think.

Danke für die Auskunft/für Ihre Hilfe.
Thank you for the information/for your help.

Danke für den Anruf.
Thank you for calling.

Auf Wiederhören./Tschüs.
Goodbye./Bye.

Vokabeln | Vocabularies

Anruf	*call*
einen Anruf entgegennehmen	*to take a call*
Anrufbeantworter	*answerphone (US: answering machine)*
anrufen	*to call, to make a (telephone) call*
auflegen	*to hang up*
Auskunft	*directory (enquiries)*
Besetztzeichen	*engaged tone (US: busy signal)*
Branchenverzeichnis	*Yellow Pages®*
Durchwahl	*extension (number)*
Einheit/Gebühr	*unit/charge*
Ferngespräch/Ortsgespräch	*long-distance call/local call*
Freisprechanlage	*hands-free kit*
Handy	*mobile phone, (US: cell phone)*
Headset	*headset*
Hörer	*receiver (GB auch: handset)*
Leitung	*line*
Mailbox	*mailbox*
Notruf	*emergency call*
R-Gespräch	*reverse charge call (US: collect call)*
Rufton	*ringing tone*
Smartphone	*smart phone*
Telefonbuch	*(tele)phone book (tele)phone directory*
Telefonkarte	*(tele)phone card*
Telefonkonferenz	*telephone conference*
Telefonnummer	*(tele)phone number*
Verbindung	*line*
Vermittlung	*exchange, operator*
Vorwahl	*(area) code*
internationale Vorwahl	*international (access) code*
Zentrale	*switchboard, exchange*

Auch wenn die Kommunikation über das Internet die bisherigen Kommunikationsregeln zu einem großen Teil hat Geschichte werden lassen, sollte dennoch stets bedacht werden, dass es auch hier einige Regeln gibt, die ein respektvolles, virtuelles Miteinander ermöglichen.

GRUSSFORMELN IN E-MAILS

In E-Mails ist es in jedem Fall empfehlenswert, wenn Sie Ihr Gegenüber nicht persönlich kennen, sich an die traditionellen Gruß- und
Schlussformeln eines Businessbriefes zu halten, also „Dear ...,"
(Sehr geehrte(r)) und „Sincerely," (Mit freundlichen Grüßen). Auch
„Regards," ist ein unverfänglicher Schlussgruß und entspricht in etwa
dem deutschen „Gruß". Ist man schon vertrauter untereinander, ist es
durchaus üblich, dass britische und amerikanische Geschäftspartner
gar keine Grußformeln mehr anwenden, sondern nur noch mit einem
vor dem Absender gesetzten „Thanks" abschließen, oder sogar ganz
leger „Cheers", was soviel wie „Danke und Tschüss" heißt.

SIGNATUR

Wenn Sie regelmäßig E-Mails ins Ausland versenden, sollten Sie
sicherstellen, dass Ihre Signatur alle Bezeichnungen auch auf
Englisch enthält, speziell die Tätigkeitsbezeichnung, wie z. B. Project
Manager (Projektleiter(in)). Als Angestellte/r einer bestimmten
Abteilung nennt man oft nur diese unter dem eigenen Namen, wie
z.B. Anette Braun, Human Resources oder Anette Braun, Personnel
Department (Personalabteilung) oder Tim Schneider, International
Sales (Auslandsvertrieb).

▶ **Kapitel: Unternehmen von Innen,** Interne Organisation

WLAN-HOTSPOTS

Wenn Sie im Ausland von Ihrem Smartphone, Tablet-PC oder Laptop
aufs Internet zugreifen möchten, ohne Roaming-Gebühren zu zahlen,
finden Sie in der Regel an diversen Orten freie Hotspots, z. B. in
Lokalen, Hotels und Businesslounges im Flughafen.

Wo gibt es hier in der Nähe (kostenloses) WLAN-Hotspot?
Is there (free) Wi-Fi access/a (free) hot spot near here?

Bei mir klappt die Verbindung nicht.
I don't have a connection.

MOBILTELEFON | Mobile (phone) GB/Cellphone US

Sie können Herrn/Frau ... auf seinem/ihrem Handy erreichen.
You can reach Mr/Ms ... on his/her mobile.

Können Sie mir bitte seine/ihre Handynummer geben?
Could you give me his/her mobile number, please?

Sein/Ihr Handy ist nicht an.
He/she hasn't got his/her mobile switched on.

Hinterlassen Sie ihm/ihr eine Nachricht auf der Mailbox oder schicken Sie ihm/ihr eine SMS.
Leave a message on his/her mailbox or send him/her a text [message].

Haben Sie meine Nachricht erhalten?
Did you get my message?

Mein Akku ist fast leer, ich rufe später noch einmal an.
My battery's almost empty, I'll call you back later.

Die Verbindung wird gleich weg sein, ich fahre gerade in einen Tunnel.
I'm going to lose you in a moment, I'm about to go into a tunnel.

Vokabeln | Vocabularies

Akku	*battery*
an	*switched on*
Anwendung	*application*
aus	*switched off*
erreichen	*to reach*
Handy	*mobile (phone) (GB), cell (phone) (US)*
Nachricht	*message*
Roaming	*roaming*
Smartphone	*smart phone*
SMS	*text (message)*
Verbindung	*connection*
WLAN	*Wi-Fi*

WICHTIGE ABKÜRZUNGEN

Bei Kurzmitteilungen vom Mobiltelefon ist der vorhandene Platz
für eine Nachricht dank internetbasierten Diensten (E-Mail, soziale
Netzwerken etc.) in der Regel kaum noch beschränkt. Dennoch kann
die folgende Auswahl der auch im Business üblichen Kürzel für Sie
von Nutzen sein.

2DAY	*today*
4U	*for you*
AFAIK	*as far as I know*
ASAP	*as soon as possible*
AYOR	*at your own risk*
B4	*before*
BTW	*by the way*
CO	*conference*
DK	*don't know*
FYI	*for your information*
HAND	*have a nice day*
IDU	*I don't understand*
IOW	*in other words*
JFYI	*just for your information*
cu	*see you*
CUL oder CUL8R	*see you later*
IMO	*in my opinion*
CMIIW	*correct me If I'm wrong*
MABA	*mail back*

Jede Menge zu tun.

Verreisen heißt nicht nur Koffer packen.
Bevor Sie eine Reise antreten, sollten Sie
ein paar Dinge nicht vergessen.

WAS TRÄGT MAN EIGENTLICH? | What should I wear?

Was die Kleidung im Geschäftsleben angeht, so sind Sie mit einem dezenten Outfit (Anzug und Krawatte bzw. Kostüm, Hosenanzug etc.) zumeist passend gekleidet.

Australische Geschäftsleute trifft man eventuell weniger formell gekleidet. In Hightech-Industrien und der Unterhaltungsbranche – sowie in den Weststaaten der USA – wird häufig ein eher lässiger Stil bevorzugt. Dennoch ist ein formelles Auftreten empfehlenswert, insbesondere beim ersten Zusammentreffen.

Vorsicht!
Gestreifte Krawatten könnten in Großbritannien die Muster alteingesessener Clubs, Regimenter oder Schulen wiedergeben, deshalb besser darauf verzichten! Für Damen sind Strümpfe bei jeder Temperatur angesagt.

Nehmen Sie einige sportliche, aber dezente Kleidungsstücke mit, falls Sie privat eingeladen werden. Eine schriftliche Einladung, die mit „black tie" versehen ist, bedeutet Abendgarderobe (Smoking bzw. Abendkleid) und alles, was dazugehört.

TERMINE – JA ODER NEIN? | Appointments or no appointments?

Wenn Sie sichergehen wollen, sind Terminvereinbarungen ratsam. Normalerweise müssen diese jedoch nicht weit im Voraus geplant werden, es sei denn, Ihre Geschäftspartner(innen) gehören dem höheren Management an.

EINEN TERMIN VEREINBAREN | Making an appointment

▶ **Kapitel: Telefon und Mail**

Ich möchte einen Termin mit Herrn/Frau … vereinbaren.
I'd like to make an appointment with Mr/Ms …

Darf ich fragen, worum es geht?
Can I ask what it's about?

Wann würde es Ihnen passen?
When would be convenient?

Wie wäre es mit Kalenderwoche 28?
How about week 28?

Ich könnte am kommenden Dienstag.
I could make next Thursday.

Und um wie viel Uhr?
What time would suit you?

Sagen wir um 10 Uhr?
Shall we say 10 o'clock?

Könnten wir uns nach dem Mittagessen treffen?
Could we make it after lunch?

Ich muss gerade einmal in meinem Kalender nachsehen.
I'll just check my diary (US: appointments calendar).

Das ginge in Ordnung.
That would be fine.

Wollen wir uns hier treffen?
Shall we meet here?

Kennen Sie sich hier aus?
Do you know this area?

Ich schicke Ihnen einen Plan.
I'll send you a map.

Dann treffen/sehen wir uns also am 14.
I look forward to meeting/seeing you on the 14th.

Also, dann bis Freitag.
See you on Friday, then.

EINEN TERMIN VERSCHIEBEN | Rearranging an appointment

Wegen unseres Termins ...
About our appointment ...

Leider kann ich nun den Donnerstag doch nicht einhalten.
Unfortunately I won't be able to make Thursday after all.

Könnten wir das ändern?
Could we try to rearrange it?

Könnten wir das auf Montag vorziehen?
Could we bring it forward to Monday, perhaps?

Leider bin ich dann außer Haus/im Urlaub.
I'm afraid I'm away/on holiday (US: vacation) then.

Ich habe zu der Zeit schon einen anderen Termin.
I have another appointment then.

EINEN BESUCH BESTÄTIGEN | Confirming a visit

Ich rufe an, um meinen Besuch am … zu bestätigen.
I'm calling to confirm my visit on … .

Wie komme ich am besten vom Flughafen zu Ihnen?
What's the best way to get to you from the airport?

Sie nehmen am besten ein Taxi.
The easiest thing would be to take a taxi.

Wir holen Sie ab.
We'll pick you up.

Sollen wir für Sie ein Zimmer reservieren?
Would you like us to arrange accommodation for you?

Wie lange werden Sie bleiben?
How long will you be staying?

Wir haben für Sie ein Zimmer im Hotel … reserviert.
We've booked you into the … Hotel.

Herr/Frau … wird Sie um 8.30 Uhr vom Hotel abholen.
Mr/Ms … will call for you at the hotel at 8.30.

EINEN FLUG BUCHEN | Booking a flight

▶ **Kapitel: Unterwegs,** Am Flughafen

Ich möchte gerne einen Flug nach … buchen.
I'd like to book a flight to …

Und für wann?
What date, please?

Erste Klasse oder Touristenklasse?
First class or economy?

Einfach oder hin und zurück?
Single or return? (US: One way or round trip?)

Wie ist die Flugnummer?
What's the flight number?

Abflugzeit/Ankunftszeit
departure time/arrival time

Ist das Ortszeit?
Is that local time?

EIN HOTELZIMMER RESERVIEREN | Booking a hotel room

▶ **Kapitel: Im Hotel,** Anmeldung

Ich möchte gern ein Zimmer reservieren.
I'd like to book a room, please.

Für zwei Nächte, und zwar für den dritten und vierten April.
For the nights of April (the) third and fourth.

Einzel- oder Doppelzimmer? Mit Bad oder Dusche?
Single or double? With bath or shower?

Ich hätte gern ein Nichtraucherzimmer.
I'd like non-smoking room.

Übernachtung mit Frühstück/Halbpension/Vollpension
bed and breakfast/half board/full board

Was kostet das für eine Nacht?
How much is that per night?

Hochsaison/Vorsaison/Sonderpreis
high season/low season/special rate

Ist das mit Frühstück?
Does that include breakfast?

Ich komme ziemlich spät an.
I'll be arriving quite late.

Können Sie bitte das Zimmer für mich freihalten?
Can you reserve (US: hold) the room for me, please?

Leider muss ich meine Reservierung verschieben/rückgängig machen.
I'm afraid I have to change/cancel my booking.

Ich komme einen Tag früher/später an.
I'll be arriving a day earlier/later.

Würden Sie das bitte per E-Mail bestätigen?
Could you confirm that by e-mail, please?

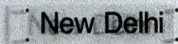
New Delhi

New York

Ready for boarding.

Durchsagen, Check-in, Kontrollen.
Ob am Flughafen, am Bahnhof oder anderswo –
überall fallen Sätze, deren Verständnis alles erleichtert.

"FIRST COME, FIRST SERVED."

Schlangestehen ist in angelsächsischen Ländern gang und gäbe. Sich Vordrängen wird deswegen nicht gern gesehen. Sollte es sich wirklich einmal um einen Notfall handeln, so entschuldigt man sich und erklärt den Grund.

Entschuldigen Sie bitte, mein Flug geht in wenigen Minuten. Würden Sie mich wohl vorlassen?
Excuse me, my flight leaves in a few minutes. Would you mind if I go first?

Aber sicher, bitte sehr.
No, go ahead.

Tut mir leid, aber ich habe es selbst eilig.
Sorry, but I'm in a hurry myself.

AM FLUGHAFEN | At the airport

Einchecken | Checking in

▶ **Kapitel: Reiseplanung,** Einen Flug buchen

Könnte ich bitte Ihren Flugschein sehen?
Could I see your ticket, please?

Fensterplatz/Gang
window seat/aisle

Bitte stellen Sie Ihr Gepäck auf das Band.
Could you put your case on the scales?

Gibt es noch freie Plätze für einen früheren/späteren Flug?
Are there any free seats on an earlier/later flight?

Das ist ein Ticket zum Sondertarif.
This is a cut-price ticket.

Die Buchung kann leider nicht geändert werden.
I'm afraid it isn't possible to change the booking.

Durchsagen | Announcements

… Airways Flug Nummer … nach …
… Airways announce the departure of Flight … to …

Passagiere für diesen Flug werden zum Flugsteig … gebeten.
Will all passengers for this flight please proceed to Gate …

Flug … ist nun zum Einsteigen bereit.
Flight … is now ready for boarding.

Bitte halten Sie Ihre Bordkarte bereit.
Please have your boarding card ready.

Passagier ..., gebucht nach ..., wird dringend zum Flugsteig ... gebeten.
Will Mr/Ms ..., passenger for ..., please proceed immediately to Gate ...

Sicherheitskontrolle | Security control

Ist das Ihr Koffer?
Is this your case?

Haben Sie ihn selbst gepackt?
Did you pack it yourself?

Würden Sie bitte Ihre Taschen entleeren?
Could you empty your pockets, please?

Probleme | Problems

Ich habe meinen Flugschein verloren.
I've lost my ticket.

Ich habe meinen Flug verpasst. Wann geht der nächste nach ...?
I've missed my flight. When's the next one to ...?

Mein Koffer war nicht dabei.
My case hasn't turned up.

Er ist dunkelblau/hellgrün.
It's dark blue/light green.

Er ist aus Kunststoff/Metall/Leder.
It's plastic/metal/leather.

Griff/Träger/Räder
handle/strap/wheels

Vokabeln | Vocabularies

Abflug/Ankunft	*departure/arrival*
Abflughalle	*departure lounge*
abheben	*to take off*
Anschlussflug	*connecting flight*
Auslands-/Inlandsflug	*international/domestic flight*
Bodenpersonal	*ground staff*
Bordkarte	*boarding card*
Devisennachweis	*currency declaration*
einchecken	*to check in*

Einwanderungsstelle	*immigration office*
erwartet	*due, expected*
Flug	*flight*
Flugbegleiter(in)	*flight attendant, cabin attendant*
Flughafensteuer	*airport tax*
Flugsteig	*gate*
Flugzeug, Maschine	*plane (US auch: airplane)*
Gepäck	*baggage (GB auch: luggage)*
Handgepäck	*hand baggage*
Übergepäckgebühr	*excess baggage charge*
Gepäckablage	*baggage rack*
Gepäckausgabe	*baggage (re)claim*
Gepäckförderband	*baggage conveyor*
Gepäckwagen	*baggage trolley*
Halle	*concourse, main hall*
Hotelzimmerreservierung	*hotel reservation service*
Landebahn	*runway*
landen	*to land*
Passkontrolle	*passport control*
Schalter	*desk*
Sicherheitsgebühr	*security charge*
Sicherheitskontrolle	*security check*
steuerfrei	*tax-exempt*
storniert	*cancelled*
Terminal	*terminal*
Treffpunkt	*meeting point*
Trolley	*trolley suitcase*
umgeleitet nach	*diverted to*
verspätet	*delayed*
zu verzollen	*to declare*
voraussichtliche Ankunftszeit	*ETA (estimated time of arrival)*
Zoll	*customs*
Zollerklärung	*customs declaration*

PASSKONTROLLE UND ZOLL | Passport Control and Customs

Ihren Pass, bitte.
Could I see your passport, please?

Was ist der Grund Ihrer Reise?
What's the purpose of your visit?

Wie lange wollen Sie bleiben?
How long are you planning to stay?

Wo werden Sie wohnen?
Where will you be staying?

Haben Sie etwas zu verzollen?
Do you have anything to declare?

Bitte öffnen Sie Ihren Koffer.
Would you open your case, please?

AUTOVERMIETUNG | Car rentals

Ich möchte ein Auto mieten.
I'd like to rent a car, please.

Welchen Fahrzeugtyp/Welche Preisklasse hätten Sie gern?
What type of car/In what price range would you like?

Was kostet das pro Tag/Woche?
How much is that per day/week?

Sondertarif/Wochenpauschale
special rate/weekly rate

unbegrenzte Kilometerzahl
unlimited mileage

Und wenn ich eine Panne habe?
What if it breaks down?

Was deckt die Versicherung ab?
What does the insurance cover?

Haftpflicht/Vollkasko
third party/fully comprehensive

Muss ich das Auto hier wieder abgeben oder geht das auch anderswo?
Do I have to give the car back here or can I leave it somewhere else?

Darf ich Ihren Führerschein sehen?
Could I see your driving licence (US: driver's license), please?

Könnten Sie mir bitte Ihre Adresse geben?
Could I have your address, please?

ständiger Wohnsitz
permanent address

Bitte unterschreiben Sie hier.
Please sign here.

Diese Kopie ist für Sie.
That's your copy.

Hier sind Ihre Schlüssel.
Here are your keys.

Der Wagen steht draußen auf dem Parkplatz.
It's outside in the car park (US: parking lot).

IM STRASSENVERKEHR | On the road

▶ **Kapitel: In der City,** Nach dem Weg fragen

Wie in Großbritannien fährt man in Australien, Neuseeland und vielen anderen englischsprachigen Ländern auf der linken Seite. Nehmen Sie sich die Zeit sich daran zu gewöhnen und seien Sie besonders vorsichtig beim Verlassen von Einbahnstraßen und bei Kreisverkehrs-regelungen.

Wenn Ihnen in den USA ein Polizeiwagen signalisiert anzuhalten, dann fahren Sie rechts an den Straßenrand, bleiben in Ihrem Auto und legen beide Hände sichtbar auf das Lenkrad.

Vokabeln | Vocabularies

Abbiegespur	*filter/exit lane (US: turning lane)*
Ampel	*traffic lights*
Ausfahrt	*exit*
Autobahn	*motorway (US: freeway)*
Benzin	*petrol (US: gas)*
Bleifrei	*unleaded, lead-free*
Diesel	*diesel*
Brücke	*bridge*
Einbahnstraße	*one-way street*
gebührenpflichtige Brücke/Straße	*toll bridge/road*
Kreisverkehr	*roundabout (US: rotary)*
Kreuzung	*crossroad(s), junction*
Öl	*oil*
Parkgebühr	*parking fee*
Parkhaus	*multistorey car park (US: parking garage)*
Parkplatz	*parking space*
Parkschein	*park ticket*
Parkscheinautomat	*ticket machine*
Parkuhr	*parking meter*
Rasthof	*service area*
Sackgasse	*dead-end street/cul-de-sac*
Selbstbedienung	*self-service*
Spur	*lane*
Stadtmitte, Zentrum	*(city) centre (US: downtown)*
Stau	*traffic jam*
Stoßzeit	*rush hour*
Straße	*street, road*
Straßenbauarbeiten	*roadworks*

Straßenkarte	*road map*
Tankstelle	*petrol (US: gas) station, service station*
Tiefgarage	*underground car park*
Überführung	*flyover (US: overpass)*
Überholspur	*fast lane*
Umleitung	*diversion (US: detour)*
Unfall	*accident*
Unterführung	*subway (US: underpass)*
Verkehrsschild	*traffic sign*
Waschanlage	*car wash*
Werkstatt	*garage*

ÖFFENTLICHE VERKEHRSMITTEL | Public transport

▶ **Kapitel: In der City,** Nach dem Weg fragen

Wie komme ich am besten nach ...?
What's the best way to get to ..., please?

Wie komme ich zum Bahnhof?
How do I get to the station (US: train station)?

Welche Linie fährt nach ...?
Which line goes to ...?

Wann fährt der nächste Bus/Zug nach ...?
When's the next bus/train to ...?

Wie oft fahren sie nach ...?
How often do they run to ...?

Wo ist die Bushaltestelle?
Where's the bus stop, please?

Können Sie mir bitte sagen, wo ich U-Bahn-Fahrkarten bekomme?
Excuse me, where can I buy a ticket for the underground (US: subway), please?

Einmal ..., bitte.
A ticket to ..., please.

Einfach oder hin und zurück?
Single or return? (US: One way or round trip?)

Fahren Sie nach ...?
Do you go to ...?

Wie lange dauert das?
How long does it take?

Könnten Sie mir Bescheid geben, wenn wir da sind?
Could you tell me when we get there?

Es ist üblich zu fragen, bevor man in öffentlichen Gebäuden oder Verkehrsmitteln, z. B. in Wartesälen bzw. Bussen und Bahnen, ein Fenster öffnet.

Macht es Ihnen etwas aus, wenn ich das Fenster öffne?
D'you mind if I open the window?

Nein, machen Sie nur./Mm, eigentlich ist es mir etwas zu kalt.
Go ahead./Er, actually it's a bit cold.

Vokabeln | Vocabularies

abfahren	*to leave*
ankommen	*to arrive*
Bahnhof	*station (US: train station)*
Bus	*bus*
Busfahrer(in)	*bus driver*
Bushaltestelle	*bus stop*
Eisenbahn	*railway (US: railroad)*
Endstation	*final stop*
Fahrkarte	*ticket*
einfach(e Fahrt)	*single (US: one way) ticket*
Rückfahrkarte	*return (US: round trip) ticket*
Fahrkartenautomat	*ticket machine*
Fahrkartenverkaufsstelle	*ticket office*
Fahrplan	*timetable*
Fahrt	*journey (US: trip)*
Gleis	*platform (US: track)*
Onlinefahrplan	*online timetable*
Onlineticket	*online ticket*
Reiseziel	*destination*
S-Bahn	*local train, suburban train*
Straßenbahn	*tram*
U-Bahn	*underground (US: subway)*
umsteigen	*to change*
Zug	*train*
durchgehender Zug	*through train*
Hochgeschwindigkeitszug	*highspeed train*
Schnellzug	*express train*
Zugführer(in)	*train driver (US: engineer)*
Zuschlag	*supplement*

TAXI | Taxi

Taxis können sowohl telefonisch bestellt als auch auf der Straße angehalten werden. Normalerweise zeigt ein eingeschaltetes Licht auf dem Taxidach an, dass es frei ist.
In Australien erwartet man von allein reisenden Fahrgästen, neben dem/der Fahrer(in) Platz zu nehmen.

Können Sie mir sagen, wo der nächste Taxistand ist?
Can you tell me where the taxi rank (US: taxi stand) is, please?

Ich möchte gern ein Taxi für 15 Uhr bestellen.
I'd like to book a taxi/cab for 3 p.m., please.

Können Sie bitte so schnell wie möglich ein Taxi zur/zum … schicken?
Could you send a taxi to … as soon as possible, please?

Sind Sie frei?
Are you free?

Zur …/Zum …, bitte.
I'd like to go to …, please.

Ich habe es eilig.
I'm in a bit of a hurry.

Können Sie mir unterwegs etwas von der Stadt zeigen?
Can you show me a bit of the town on the way?

Was macht das, bitte?
How much is that, please?

Ich hätte gern eine Quittung.
Could I have a receipt, please?

Taxifahrer(innen) erwarten ein Trinkgeld von 15 bis 20 %. Normalerweise schließt man dies ins Fahrgeld ein, indem man den zu zahlenden Betrag aufrundet.

Machen Sie $40.
Make it forty dollars.

Stimmt so.
That's OK.

Sunny side up.

Mögen Sie Ihr Spiegelei „sunny side up"?
Die Kenntnis so mancher Eigenheiten eines Landes
sorgt für einen entspannten Aufenthalt.

ANMELDUNG | Checking in

▶ **Kapitel: Reiseplanung,** Ein Hotelzimmer reservieren

Ich habe ein Zimmer für zwei Nächte reserviert.
I booked a room for two nights.

Unter welchem Namen bitte?
What name is it, please?

Sie haben Zimmer 328, in der dritten Etage.
You're in Room 328. That's on the third floor.

Frühstück gibt es von 7 Uhr bis 9.30 Uhr.
Breakfast is from seven to nine thirty.

Angenehmen Aufenthalt.
Enjoy your stay.

Ich möchte noch um eine Nacht verlängern.
I'd like to keep my room for another night.

Wir müssen Ihnen dann ein anderes Zimmer geben.
We'll have to put you in a different room.

Wir sind leider ausgebucht.
I'm afraid we're fully booked.

Können Sie ein anderes Hotel in der Nähe empfehlen?
Can you recommend another hotel in this area?

DAS "HOSPITALITY TRAY"

Viele britische Hotels bieten dem Gast die Möglichkeit, Kaffee oder Tee auf dem Zimmer zuzubereiten. Dies ist im Zimmerpreis enthalten.

HOTELFRÜHSTÜCK | Hotel breakfast

▶ **Kapitel: After Work,** Das Essen

Das traditionelle full English breakfast besteht aus einem Frühstücksgetreide wie Cornflakes, etwas Gebratenem (normalerweise Spiegeleier oder Rührei mit Schinkenspeck oder Würstchen) und Toast mit Butter und Konfitüre.
Das sogenannte Continental breakfast beinhaltet lediglich Brötchen und Konfitüre.

Kaffeesahne ist in Großbritannien nicht verbreitet, stattdessen verwendet man Milch oder „richtige" Sahne. Ungesalzene Butter kann man zwar kaufen, sie wird aber in der Regel nicht serviert. Und damit Sie keine unliebsame Überraschung erleben: Bei der englischen marmalade handelt es sich um Konfitüre, die ausschließlich aus Zitrusfrüchten (z. B. Orangen oder Limonen) besteht.

Das amerikanische Frühstück umfasst ein reichhaltiges Angebot. Spiegeleier gibt es einmal sunny side up oder over easy (mit überbackenem Eigelb). Der English muffin – ein kleiner, pfannkuch-artiger Fladen – ist übrigens in England nicht bekannt!

Vokabeln | Vocabularies

Brot	*bread*
dunkles Brot	*brown bread*
gebratenes Brot	*fried bread*
Vollkornbrot	*wholemeal bread*
Weißbrot	*white bread*
Brötchen	*roll*
Butter	*butter*
Ei	*egg*
gekochtes Ei	*boiled egg*
Rührei	*scrambled eggs*
Spiegelei	*fried egg*
verlorenes/pochiertes Ei	*poached egg*
Fruchtsaft	*fruit juice*
Haferbrei	*porridge*
Honig	*honey*
Joghurt	*yoghurt*
Kaffee	*coffee*
schwarzer Kaffee	*black coffee*
Kaffee mit Milch	*white coffee*
koffeinfreier Kaffee	*decaf (decaffeinated)*
Käse	*cheese*
Frischkäse	*cream cheese*
Knäckebrot	*crispbread*
Konfitüre	*jam*
Milch	*milk*
Müsli	*muesli*
Scheibe	*slice*
Schinken	*ham*
Schinkenspeck	*bacon*
Stück	*piece*
Süßstoff	*sweetener*
Tee	*tea*
Toast	*toast*
Wurst	*sausage*
Zucker	*sugar*

FRAGEN UND BITTEN | Questions and requests

Haben Sie eine Nachricht für mich?
Are there any messages for me?

Würden Sie mich bitte um 8 Uhr wecken?
Could you give me a wake-up call at eight o'clock, please?

Können Sie mir ein Taxi für 9.30 Uhr bestellen?
Could you order me a taxi for nine thirty, please?

Was kostet eine Telefoneinheit?
How much do you charge for telephone calls?

Kann ich den Zugangscode/das Passwort für Ihr WLAN-Netz bekommen?
Can I have the WiFi password, please?

Könnten Sie mir ein paar Kopien machen?
Could you make me a few photocopies?

Kann ich von hier aus eine E-Mail senden?
Can I send an e-mail from here?

Hätten Sie bitte einen Stadtplan für mich?
Do you have any maps of the town?

Wann schließt das Restaurant?
What time does the restaurant close?

Gibt es hier (einen Friseur) in der Nähe?
Can you tell me if there's (a hairdresser's) near here?

PROBLEME | Problems

Ich glaube, ich habe meinen Zimmerschlüssel verloren.
I seem to have lost my room key.

Ich hätte gern ein anderes Zimmer.
I'm sorry, but could I have a different room, please?

Mein Zimmer ist zu laut/klein.
My room's too noisy/small.

Es ist nicht (richtig) sauber gemacht worden.
It hasn't been cleaned (properly).

Die Heizung funktioniert nicht.
The heating isn't working.

Könnte ich noch eine Decke bekommen?
Could I have another blanket?

Eine Glühbirne ist durchgebrannt.
One of the light bulbs has gone (US: is burned out).

Der Wasserhahn im Bad tropft.
There's a dripping tap (US: faucet) in the bathroom.

Die Toilettenspülung ist defekt.
The flush is broken.

Ich möchte bitte den Manager sprechen.
I'd like to speak to the manager.

Vokabeln | Vocabularies

Adapter	*adaptor*
Aschenbecher	*ashtray*
Aufzug	*elevator (GB auch: lift)*
Bad	*bathroom*
Bademantel	*bathrobe*
Badematte, Vorleger	*bathmat*
Badewanne	*bath (US: bathtub)*
Bett	*bed*
Einzel-/Doppelbett	*single/double bed*
Einzelbetten	*twin beds*
bügeln	*to iron*
Dusche	*shower*
Duschvorhang	*shower curtain*
Empfangspersonal	*receptionist (US: desk clerk)*
Etage, Stock(werk)	*floor*
Fernseher	*TV*
Fitnessraum	*fitness centre*
Fön	*hairdryer*
Frühstück	*breakfast*
Frühstücksbüfett	*breakfast bar*
Frühstücksraum	*breakfast room*
Gesellschaftsraum	*lounge*
Hallenbad	*(indoor) pool*
Handtuch	*towel*
Kleiderbügel	*coathanger*
Kleiderschrank	*wardrobe*
Klimaanlage	*air conditioning*
Kommode	*chest of drawers*
Konferenzraum	*meeting room*
Kopfkissen	*pillow*
Kopfkissenbezug	*pillow case*
Laken	*sheet*
Lichtschalter	*light switch*
Matratze	*mattress*

Minibar	*minibar*
Nachtportier	*night porter*
Nachttischlampe	*bedside lamp*
Parkplatz	*car park, garage (US: parking lot)*
Radiowecker	*radio alarm clock*
Rezeption	*reception*
Safe, Tresor	*safe*
Sauna	*sauna*
Spiegel	*mirror*
Steckdose	*power socket*
Stecker	*(electric) plug (US: outlet)*
Steppdecke, Federbett	*quilt (GB auch: duvet)*
Stöpsel	*plug*
Stuhl	*chair*
Teppich	*carpet*
Toilette	*toilet (US: bathroom)*
Unterkunft	*accomodation*
Waschbecken	*washbasin, sink*
Wäscheservice	*laundry service*
Wertsachen	*valuables*
Zimmer	*room*
Einzel-/Doppelzimmer	*single/double room*
Zimmerservice	*chambermaid (US: cleaning staff)*

Bis wann muss man das Zimmer räumen?
When do I have to check out?

Ich hätte gern die Rechnung.
Could I have my bill (US: check), please?

Hatten Sie etwas von der Minibar?
Did you have anything from the mini-bar?

Das wären also zwei Nächte plus Telefonanrufe.
That's two nights, plus your telephone calls.

Für die Anrufe hätte ich gern eine gesonderte Rechnung.
Could I have the calls on a separate bill, please?

Wie möchten Sie bezahlen?
How would you like to pay?

Bar, bitte./Mit Kreditkarte/Scheck.
Cash, please./By credit card/cheque.

Wenn Sie hier bitte unterschreiben wollen ...
If you could just sign here ...

... und Ihre Quittung.
... and that's your receipt.

Kann ich mein Gepäck hier für einige Stunden unterstellen?
Can I leave my baggage here for a couple of hours?

Auf Messen

Aus dem Stand.

Es gibt Veranstaltungen, bei denen es sich lohnt,
dabei zu sein.
Sprachliche Einzelheiten finden Sie hier.

ORGANISATION UND GEBÄUDE | Organization and buildings

Auskunftsstelle, Information	*information desk*
Aussteller(in)	*exhibitor*
Ausstellungsverzeichnis	*exhibition guide*
Ausweis	*ID (identification)*
Bedingungen	*conditions*
Beförderung	*transportation*
Durchsage	*announcement*
Fachbesucher(in)	*trade visitor*
Gang	*aisle*
Garderobe	*cloakroom*
Gebühr	*charge, fee*
Halle	*hall*
Hallenplan	*floor plan*
Haupteingang	*main entrance*
Ladeplatz	*loading bay*
Lagerung	*storage*
Messe	*trade fair*
Messebüro/-zentrum	*trade fair office/centre*
Notausgang	*emergency exit*
Parkplatz	*car park (US: parking lot)*
Selbstbedienungsrestaurant	*cafeteria*
Stockwerk	*floor*
Tor	*gate*
Treffpunkt	*meeting point*
Visitenkarte	*business card*

EINEN STAND RESERVIEREN | Booking a stand

▶ **Kapitel: Telefon und E-Mail**

Wir möchten einen Stand für die ... Messe reservieren.
We'd like to book a stand for the ... fair.

Wann ist Anmeldeschluss?
When's the application deadline?

Würden Sie uns bitte ein Anmeldeformular per E-Mail schicken?
Could you e-mail us an application form?

Wir brauchen einen Stand mit einer Fläche von ungefähr ... Quadratmetern.
We'll need a stand with an area of about ... square metres.

Ab wann steht er uns zur Verfügung?
When will it be available from?

Ich nehme an, dass ein Internetanschluss dabei ist.
I assume that a internet connection is provided.

Wir werden unser eigenes Mobiliar mitbringen.
We'll be bringing our own furnishings.

Könnten Sie uns bei der Zollabfertigung helfen?
Can you help us with customs clearance?

Organisieren Sie auch Dolmetscher(innen)/Hostessen?
Do you organize interpreters/hostesses?

Können Sie uns mit Erfrischungen versorgen?
Can you supply us with refreshments?

Vokabeln | Vocabularies

abschließen	*to lock*
aufbauen/abbauen	*to construct/to dismantle*
Beleuchtung	*lighting*
Breite/Höhe/Länge/Tiefe	*width/height/length/depth*
Decke	*ceiling*
Eckstand	*corner stand*
Fläche	*area*
Größe/Maße	*size/dimensions*
Grundriss	*floor plan*
Infotheke	*information desk*
Kabine	*cabin, booth*
Kühlschrank	*refrigerator, fridge*
maximal/minimal	*maximum/minimum*
Miete	*rental charge*
offen/halb offen/geschlossen	*open/half-open/closed*
Prospekthalter	*display case*
Rahmen	*frame*
Regal, Regale	*shelf, shelves*
Säule	*pillar*
Schrank/Wandschrank	*cupboard/wall cabinet*
Spülstein	*sink*
Standnummer/-schild	*stand number/sign*
Steckdose	*power socket, power point*
Stromschiene	*busbar*
technische Ausstattung	*technical equipment*
Telefonanschluss	*telephone line*
Theke	*counter*
Vorhang	*curtain*

Ausstellungsstück	*display model (not for sale)*
Bestellkarte/-formular	*order card/form*
Broschüre	*brochure*
einführen	*to launch*
Einladung	*invitation*
Firmenimage	*corporate image*
Katalog	*catalogue*
Kunde/Kundin	*client, customer*
Logo	*logo*
Mailing	*mailshot*
Marke, Warenzeichen	*brand, trademark*
Muster	*sample*
Namensschild	*badge* (US: *button*)
Preisliste	*price list*
Pressekonferenz	*press conference*
Pressemitteilung	*press release*
Prospekt	*brochure*
Veranstaltung	*event*
Werbezettel	*advertising leaflet*
Werbegeschenk	*giveaway, freebie*
Werbematerial	*advertising material*
Zielgruppe	*target group*

Kann ich Ihnen behilflich sein?
Can I help you?

Ich hätte gern einige Informationen über ...
Could you tell me something about ...?

Das ist unser/e neueste/r/s ...
This is our latest ...

Das finden Sie in unserer Broschüre auf Seite ...
It's on page ... of our brochure.

Die (technischen) Einzelheiten finden Sie hier.
The (technical) details are here.

Ich führe es Ihnen vor.
Let me demonstrate it for you.

Könnten Sie mir ein wenig mehr zu ... sagen?
I'd like to know a bit more about ...

Und wie schneidet es im Vergleich mit ... ab?
How does it compare with ...?

Ab wann ist es lieferbar?
When will it be available?

Könnten Sie uns ausführliches Material über ... zusenden?
Could you send us full details of ...?

Könnten Sie uns ein Angebot zukommen lassen?
Could you send us a quote?

Haben Sie eine Vertretung/eine Geschäftsstelle/ein Werk/einen Vertrieb in ...?
Do you have a representative/an office/a plant/a distributor in ...?

Haben Sie eine Website?/Wie lautet Ihre Internetadresse?
Do you have a website?/What's the address/URL?

PRODUKTE BESCHREIBEN | Describing products

▶ **Kapitel: Präsentieren**

aktuell	*current*
Angaben	*specifications*
Anweisungen	*instructions*
beliebt	*popular*
brandneu	*brand-new*
effektiv	*effective*
effizient	*efficient*
einmalig	*unique*
Entwicklung	*development*
erfolgreich	*successful*
Ergebnis	*result*
erprobt	*tested*
erstklassig	*first class*
Forschung	*research*
führend	*leading*
geeignet	*suitable*
günstig	*reasonable, moderate*
herstellen/Herstellung	*to produce/production*
hervorragend	*excellent, outstanding*
Kapazität	*capacity*
konkurrenzlos	*no competition*
kraftvoll	*powerful*
leicht zu bedienen	*easy to operate*
Leistung	*performance*
neueste(s) (Design)	*state-of-the-art (design)*
Palette	*range*

recyclebar	*recyclable*
reibungslos	*smooth*
sicher	*safe*
Sicherheitsvorschriften	*safety regulations*
Standardmodell/Topmodell	*basic model/top-of-the-range model*
technischer Standard	*technical standard*
verbessert	*improved*
Verbrauch	*consumption*
Verkaufsschlager	*bestseller*
Versuch	*trial*
wartungsfrei	*maintenance-free*
wirtschaftlich	*economical*
zukunftsweisend	*forward-looking*
zuverlässig	*reliable*

KUNDEN WEITERVERMITTELN | Passing customers on to someone else

▶ **Kapitel: Firmenbesuche,** Im Büro

Ansprechpartner für ... ist eigentlich Herr/Frau ...
The person you should talk to is Mr/Ms ...

Leider ist er/sie gerade zu Tisch.
I'm afraid he/she's just gone to lunch.

Er/Sie ist gerade in einer Besprechung.
He/She's in a meeting at the moment.

Es wird nicht lange dauern.
It won't take long.

Er/Sie ist bald wieder da.
He/She'll be back soon.

Sind Sie heute Nachmittag noch da?
Will you still be here this afternoon?

Könnten Sie heute um 14 Uhr noch einmal kommen?
Could you come back at two o'clock?

Wir würden Sie gerne zu einem Besuch in unser Werk einladen.
Why don't you come and have a look at our factory?

Ich bin im nächsten Monat in ... . Ich könnte Sie dann besuchen.
I'll be in ... next month. Perhaps I could visit you then.

Hier ist meine Karte.
Here's my card.

Wann sind Sie wieder im Büro?
When will you be back in the office?

Wo können wir Sie erreichen?
Where can we reach you?

Ich rufe Sie gleich nach der Messe an.
I'll call you right after the fair.

AG, GmbH & Co.

Firmenarten, Geschäftsbereiche, Marktentwicklung.
Die Kenntnis mancher Begriffe ist im Geschäftsleben
sehr oft von Nutzen.

Die britische plc steht für public limited company und entspricht etwa einer AG (*US:* Inc. = Incorporated), die Ltd oder company limited dagegen einer GmbH (*US:* Corp. = Corporation).

Agentur	*agency*
Alleinvertreter	*sole representative*
Branche	*industry*
Einzelhändler	*retailer*
Exporteur	*exporter*
Familienbetrieb	*family business*
Filiale/Niederlassung	*branch*
Großhändler	*wholesaler*
Handelsvertreter	*representative*
Hauptverwaltung	*head office*
Hersteller	*producer*
Holding	*holding company*
Kette	*chain*
Konzern	*concern*
Lieferant, Zulieferer	*supplier*
Lizenznehmer	*licensee*
mittelständische Unternehmen	*SME's (small and medium-sized enterprises)*
Muttergesellschaft	*parent company*
Onlineanbieter	*online service provider*
Sparte, Bereich	*division*
Tochtergesellschaft	*subsidiary*
Vertragshändler	*concessionary, appointed dealer*
Vertretung	*representative office*
Zentrale	*headquarters*

▶ **Kapitel: Auf Messen ,** Produkte beschreiben

Wir sind im Einzelhandel/Großhandel tätig.
We're in the retail/wholesale business.

Unser Schwerpunkt liegt im Dienstleistungsbereich.
Our main operations are in the service sector.

Wir stellen Einzelteile für die Autobranche her.
We produce components for the automobile industry.

Wir konzipieren/entwickeln Software.
We design/develop software.

Wir handeln mit Baustoffen.
We deal in building materials.

Wir importieren/exportieren Lederwaren.
We import/export leather goods.

Wir sind Unternehmensberater.
We're management consultants.

FIRMENENTWICKLUNG, MÄRKTE | Company history, markets

Aktie	*share*
Aktionär(in), Gesellschafter(in)	*shareholder*
Angebot und Nachfrage	*supply and demand*
Börseneingang	*stock market listing, flotation*
diversifizieren	*to diversify*
expandieren	*to expand*
finanzieren	*to finance*
fixe Kosten	*overheads*
fusionieren/Fusion	*to merge/merger*
Geschäftsbereich	*business area*
Gewinn/Verlust machen	*to make a profit/loss*
gründen/Gründer(in)	*to found/founder*
Hauptgeschäft	*core business*
Hochkonjunktur	*boom*
investieren	*to invest*
Investor(in)/Investition	*investor/investment*
Kapital	*capital*
kaufen	*to buy*
Kerngeschäft	*core business*
Konkurrent(in)/Konkurrenz	*competitor/competition*
konkurrieren	*to compete*
vor dem Konkurs stehen	*to go bankrupt*
konzentrieren	*to concentrate*
Kunde/Kundin	*customer, client*
leiten	*to manage*
Marktanteil	*market share*
Marktlücke	*gap in the market*
Monopol	*monopoly*
privatisieren	*to privatize*
rationalisieren	*to rationalize*
reduzieren, zurückschrauben	*to cut back*
Rezession	*recession*
Segment	*segment*
Steuer	*tax*
stilllegen, schließen	*to close down*
subventionieren/Subvention	*to subsidize/subsidy*

übernehmen/Übernahme	*to take over/takeover*
feindliche Übernahme	*hostile takeover*
umorganisieren	*to reorganize*
Umsatz	*turnover*
vergrößern	*to enlarge*
verkaufen	*to sell*
verstaatlichen	*to nationalize*

In angelsächsischen Firmen vereint ein Board normalerweise die Funktionen des Aufsichtsrats (supervisory board) und des Vorstands (management board).

Funktionsbezeichnungen können von Firma zu Firma unterschiedlich sein. Der amerikanische Titel Vice President ist in dieser Hinsicht besonders problematisch, da er benutzt wird, um eine breite Palette verschiedener Verantwortlichkeiten abzudecken.

Abteilungsleiter(in)	*head of department*
Aufsichtsratsvorsitzende/r	*chairman of the board*
leitende/r Angestellte/r	*manager, executive*
Regional-/Gebiets-/ Bezirksleiter(in)	*regional/area/district manager*
Vorstandsmitglied	*board member, director*
Vorstandsvorsitzende/r, Generaldirektor(in)	*chief executive officer (CEO)* *(US auch: president, GB auch: managing director)*

Angestellte/r	*employee*
anstellen	*to hire, to take on*
Arbeiter(in)	*worker*
Assistent(in)	*assistant*
Auszubildende/r	*trainee/apprentice*
beschäftigen	*to employ*
entlassen	*to sack, to fire, to dismiss*
Facharbeiter(in)	*skilled worker*
Gewerkschaft	*trade union (US: labor union)*
Mitglied	*member*
Personal	*personnel, staff*
Projektgruppe	*project group*
Stellvertreter(in)	*deputy*
Team	*team*
Teilzeitkraft	*part-time staff*
Vorarbeiter(in)	*foreman/-woman*
Vorgesetzte/r	*superior*

TÄTIGKEITEN ERKLÄREN | Talking about jobs

Statt eine genaue Berufsbezeichnung zu nennen, umschreibt man im Englischen oft seine Arbeit.

Was sind Sie von Beruf?
What do you do?

Ich bin Sachbearbeiter(in).
I work in an office.

Ich bin im Personalbereich tätig.
I'm in the personnel department.

Ich bin Leiter(in) der Werbeabteilung.
I'm in charge of advertising.

Ich bin für das Lager zuständig.
I'm responsible for the warehouse.

BERUFE | Jobs

Architekt(in)	*architect*
Arzt/Ärztin	*doctor*
Berater(in)	*consultant*
Buchhalter(in)	*accountant*
Fahrer(in)	*driver, chauffeur*
Geschäftsmann/-frau	*businessman/-woman*
Grafiker(in)	*graphic artist*
Hausmeister(in)	*caretaker (US auch: building supervisor)*
Ingenieur(in)	*engineer*
Journalist(in)	*journalist*
kaufm. Angestellte/r	*office worker*
Lehrer(in)	*teacher*
Manager(in)	*manager*
Mechaniker(in)	*mechanic*
Professor(in)	*professor*
Projektleiter(in)	*project leader*
Psychologe/Psychologin	*psychologist*
Rechtsanwalt/-anwältin	*lawyer*
Redakteur(in)	*editor*
Rezeptionist(in)	*receptionist*
Sachbearbeiter(in)	*clerical worker*
Sekretär(in)	*secretary*
Techniker(in)	*technician*
Verkäufer(in)	*salesperson*
Webdesigner(in)	*web designer*
Wissenschaftler(in)	*scientist*

Sie werden erwartet.

Muss ich auf die Minute pünktlich sein?
Wer einen Firmenbesuch macht, sollte ein paar Dinge
beherzigen – und ein paar Vokabeln kennen.

PÜNKTLICHKEIT | Punctuality

Treffen Sie zur verabredeten Zeit ein, aber rechnen Sie damit, dass man manchmal erst etwas später zum eigentlichen Geschäftlichen kommt. Einige Minuten Verspätung sind in Großbritannien durchaus akzeptabel.

GEBÄUDE UND ANLAGEN | Buildings and facilities

Aufzug	*elevator (GB auch: lift)*
Ausbildungszentrum	*training centre*
Besprechungsraum	*conference room*
Büro, Sekretariat	*office*
Fabrik, Werk	*factory, plant*
Flur	*corridor (US: hall)*
Forschungszentrum	*research centre*
Gebäude	*building*
Haupteingang	*main entrance*
Hauptverwaltung	*headquarters, head office*
Kantine	*canteen (US: cafeteria)*
Lagerhalle	*warehouse*
Parkplatz	*car park (US: parking lot)*
Pförtner	*porter*
Rezeption, Empfang	*reception*
Stock, Geschoss	*floor*
Erdgeschoss	*ground floor (US: first floor)*
erster Stock	*first floor (US: second floor)*
Tor	*gate*
Treppe	*stairs*

AM EMPFANG | At reception

Mein Name ist … . Ich habe einen Termin mit Herrn/Frau …
My name's … . I have (GB auch: I've got) an appointment with Mr/Ms …

Ach ja. Sie werden erwartet.
Ah, yes. Mr/Ms …'s expecting you.

Hier ist Ihre Sicherheitsplakette/Besucherplakette.
Here's your security badge/visitor's badge.

Nehmen Sie bitte Platz.
Please take a seat.

Ich sage ihm/ihr Bescheid.
I'll just tell him/her you're here.

Er/Sie holt Sie gleich ab.
He/She'll be with you in a moment.

Ihr/Sein Büro ist im sechsten Stock, Zimmer 606.
His/Her office is on the sixth floor, room 606.

Der Fahrstuhl ist dort drüben.
The elevator's over there.

Wenn Sie aus dem Fahrstuhl kommen, gehen Sie gleich nach links.
Turn left when you come out of the elevator.

Gehen Sie den Korridor entlang. Es ist dann auf der linken Seite.
Go down the corridor and it's on the left.

WILLKOMMEN HEISSEN UND BETREUEN | Welcoming and looking after a visitor

▶ **Kapitel: Reisevorbereitung,** Körper- und Blickkontakt

Herzlich willkommen bei …
Welcome to …

Haben Sie gut hergefunden?
Did you have any trouble finding us?

Hatten Sie eine angenehme Reise?
Did you have a good trip?

Wo übernachten Sie?
Where are you staying?

Ist das Hotel in Ordnung?
Is the hotel all right?

Wir tagen in einem anderen Gebäude.
Our meeting is in a different building.

Wenn Sie mir bitte folgen würden …
If you'd like to come this way …

IM BÜRO | In the office

▶ **Kapitel: Smalltalk**

Da wären wir. Möchten Sie ablegen?
Here we are. Can I take your coat?

Nehmen Sie doch Platz.
Do sit down./Please take a seat.

Darf ich Ihnen etwas zu trinken anbieten?
Can I offer you something to drink?

Danke, im Augenblick nicht.
Not at the moment, thanks.

Ein Kaffee/Glas Wasser wäre schön.
A cup of coffee/glass of water would be very nice.

Milch und Zucker?
With milk and sugar?

Nur Milch/Schwarz, bitte.
Just milk/black, please.

Bitte schön.
There you are.

UM ETWAS BITTEN | Requests

Könnte ich bitte schnell (ein)mal telefonieren?
Could I make a quick phone call?

Könnte ich ein paar Kopien machen?
Would it be possible to make a few photocopies?

Könnte ich meine Tasche bitte irgendwo unterstellen?
Is there somewhere I could leave my briefcase?

Könnten Sie mir bitte etwas zum Schreiben leihen?
Could you lend me something to write with?

Könnte ich hier irgendwo meine E-Mails abrufen?
Can I check my emails here somewhere?

Ich möchte eine E-Mail senden.
I'd like to send an email.

Kann ich einen USB-Stick/Tablet-PC/Laptop/eine Speicherkarte anschließen?
Can I connect a memory USB stick/tablet/laptop/memory card?

Ich habe Probleme mit der Software.
I have a problem with the software.

Es gibt Probleme mit dem Computer/mit dem Browser/Monitor.
There's a problem with the computer/browser/monitor.

Haben Sie vielleicht eine Kopfschmerztablette für mich?
Have you got an aspirin, by any chance?

Wo ist die Toilette, bitte?
Where's the toilet (US: restroom), please?

Büroausstattung | Office equipment

▶ **Kapitel: Präsentieren,** Ausstattung

Ablagekorb	*tray*
Eingangs-/Ausgangskorb	*in-/out-tray*
Aktenordner	*ring binder*
Anspitzer	*(pencil) sharpener*
Bleistift	*pencil*
Briefpapier	*letter paper (US: stationery)*
Büroklammer	*paperclip*
Bürostuhl	*office chair*
Computer, PC	*computer, PC*
Bildschirm	*screen*
Browser	*browser*
CD-Brenner	*CD-burner*
DVD	*DVD*
(Farb-)Drucker	*(colour) printer*
DSL	*(highspeed) broadband*
(externe) Festplatte	*hard disk*
Laptop	*laptop*
Laufwerk	*disc drive*
Maus	*mouse*
Monitor	*monitor*
Programm	*program*
Software	*software*
Scanner	*scanner*
Speicherkarte	*memory card*
Tablet-PC	*tablet*
Touchpad	*touchpad*
USB-/Speicherstick	*USB/memory stick*
Verbindung	*connection*
WLAN	*WiFi*
Diktiergerät	*dictaphone®*
Drucker	*printer*
E-Mail	*e-mail*
Fax	*fax*
Filzstift	*felt tip (pen)*
Kopierer	*photocopier*
Gegensprechanlage	*intercom*
Hefter	*stapler*
Internet-Anschluss	*internet connection*

Kabel	*cable*
Karteikarte	*filing card*
Klarsichthülle	*(clear) plastic folder*
Kugelschreiber	*ballpoint (pen), biro*
Lineal	*ruler*
Locher	*hole punch, perforator*
Radiergummi	*eraser (GB auch: rubber)*
Regal	*shelf*
Reißwolf	*shredder*
Schnellhefter, Mappe	*folder*
Schrank	*cupboard*
Schreibblock	*writing pad*
Schreibtisch	*desk*
Schublade	*drawer*
Telefon	*(tele)phone*
(Brief)Umschlag	*envelope*

DAS PROGRAMM VORSTELLEN | Explaining the programme

Wir haben Folgendes arrangiert.
Let me tell you what we've arranged.

Für heute Morgen habe ich ... vorbereitet/organisiert.
I've organized ... for this morning.

Wir werden in der Kantine zu Mittag essen.
We'll have lunch in the canteen.

Dann werden wir ..., sodass Sie ... sehen können.
Then we'll ..., so that you can see ...

Und wir könnten dann mit ... abschließen.
And we could finish up with ...

Ist das so weit in Ihrem Sinne?
How does that sound?

▶ **Kapitel: Das Wichtigste in Kürze,** Interesse zeigen

Hier sehen Sie ...
Here you can see ...

Hier fertigen/produzieren wir ...
This is where we produce ...

Das Gebäude da drüben ist ...
That building over there is ...

Vor uns sehen Sie ...
In front of us is ...

Dahinter kann man (gerade noch) ... sehen.
Behind it you can (just) see ...

links/rechts
on the left/right

neben/gegenüber
next to/opposite

Produktionsanlage | Production facilities

Auslieferung	*delivery*
automatisiert	*automated*
computergesteuert	*computerized*
Einzelteil	*component*
Ersatzteile	*spare parts*
Fließband	*production line*
Forschung & Entwicklung	*R & D (research and development)*
(LKW-)Fuhrpark	*(truck) fleet*
Gerät(e)	*equipment*
herstellen	*to produce, to manufacture*
Herstellung	*production*
Kapazität	*capacity*
Labor	*lab(oratory)*
Lager	*store*
Lagerbestand	*stock*
Lagerhalle	*warehouse*
Leistung	*performance*
Lieferant	*supplier*

Montage	*assembly*
Endmontage	*final assembly*
Produktionsablauf	*production process*
Produktionsstätte, Fertigung	*production area, shop floor*
Qualitätskontrolle	*quality control*
Roboter	*robot*
Rohstoff	*raw material*
Stück pro Tag	*units per day*
verarbeiten	*to process*
Verpackung	*packing*
Versand	*despatch*
Versuchsanlage	*pilot plant*
Verwaltungsgebäude	*admin (administration) block*
vorrätig haben	*to have in stock*
Wartung	*maintenance*
Werkhalle	*production hall, factory building*
Werkstatt	*workshop*
Werkzeug	*tool*
zusammenbauen	*to assemble*

Vorschriften | Regulations

Leider …
I'm afraid …

… dürfen wir da nicht rein.
… we can't go in there.

… darf man hier keine Fotos machen.
… you can't take photos in here.

… sind Mobiltelefone in diesem Gebäude nicht erlaubt.
… mobile phones (US: cell phones) are banned in this building.

… darf man hier nicht rauchen.
… this is a non-smoking area.

… müssen wir hier die (Schutz)Helme tragen.
… we have to wear our helmets here.

▶ **Kapitel: Das Wichtigste in Kürze,** Sich verabschieden

Ich denke, ich sollte mich langsam auf den Weg machen.
Well, I'd better be on my way.

Ich bringe Sie zum Parkplatz.
I'll see you to the car park.

Wie kommen Sie zum Flughafen?
How are you getting to the airport?

Grüßen Sie bitte Herrn/Frau …
Give my regards to Mr/Ms …

Ich werde mich melden.
I'll be in touch.

Kommen Sie gut nach Hause.
Have a good trip back.

Nochmals vielen Dank.
Thanks for everything.

Melden Sie sich, falls Sie wieder nach … kommen.
If you're ever in …, give me a call.

Werde ich machen!
Will do!

Zusammenarbeiten

Business as usual.

Amerikaner sind nicht wie Engländer – das gilt auch für die geschäftliche Zusammenarbeit. Wer die Eigenheiten kennt, kann entsprechend (ver)handeln.

PLÄNE ERKLÄREN | Explaining plans

Was können wir für Sie tun?
How can we help you?

So wie ich das sehe, suchen Sie nach …
As I understand, you're looking for …

Im Augenblick überprüfen wir …
At the moment, we're investigating …

Wie Sie wissen, ziehen wir in Betracht …
As you know, we're considering …

Wir planen/haben beschlossen/sind dabei …
We plan to/have decided to/are about to …

Vokabeln | Vocabularies

Angebot und Nachfrage	**supply and demand**
aus-/einführen	**to export/to import**
ausbauen	**to extend**
beschaffen	**to purchase**
beteiligen/Beteiligung	**to participate in/participation**
Dienstleistungen	**services**
erhöhen	**to increase, to raise**
erweitern, expandieren	**to expand**
Gemeinschaftsunternehmen	**joint venture**
global	**global**
Güter	**goods**
Handelswaren	**merchandise**
Händler(in)	**dealer**
herstellen	**to produce, to manufacture**
Hersteller(in)	**producer, manufacturer**
Herstellung	**production**
investieren/Investition	**to invest/investment**
Konsortium	**consortium**
Konzession	**franchise**
Konzessionsgeber(in)/ -nehmer(in)	**franchiser/franchisee**
Kooperation	**cooperation**
landesweit	**across the country**
Lieferant(in)	**supplier**
Lizenz	**licence**
in Lizenz herstellen	**to manufacture under licence**
Lizenzabkommen	**licensing agreement**
Lizenzgeber(in)/-nehmer(in)	**licenser/licensee**
Lizenzwaren	**licensed product**
Marktanteil/-segment	**share/sector of the market**

outsourcen	*to outsource*
Partner(in)	*partner*
Patent	*patent*
regional	*regional*
Strategie/strategisch	*strategy/strategic*
verbessern	*to improve*
vergrößern	*to enlarge*
vermarkten	*to market*
verringern	*to lower, to reduce*
vertreten/Vertretung	*to represent/agency*
Vertrieb/Vertriebsnetz	*distribution/distribution network*
weltweit	*worldwide*
Ziel	*goal, target*

ABKLÄREN | Clarifying

Könnten Sie das bitte genauer beschreiben?
Could you be a bit more specific?

Was genau haben Sie sich vorgestellt?
What did you have in mind exactly?

Um was für ein/e … handelt es sich?
What sort of … are we talking about?

Könnten Sie uns bitte mehr Informationen über … geben?
We'd like to hear a bit more about …

REAGIEREN | Responding

Das ist ein sehr interessanter Vorschlag.
That's certainly a very interesting proposition.

Das könnte für uns von Interesse sein.
We could be interested in that.

Wir haben dort leider schon eine Vertretung.
I'm afraid we already have a representative in that area.

Leider fällt das nicht in unseren Bereich.
Unfortunately that's not really our line of business.

Zur Zeit ist bei uns nichts dergleichen geplant.
We aren't planning anything of that kind at the moment.

▶ **Kapitel: Zusammenarbeiten**

Nordamerikaner(innen) erwarten, erst einmal „handeln" zu müssen, und werden demzufolge Ihr erstes Preisangebot wahrscheinlich nicht für endgültig halten. Planen Sie deshalb größeren Verhandlungsspielraum als sonst ein. Wie die Briten möchten sie normalerweise schon im frühen Verlauf der Verhandlungen etwas schriftlich festhalten, erwarten aber, dass hier später noch nachgebessert wird.

Amerikaner können manchmal beim Verhandeln emotional wirken. In anderen englischsprachigen Ländern dagegen werden Anzeichen von Frustration oder Unmut als Schwäche ausgelegt. Es ist daher ratsam, auf solche Taktiken zu verzichten.

Typisch für Verhandlungen ist die Verwendung des Konjunktivs (I'm afraid that is ... → I'm afraid that would be ...) bzw. der Vergangenheitsform. (What do you want? → What did you have in mind?)

▶ **Kapitel: Reisevorbereitung,** Höflichkeit

Wir wären in der Lage Ihnen ... anzubieten.
We would be able to offer ...

... so etwa um die ...
... something in the region of ...

Wir dachten eher an ...
We were thinking more in terms of ...

Ist das Ihr äußerstes Angebot?
Is that your final offer?

Weiter können wir nicht gehen.
That's as high as we can go.

Das steht nicht zur Verhandlung.
I'm afraid that's not negotiable.

Ich fürchte, dass unser Vorstand damit nicht einverstanden sein wird.
I'm afraid our board wouldn't see that as a viable option.

Wir werden sicherlich eine gemeinsame Lösung finden.
I'm sure we can find a compromise.

Lassen wir das zuerst einmal beiseite.
Let's come back to that later.

Betrachten wir die Sache doch einmal aus einem anderen Blickwinkel ...
Let's look at this from a different point of view ...

Konzentrieren wir uns doch zunächst auf das Wesentliche …
Why don't we sort out the main points first …

… danach sehen wir weiter.
… then we can come back and tie up the loose ends.

Das Wichtigste für uns ist …
The key factor for us is …

Angenommen wir …, wären Sie dann in der Lage …?
Supposing we …, could you see your way to …?

Wenn Sie …, könnten wir eventuell …
If you could …, we might be able to …

Wäre … eher akzeptabel?
Would … be more acceptable?

Vokabeln | Vocabularies

Alleinvertretung	*exclusivity*
Alleinvertriebsrecht	*exclusive distribution rights*
Angebot	*offer, quotation*
aus-/verhandeln	*to negotiate*
Bedarf	*need, requirement*
bezahlen/Bezahlung	*to pay/payment*
fällig	*due, payable*
Garantie	*guarantee*
als Gegenleistung	*in return*
Generalvertretung	*sole agency*
Gewinnspanne	*profit margin*
Handel	*trade*
handeln	*to bargain*
Handelsspanne	*profit margin*
handelsüblich	*customary*
kaufen	*to buy*
Kosten	*costs*
Fixkosten	*overheads (US: overhead)*
Mehrkosten	*additional/excess costs*
Kostenvoranschlag	*quotation*
Lieferung	*delivery*
Lizenzgebühr	*royalty*
Mindestertrag	*fallback*
Preis	*price*
Einkaufspreis	*wholesale price*
Ladenpreis	*retail price*
Listenpreis	*list price*
Stückpreis	*unit price*
Verkaufspreis	*retail price*

Preis ab Werk	factory price
Provision	commission
Prozentsatz	percentage
Rabatt, Skonto	discount
Handelsrabatt	trade discount
Mengenrabatt	discount on/for quantity
Rechnung	invoice
Pro-forma-Rechnung	pro forma (invoice)
schlüsselfertig	turnkey
Steuer	tax
Mehrwertsteuer	VAT (value added tax)
überschreiten	to overrun
Umsatz	turnover
verhandeln/Verhandlung	to negotiate/negotiation
Verhandlungsbasis	basis for negotiation
Verhandlungsführer(in)	negotiator
Verhandlungspaket	negotiation package
verkaufen	to sell

UM ZEIT BITTEN | Asking for time

Könnten wir eine halbe Stunde Pause machen?
Could we break for half an hour?

Ich brauche etwas Zeit, um das auszuarbeiten.
I need a bit of time to work that out.

Ich muss das mit meiner Firma abklären.
I'll have to clear that with my office.

Ich überprüfe das und komme dann wieder auf Sie zu.
I'll check that and get back to you.

DAS GESCHÄFT ABSCHLIESSEN | Closing the deal

Das entspricht eher unseren Vorstellungen.
That sounds more like what we had in mind.

Damit könnten wir leben.
I think we could live with that.

Also, dann hätten wir's, oder?
OK, I think we're in business!

Fassen wir noch einmal zusammen. Sie werden ...
Let me recap what we've agreed. You will ...

Auf eine erfolgreiche Zusammenarbeit!
Here's to a successful partnership!

VERTRÄGE | Contracts

▶ Kapitel: Zusammenarbeiten

Abkommen, Übereinkunft	agreement
Ablaufdatum	expiry date
Absatz	paragraph
abschließen	to finalize
Absichtserklärung	declaration of intent
Akkreditiv	letter of credit (L/C)
Dokumentenakkreditiv	documentary credit (D/C)
akkreditivstellende Bank	issuing bank
ändern/Änderung	to amend/amendment
Anhang, Anlage	appendix, annexe
aufheben	to rescind
Auftrag	contract
Probeauftrag	trial order
einen Auftrag erteilen	to award a contract
aushandeln	to negotiate
beglaubigen	to witness
bestimmen/Bestimmung	to stipulate/stipulation
Bezahlung gegen Dokumente	cash against documents (C/D)
Bürgschaft	security, surety
Eigentumsvorbehalt	reservation of proprietary rights
entwerfen	to draw up
erfüllen	to fulfil, to comply with
Erfüllungsort	place of delivery/performance
fällig	due
Formulierung	formulation
Frist	deadline
Garantie	guarantee
Gerichtsstand	court of jurisdiction
Geschäftsbedingungen	terms and conditions
gültig	valid
gutgläubig	bona fide
haften für	to be liable for
Haftung	liability
beschränkte Haftung	limited liability
sich halten an	to abide by
höhere Gewalt	act of God
Klausel	clause
Ausschlussklausel	exclusion clause
Preisgleitklausel	price excalator clause
Rücktrittsklausel	escape clause
Strafklausel	penalty clause
Kleingedruckte(s)	small print
in Kraft treten	to come into effect

kündigen	*to terminate*
Lieferbedingungen	*delivery conditions*
Lieferfrist/-termin	*delivery period/date*
null und nichtig	*null and void*
Paragraph	*section/paragraph*
per Prokura	*per procurationem*
Schadenersatz	*compensation claim*
Streitigkeiten	*disagreements*
Termin	*deadline*
termingerecht	*on schedule*
unterschreiben	*to sign*
Unterschrift	*signature*
Unterzeichner(in)	*signatory*
unwiderruflich	*irrevocable*
unwirksam	*null and void*
verbindlich	*binding*
vereinbaren/Vereinbarung	*to agree/agreement*
verlängern	*to extend*
Verpflichtung	*obligation*
versichern/Versicherung	*to insure/insurance*
Vertrag	*contract/agreement*
Vertragsbruch, Vertragsverletzung	*breach of contract*
Vertragserfüllung	*completion of contract*
Vertragspartner(in)	*party to the contract*
Vertragsstrafe	*penalty for breach of contract*
Verzicht, Außerkraftsetzung	*waiver*
vorbehalten	*subject to*
Vorkaufsrecht	*option (to purchase)*
Wechsel	*bill of exchange (B/E)*
Bankwechsel	*bank draft*
Sichtwechsel	*sight draft*
Zahlungsbedingungen	*conditions of payment*

PROBLEME BESPRECHEN | Discussing problems

Um ehrlich zu sein, ...
To be honest, ...

Wir haben ein Problem mit ...
We have a problem with ...

Wir sind eigentlich nicht zufrieden mit ...
We're not entirely happy with ...

Mit ... scheint es Missverständnisse zu geben.
There seems to be a misunderstanding regarding ...

Wir hatten uns das etwas anders vorgestellt.
That isn't exactly what we had in mind.

Laut Vertrag/Vertragsbedingungen ...
According to our agreement/to the terms of our contract, ...

Sie sind verpflichtet ... zu .../Sie haben sich verpflichtet ... zu ...
You are required to .../You undertook to ...

Wir sind nicht dazu verpflichtet ... zu ...
We are not required to .../not under any obligation to ...

Unsere Haftung beschränkt sich auf ...
Our liability is restricted to ...

Vielleicht sollten wir ... neu überdenken.
Maybe we should reconsider ...

Wir müssen ... neu verhandeln.
We'll have to renegotiate ...

Dann können wir ja anfangen.

Bei einer Besprechung ist zweifellos wichtig, was
besprochen wird. Aber auch bei manchen Nebensächlichkeiten lohnt es sich, genauer hinzusehen.

STIL | Style

In Besprechungen mit US-Amerikanern werden Sie feststellen, dass diese sehr direkt sein können – Konfrontation wird nicht unbedingt negativ gesehen. Bei anderen englischsprachigen Nationalitäten geht es meistens etwas gelassener zu.

Die britische Abneigung sich festzulegen, bevor der Standpunkt des anderen nicht geklärt ist, wird durch eine pragmatische Bereitschaft, Kompromisse einzugehen, ausgeglichen.

In Großbritannien sollten Sie besser nicht im Voraus seitenlange Unterlagen verteilen, da diese möglicherweise nicht gelesen werden!

AUFWÄRMEN | Warming up

▶ **Kapitel: Smalltalk**

Normalerweise beginnen und enden Besprechungen mit etwas leichter Konversation, wobei diese in den USA, und zwar besonders in den Großstädten, meistens knapp gehalten wird.

DIE BESPRECHUNG ERÖFFNEN | Opening the meeting

Also, sind wir so weit? Dann können wir ja anfangen.
Right. Shall we make a start?

Wer führt das Protokoll?
Who's taking the minutes?

Ich möchte gerne Herrn/Frau … vorstellen.
Let me introduce Mr/Ms …

Ich glaube, Sie alle kennen Herrn/Frau …
I think you all know Mr/Ms …

TAGESORDNUNG | The agenda

Zu einer formellen Besprechung gehört üblicherweise eine Tagesordnung, aber es kann durchaus sein, dass diese – zugunsten einer dringlicheren Angelegenheit – verändert oder gar verworfen wird. AOB am Ende der Tagesordnung heißt übrigens „Sonstiges" (any other business).

Wir haben heute drei Punkte auf der Tagesordnung.
We've got three items on the agenda today.

Es ist allen bekannt, worum es geht.
We all know why we're here.

Heute müssen wir über … entscheiden.
What we have to decide today is …

Würden Sie bitte anfangen?
Would you like to start?

MEINUNGEN | Opinions

Möchten Sie dazu Stellung nehmen?
Would you like to comment on that?

Was meinen Sie dazu?/Wie sehen Sie das?
What's your view?/How do you see this?

Noch irgendwelche Anmerkungen?
Any other comments?

Meiner Ansicht/Erfahrung/Meinung nach …
In my view/experience/opinion, …

Ich bin davon überzeugt, dass …
I'm convinced that …

Ich bin der gleichen Ansicht.
I agree.

Dabei bin ich mir nicht so sicher./Ja, aber …
I'm not so sure about that./Yes, but …

Dem kann ich leider nicht zustimmen.
I'm afraid I can't go along with that.

Es hängt davon ab, wie man es betrachtet.
It depends (on) how you look at it.

Im Gegenteil, …
On the contrary, …

BÜNDELN UND ABKLÄREN | Focusing and clarifying

Ich möchte gerne zwei Anmerkungen machen. Erstens, …; zweitens …
I'd like to make two points. Firstly, …; secondly, …

Es gibt hier verschiedene Gesichtspunkte: …
There are several aspects here: …

Einerseits, …; andererseits, …
On the one hand, …; on the other hand, …

das Für und Wider
the pros and cons

Tatsache ist …/Das Hauptproblem ist …
The fact is …/The main problem is …

Wir müssen akzeptieren, dass ...
We have to accept that ...

Können Sie das bitte erläutern?
Could you explain that, please?

Was verstehen Sie genau unter ...?
What do you mean by ..., exactly?

Was ich sagen wollte ist, ...
What I meant was ...

UNTERBRECHEN | Interrupting

Entschuldigen Sie bitte, aber ...
Excuse me, but ...

Kann ich hierzu kurz etwas anmerken?
Can I add something to that?

Wenn Sie sich noch einen Moment gedulden würden, ...
If you could just give me a moment, ...

Könnte ich bitte zu Ende ausführen?
Sorry, could I just finish?

Einen Augenblick noch, Herr/Frau ...
One moment please, Mr/Ms ...

Herr/Frau ..., ich glaube, Sie wollten dazu noch etwas anmerken.
Mr/Ms ..., I think you wanted to add something.

Könnten wir jetzt auf das Thema zurückkommen?
Perhaps we could come back to the main point.

Können wir uns bitte an die Tagesordnung halten?
Can we stick to the agenda, please?

ÜBERLEITEN, ZUSAMMENFASSEN UND SCHLIESSEN | Moving on, summarizing and closing

Kommen wir nun zu Punkt zwei.
Let's move on to item two.

Ich gebe jetzt an Herrn/Frau ... weiter.
Let me hand over (US: give the floor) to Mr/Ms ...

Ich fasse noch einmal zusammen: ...
Let me summarize/sum up: ...

Können wir uns darauf einigen?
Can we agree on that?

Wer ist dafür? Dagegen? Irgendwelche Enthaltungen?
All those in favour? Those against? Any abstentions?

Nun, weiter kommen wir im Augenblick wohl nicht.
Well, I think that's as far as we can go at the moment.

Wir brauchen dann nur noch das Datum für unsere nächste
Besprechung festzusetzen.
Now all we have to do is set a date for our next meeting.

Also, das wär's dann.
Let's call it a day.

Gut, Ihnen allen vielen Dank.
OK, thanks everybody.

Vokabeln | Vocabularies

absagen	*to cancel*
abstimmen	*to vote*
Antrag	*motion*
einen Antrag stellen	*to propose a motion*
anwesend/abwesend	*present/absent*
Besprechung	*meeting*
eine B. abhalten	*to hold a meeting*
eine B. ansetzen	*to arrange a meeting*
eine B. moderieren	*to chair a meeting*
eine B. vorbereiten	*to plan a meeting*
einladen	*to invite*
einstimmig	*unanimous*
Enthaltung	*abstention*
Entscheidungsfindung	*decisionmaking*
informelles Gespräch	*informal discussion*
moderieren/Moderator(in)	*to chair/chair(person)*
Planungsbesprechung	*planning meeting*
Problemlösungsbesprechung	*problem-solving meeting*
Projektgruppenbesprechung	*project group meeting*
Protokoll	*minutes*
das Protokoll führen	*to take the minutes*
Sondersitzung	*special meeting*
Sondierungsgespräch	*exploratory discussion*
Tagesordnung	*agenda*
die Tagesordnung festlegen	*to draw up the agenda*
Tagesordnungspunkt	*item on the agenda*
teilnehmen/Teilnehmer(in)	*to attend/participant*
unentschieden	*split decision, undecided*
verschieben	*to postpone*
Vorbesprechung	*preliminary meeting*

Große Reden (soll man) schwingen.

Einleitung, kurzer Theorieteil, Zusammenfassung –
dies alles gehört zum Vortrag.
Übrigens: In Großbritannien auch der englische Humor.

▶ **Kapitel: Auf Messen,** Produkte beschreiben

STIL | Style

Die englischsprachigen Kulturen sind in ihrem Denkansatz eher induktiv und pragmatisch. Vielleicht werden Sie einmal die Gelegenheit haben festzustellen, dass elegant konstruierte Monologe schnell die Aufmerksamkeit des Publikums verlieren. Eine überzeugende Präsentation wird deshalb den theoretischen Teil auf ein Minimum beschränken und sich auf konkrete Schritte konzentrieren.

Sie werden auch bemerken, dass britische Referenten und Referentinnen ihre Präsentationen eher etwas zurückhaltend beginnen und erst im Laufe des Vortrages ihre Kompetenz und ihr Wissen unter Beweis stellen.

Ebenfalls gut zu wissen ist, dass Humor von englischen Muttersprachlern in Präsentationen ganz selbstverständlich verwendet wird, um den Vortrag aufzulockern und das Publikum auf die Seite des Redners bzw. der Rednerin zu ziehen. Dies sollte daher nicht mit Leichtfertigkeit verwechselt werden. Auch für Sie selbst könnte es eines Tages von Interesse sein zu wissen, dass einer fundierten, jedoch sehr trocken vorgetragenen Präsentation die volle Würdigung versagt bleiben kann.

Es kann bei Vorträgen nicht schaden, wenn Sie sich schon im Voraus für Ihr „nicht so gutes" Englisch entschuldigen, auch wenn Ihre Kenntnisse recht passabel sind. So können Sie möglichen Kritikern den „Wind aus den Segeln" nehmen.

Entschuldigen Sie bitte, mein Englisch ist leider nicht so flüssig.
Please excuse my English; I'm afraid it's a bit rusty …

… ich versuche mich also so kurz wie möglich zu fassen!
… so I'll try to make this as short as possible!

AUSSTATTUNG | Equipment

▶ **Kapitel: Firmenbesuche,** Büroausstattung

Dia	*slide*
Diaprojektor	*slide projector*
Fernbedienung	*remote control*
Flipchart	*flipchart*
Folie	*transparency*
Folienschreiber	*OHP pen*
Handzettel	*handout*
Jalousie, Rollo	*blind*
Laserpointer	*laser pointer, laser pen*

Lautsprecher	*loudspeaker*
Lichtschalter	*light switch*
Marker	*board marker, marker pen*
Präsentation	*presentation*
Schwamm	*wiper*
Steckdose	*power socket (US: outlet)*
Tafel	*board*
Tageslichtprojektor	*OHP (overhead projector)*
Verlängerungskabel	*extension lead (US: cord)*
DVD-Player	*DVD player*
Vorhang, Gardine	*curtain*
Zeigestock	*pointer*

EINLEITUNG ZUR PRÄSENTATION |
The introduction to the presentation

Guten Morgen. Ich möchte mich zunächst kurz vorstellen.
Mein Name ist ...
Good morning. Let me introduce myself. My name's ...

Ich möchte Sie heute über ... informieren/den neuesten Stand der/
des ... in Kenntnis setzen.
I'm here to tell you about .../update you on ...

Vielen Dank, dass Sie mich zum Thema ... eingeladen haben.
Thank you for inviting me to talk about ...

Ich werde drei Hauptbereiche behandeln.
I'll be covering three main areas.

Ich habe den Vortrag in vier Abschnitte gegliedert.
I've divided this presentation into four sections.

zuerst/erstens
first/firstly/first of all

zweitens/drittens
secondly/thirdly

dann/daran anschließend/danach
then/next/after that

schließlich/am Ende
finally/last of all/lastly

Ich werde ... erklären/behandeln.
I'm going to explain/deal with ...

Wir sollten ... betrachten.
We should look at ...

Alles in allem wird das ungefähr ... Minuten in Anspruch nehmen.
Altogether, this will take about ... minutes.

Bitte unterbrechen Sie mich, falls irgendetwas nicht klar sein sollte.
Please stop me if anything isn't clear.

Ich stehe Ihnen dann nach dem Vortrag gern für Fragen zur Verfügung.
I'll be happy to answer any questions at the end.

ORIENTIERUNGSWÖRTER | Signal words

OK und Right sind wahrscheinlich die nützlichsten Wörter für eine/n Redner(in). Sie können sie verwenden, um Anfang und Ende einer Präsentation hervorzuheben und um auf neue Präsentationsteile aufmerksam zu machen.

DIE BOTSCHAFT | The message

Also, ich werde zunächst mit ... beginnen.
Right (US: OK). I'd like to begin with ...

Wie Sie wissen, ...
As you know, ...

Hinzukommt, dass ...
In addition, ...

Im Gegensatz dazu ...
In contrast, ...

Einerseits .../Andererseits ...
On the one hand, .../On the other hand, ...

Daraus resultiert, .../Das hat zur Folge, ...
As a result, .../The effect of this ...

Bevor ich fortfahre, wollen wir noch einmal ... betrachten.
Before I go on, let's just consider ...

Gut. Kommen wir nun zu (den Verkaufszahlen).
OK. Now let's move on to (the sales figures).

So weit also zu (den Kosten) ... Was (den Gewinn) angeht ...
Right. So much for (the costs) ... Now for (the profits): ...

Was bedeutet das also für uns? Nun, ...
So what does this mean for us? Well, ...

Es gibt verschiedene Möglichkeiten: Erstens, ...
There are several possibilities: one, ...

Wir haben zwei Möglichkeiten zur Auswahl: ...
We have two options: ...

Eine Möglichkeit wäre ...
One solution would be ...

Aus unserer Sicht wäre es am besten ...
In our view, the best course would be to ...

Ich schlage vor .../Wir würden empfehlen ...
I recommend .../We would suggest ...

DIAGRAMME ERKLÄREN UND KOMMENTIEREN |
Explaining and commenting on diagrams

Das Diagramm zeigt ...
This diagram shows ...

Schauen Sie sich einmal ... an.
Have (US: Take) a look at ...

Hier sehen Sie ...
Here you can see ...

Das Interessante/Ermutigende/Besorgniserregende ist hier zu sehen: ...
The interesting/encouraging/worrying thing here is ...

Was können wir daraus erkennen?
What does this tell us?

Wenn wir diese beiden Punkte vergleichen, dann ...
If we compare these two points, then ...

Was können wir daraus folgern?
What conclusions can we draw from this?

Nun, Tatsache ist, dass ...
Well, the fact is ...

Es gibt hierfür nur eine mögliche Erklärung: ...
There is only one possible interpretation: ...

Vokabeln | Vocabularies

abflachen	*to level off, to flatten out*
Achse (senkrecht/waagerecht)	*axis (vertical/horizontal)*
allmählich	*gradual(ly)*
Balken	*bar*
Balkendiagramm	*bar chart*
dramatisch	*dramatic(ally)*

erreichen	to reach
den Höchststand erreichen	to peak, to reach the highest point
die Talsohle erreichen	to hit bottom, to reach the lowest point
fallen (Wirtschaft)	to fall, to decrease, to go down
fluktuieren	to fluctuate
Flussdiagramm	flow chart
Gitter	grid
gleichmäßig	steady, steadily
Grafik	(line) graph
in die Höhe schießen	to rocket, to shoot up
Kuchendiagramm	pie chart
Kurve	curve
Linie	line
durchgehend	solid
gestrichelt	broken
punktiert	dotted
Matrix	matrix
Organigramm	organigram
plötzlich	sudden(ly)
Punkt	point
Quadrant	quadrant
Rückgang	decrease
Segment	segment
Spalte	column
stabil bleiben	to remain stable
stehen für	to represent
steigern	to rise, to increase
Steigerung	rise, increase
steil	sharp(ly)
stürzen	to slump, to collapse
Tabelle	table
Talfahrt	decline

ZUSAMMENFASSEN UND BEENDEN | Summarizing and concluding

Ich fasse dann noch einmal zusammen: …
Right. To sum up, …

Mit anderen Worten …
In other words, …

Abschließend möchte ich …
Let me finish by …

Schließlich …
Finally. …

Vielen Dank für Ihre Aufmerksamkeit.
Thank you for your attention.

Falls jetzt noch Fragen offen sind …
If anyone has any questions …

BEIFALL | Applause

Applaus ist nach geschäftlichen Präsentationen nicht üblich. Sollte dennoch applaudiert werden, dann machen Sie einfach mit. Vorsicht! Auf den Tisch geschlagen wird nur, um störende Unruhe zu beenden.

FRAGEN ZUR PRÄSENTATION | Questions about the presentation

Dann fange ich einfach (ein)mal an. Ich hätte eine Frage zu …
Perhaps I could start by asking …

Wenn ich Sie richtig verstanden habe, …
If I understood you correctly, …

Als Sie … erwähnten, meinten Sie damit …?
When you said …, did you mean …?

Das ist eine interessante Frage.
That's an interesting question.

Gut, dass Sie das ansprechen.
I'm glad you asked that.

Was ich damit sagen will, ist …
Let me put it another way. …

Ich meine damit …
What I mean is …

Ich kann dem eigentlich nichts mehr hinzufügen.
I don't think I can add anything to what I've already said.

Leider gibt es darauf bis jetzt noch keine Antwort.
I'm afraid we don't have an answer to that yet.

Ich glaube, Herr/Frau … könnte das am besten beantworten.
I think Mr/Ms … would be the best person to answer that.

Kommen wir nun zur nächsten Frage.
Perhaps we could have another question now.

Leider haben wir nur noch für eine Frage Zeit.
I'm afraid we only have time for one more question.

Gut, das wär's. Vielen Dank.
Well, that's all, thank you.

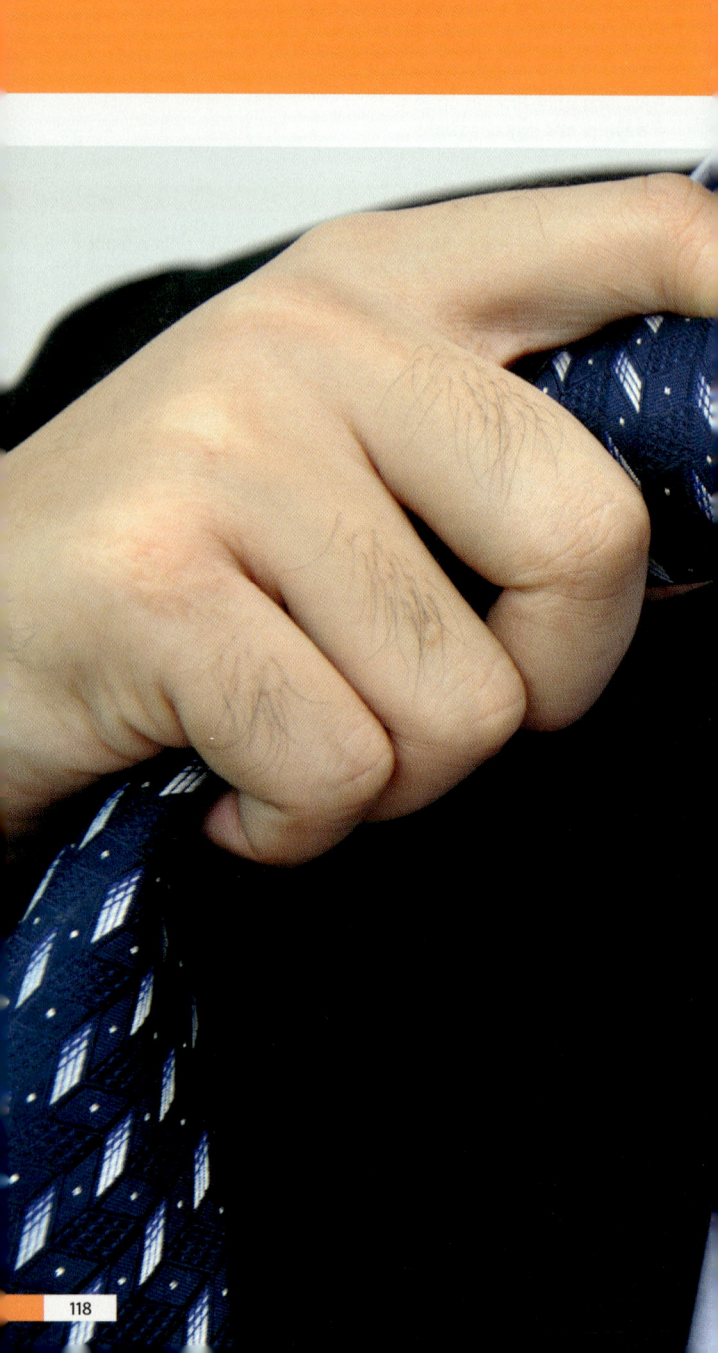

Haben Sie heute Abend schon was vor?

Gesprächsthemen beim Geschäftsessen, Begleichung der Rechnung, Mitbringsel – es gibt ein paar Dinge, die Sie vor einer Einladung bedenken sollten.

▶ **Kapitel: After Work,** Essen mit Geschäftspartnern

RESERVIERUNG UND KLEIDUNG | Reservation and dress (*US:* attire)

Reservierungen sind für gehobenere Restaurants meistens notwendig. Teilweise sind dort auch noch Krawatten für männliche Gäste obligatorisch. Für alle Restaurants gilt, dass man wartet, bis man einen Tisch zugewiesen bekommt.

Haben Sie einen Tisch für eine Person?
A table for one, please.

Haben Sie auch einen Raucherbereich?
Could I have one in the smoking area, please?

Ich habe einen Tisch für acht Uhr reserviert.
I reserved a table for eight o'clock.

Auf welchen Namen, bitte?
What name is it, please?

SHOWS UND VERANSTALTUNGEN | Shows and events

Statt Geschenke zu machen, laden heutzutage viele Firmen ihre Kunden zu einer kulturellen oder einer wichtigen sportlichen Veranstaltung ein.

Haben Sie heute Abend schon etwas vor?
Have you made any plans for this evening?

Es gibt eine interessante Vorführung in der …
There's a good show on at the …

Theaterstück/Konzert/Ausstellung
play/concert/exhibition

Wir dachten, das … würde Sie vielleicht interessieren.
We thought you might like to see/go to …

Wir haben Karten für …
We've got tickets for …

Vielen Dank! Das wäre schön.
Thank you very much! That would be great.

Das war fantastisch! Es hat mir wirklich gut gefallen!
That was fantastic! I really enjoyed it!

Geschäftliche Verbindungen pflegt man gern bei einem business lunch und besonders in den USA bei einem business breakfast.

Kunden werden meistens in ein Restaurant oder eine Gaststätte eingeladen, die wegen ihrer Atmosphäre gewählt worden ist. In Großbritannien ist diese oft historisch. Wenn Sie in solchen Fällen freundliches Interesse zeigen, werden dies Ihre Geschäftspartner sicherlich zu schätzen wissen.

Wir würden Sie gerne zum Mittagessen einladen.
We thought we'd take you out for lunch.

Es gibt ein gutes Restaurant hier ganz in der Nähe.
There's a good restaurant near here.

Es gibt dort sehr gute regionale Spezialitäten.
They do (US: serve) very good local cuisine.

Das hört sich gut an.
That sounds good.

Was würden Sie empfehlen?
What do you recommend?

Der/Die/Das … sind hier sehr gut.
The … is very good.

Ich nehme hier immer …
I always have the …

Guten Appetit

Obwohl Kellner und Kellnerinnen immer häufiger Enjoy your meal sagen, gibt es im Englischen den Ausdruck „Guten Appetit" nicht. Stattdessen wird eher über das jeweilige Gericht gesprochen.

Das sieht gut aus.
This looks good.

Das war ausgezeichnet!
That was delicious!

DAS ESSEN | The meal

Bestellt werden meist drei Gänge: Vorspeise (starter oder hors d'oeuvre), Hauptgericht (main course oder entrée) und Nachspeise (dessert, in Großbritannien auch sweet), gefolgt von Kaffee.
Zum formellen Essen gehört immer noch Wein, der in Restaurants nicht gerade günstig ist. Mineralwasser ist in den USA teuer, dafür bekommt man stets automatisch ein Glas Leitungswasser. Auch Kaffee wird nach Belieben nachgeschenkt.
Vorsicht beim Nachwürzen von Speisen: Das Gefäß mit nur einem Loch enthält Salz!

BESTELLEN | Ordering

Herr Ober! Ich hätte gerne die (Speise)Karte/Weinkarte.
Excuse me! Could I have the menu/wine list, please?

Haben Sie schon gewählt?
Are you ready to order?

Ich habe mich noch nicht entschieden.
Sorry, I haven't decided yet.

Was ist das hier genau?
Can you tell me what this is, exactly?

Wie ist es zubereitet?
How do you make it?

Was gibt es heute als Tagesgericht?
What's today's special?

Lamm-Rostbraten mit einer Minzsoße.
It's roast lamb with mint sauce.

Ich hätte gern die Suppe und ein Steak.
I'll have the soup and a steak to follow, please.

Wie hätten Sie das Steak gern?
How would you like the steak?

englisch („blutig")/medium/durch(gebraten)
blue/medium/well done

Und als Gemüse/Beilage?
And the vegetables?

Was möchten Sie trinken?
What would you like to drink?

Eine halbe Flasche Chablis, bitte.
I'll have a half bottle of the Chablis, please.

ZUBEREITUNGSARTEN | Ways of cooking

gebacken	*baked*
gebraten	*fried*
gedämpft	*steamed*
gegrillt	*grilled (US: broiled)*
gekocht	*boiled*
geräuchert	*smoked*
geröstet	*roasted*
geschmort, gedünstet	*stewed*
gestampft	*mashed*
pochiert	*poached*
roh	*raw*

MENU — SPEISEKARTE

Meat	*Fleisch*
bacon	*Speck*
beef	*Rind*
chop	*Kotelett*
cutlet	*Schnitzel*
fillet	*Filet*
ham	*Schinken*
kidney(s)	*Nieren*
lamb	*Lamm*
leg	*Keule*
liver	*Leber*
meat pies	*Fleischpasteten*
mince (US: ground meat)	*Hackfleisch, Gehacktes*
mutton	*Hammel*
pork	*Schwein*
rabbit	*Kaninchen*
sausage	*Wurst*
shoulder	*Schulter*
sirloin	*Lendenstück (Steaks)*
spare ribs	*Rippchen*
veal	*Kalb*
venison	*Reh*
wild boar	*Wildschwein*

Eine Besonderheit der britischen Küche sind ihre Pasteten. Man serviert sie warm mit Gemüse und Soße. Zu den beliebtesten gehören steak and kidney pie und Cornish pasty, eine Pastete mit Fleisch- und Kartoffelfüllung, die ursprünglich für Zinnminenarbeiter in der Grafschaft Cornwall zubereitet wurde. Gebacken in der Form eines Halbmondes konnte die Pastete bequem aus der Hand gegessen werden, denn die Ecke, die man in der Hand hielt, wurde später einfach fortgeworfen.

Poultry	***Geflügel***
breast	*Brust*
chicken	*Hähnchen*
duck	*Ente*
partridge	*Rebhuhn*
pheasant	*Fasan*
turkey	*Pute*

Fish	***Fisch***
cod	*Kabeljau*
crab	*Krabben*
eel	*Aal*
herring	*Hering*
lobster	*Hummer*
mussels	*Muscheln*
octopus, squid	*Tintenfisch*
oysters	*Austern*
perch	*Barsch*
pike	*Hecht*
plaice	*Scholle*
salmon	*Lachs*
seafood	*Meeresfrüchte*
shrimps	*Garnelen*
sole	*Seezunge*
trout	*Forelle*
tuna	*Thunfisch*

Vegetables	***Gemüse***
asparagus	*Spargel*
aubergine, eggplant	*Aubergine*
avocado	*Avocado*
beans	*Bohnen*
broccoli	*Brokkoli*
Brussels sprouts	*Rosenkohl*
cabbage	*Kohl*
carrots	*Karotten*
cauliflower	*Blumenkohl*
courgette (*US:* zucchini)	*Zucchini*

cucumber	*Gurke*
garlic	*Knoblauch*
leek	*Lauch*
mushrooms	*Champignons, Pilze*
onion	*Zwiebel*
peas	*Erbsen*
peppers	*Paprika*
potato	*Kartoffel*
US: creamed potato, mashed potatoes	*Kartoffelpüree*
french fries (*GB auch*: chips)	*Pommes frites*
red cabbage	*Rotkohl*
rice	*Reis*
salad	*Salat*
green salad	*grüner Salat*
mixed salad (*US*: tossed salad)	*gemischter Salat*
spinach	*Spinat*
sweet corn, Indian corn	*Mais*
tomato	*Tomate*

Puddings sind in Großbritannien eigentlich eher schwere süße Speisen, die warm serviert werden.
Pasteten gibt es auch als Nachspeise, dann allerdings mit einer Obstfüllung (z. B. apple pie). Dazu wird in Großbritannien meist Vanillesoße, in den USA Vanilleis gereicht.
Empfehlenswert ist auch Trifle, ein geschichtetes Dessert, das aus Kuchen, verschiedenen Früchten, Sherry, Vanillesoße und Sahne zubereitet wird.

apple	*Apfel*
desserts	*Nachspeisen*
apricot	*Aprikose*
banana	*Banane*
cake	*Kuchen*
cherry	*Kirsche*
(whipped) cream	*(Schlag)Sahne*
currants	*Johannisbeeren*
custard	*Vanillesoße*
fool	*Fruchtpüree*
fruit	*Obst*
fruit salad	*Obstsalat*
gateau	*Kuchen, Torte*
grapes	*Weintrauben*
ice cream	*Eiskrem*
sorbet	*Sorbet*
almond	*Mandel*
hazelnut	*Haselnuss*
walnut	*Walnuss*

lemon	*Zitrone*
lime	*Limone*
jelly (*US:* jello)	*Götterspeise*
melon/watermelon	*Melone/Wassermelone*
orange	*Apfelsine*
peach	*Pfirsich*
pear	*Birne*
pineapple	*Ananas*
raspberries	*Himbeeren*
strawberries	*Erdbeeren*

DRINKS — GETRÄNKE

Alcoholic drinks	*Alkoholische Getränke*
beer	*Bier*
bitter	*dunkles Bier*
lager	*helles Bier*
stout	*dunkles Starkbier (z. B. „Guinness")*
alcohol-free beer	*alkoholfreies Bier*
shandy	*Alsterwasser, Radler*
wine	*Wein*
dry/medium/sweet	*trocken/halbtrocken/lieblich*
red/white/rosé	*rot/weiß/rosé*
champagne	*Sekt*
apéritif	*Aperitif*
brandy	*Weinbrand*
cocktail	*Cocktail, Mixgetränk*
liqueur	*Likör*
port	*Portwein*
sherry	*Sherry*
spirits (*US:* liquor)	*Spirituosen*
Non-alcoholic drinks	*Alkoholfreie Getränke*
juice	*Saft*
mineral water	*Mineralwasser*
sparkling/still	*mit/ohne Kohlensäure*
coffee	*Kaffee*
white/black	*mit Milch/schwarz*
espresso	*Espresso*
tea	*Tee*
with sugar/lemon	*mit Zucker/Zitrone*

BEDIENUNG, TISCHGEDECK | Service, Cover

Gabel	*fork*
Glas	*glass*
Kellner(in)	*waiter/waitress* (US auch: *server*)
Küchenchef	*chef*
Löffel	*spoon*
Messer	*knife*
Öl und Essig	*oil and vinegar*
Salz und Pfeffer	*salt and pepper*
Schüssel	*bowl*
Senf	*mustard*
Serviette	*napkin* (GB auch: *serviette*)
Speisekarte	*menu*
Tasse/Untertasse	*cup/saucer*
Teller	*plate*
Tisch	*table*
Tischdecke	*tablecloth*

BEIM ESSEN ÜBERS GESCHÄFT REDEN | Talking business over meals

▶ Kapitel: Smalltalk

Auch wenn es durchaus üblich ist, die allgemeine Geschäftslage beim Essen zu besprechen – führen Sie dort möglichst keine ernsthaften Verhandlungen.

Eine typische Unterhaltung mag mit allgemeinen Fragen über die Firma und das Geschäft des Kunden beginnen, sich dann der Familie und den persönlichen Interessen zuwenden, um erst wieder nach dem Dessert zum Geschäft zurückzukehren. Am besten fahren Sie, wenn Sie es dem Gastgeber bzw. der Gastgeberin überlassen, hier die Richtung anzugeben.

BITTEN UND BESCHWERDEN | Requests and complaints

Könnten Sie mir bitte (noch) etwas Brot bringen?
Could I have some (more) bread, please?

Könnte ich bitte noch einen Löffel haben?
Could I have another spoon, please?

Entschuldigen Sie bitte, ich warte immer noch auf mein Steak.
Excuse me! I'm still waiting for my steak.

Das ist leider völlig verkocht/nicht durchgebraten.
I'm sorry, but this is overcooked/isn't properly cooked.

Ich habe es „medium" bestellt, es ist aber „englisch".
I asked for it medium, but this is rare.

Es tut mir leid, aber ich kann das so nicht essen.
I'm sorry, I can't eat this.

Ich möchte bitte den Geschäftsführer sprechen.
I'd like to speak to the manager, please.

BEZAHLEN | Paying

Kellner sind nicht daran gewöhnt, separat abzurechnen, so dass eine Person normalerweise für die ganze Gruppe bezahlt.
Das Bedienungsgeld wird meistens in die Gesamtsumme eingeschlossen. Falls nicht, so beträgt es im Allgemeinen 15–20 %. Man rundet den Rechnungsbetrag entweder auf oder hinterlässt das Trinkgeld diskret auf dem Tisch.

Ich möchte bitte zahlen.
Could I have the bill (US: check), please?

Das macht einundneunzig Dollar, bitte.
That's ninety-one dollars, please.

Einhundert, bitte.
Make it a hundred.

Ich hätte gern eine Quittung.
Could I have a receipt, please?

WER ÜBERNIMMT DIE RECHNUNG? | Who pays the bill?

Der Gastgeber übernimmt üblicherweise die erste Rechnung. Es macht jedoch keinen schlechten Eindruck, wenn der Gast anbietet, diese selbst zu begleichen.

Das übernehme ich.
Let me get this.

Nein, nein, Sie sind unser Gast!
No, no. This is on us!

Haben Sie vielen Dank!
Well, thank you very much.

PUBS UND BARS | Pubs and bars

In den für Großbritannien so typischen Pubs werden alle Getränke an der Bar bestellt und sofort beglichen. Das Personal sieht es nicht gern, wenn Gäste zu lange vor leeren Gläsern sitzen. In amerikanischen Bars hingegen wird die Zeche in der Regel erst kurz vor Verlassen des Lokals bezahlt. Dennoch kann es vorkommen, dass die Bedienung Sie explizit fragt: „Shall I start a tab?", was so viel bedeutet wie: „Möchten Sie erst am Schluss bezahlen?"
Im Pub wird Bier immer nach Sorte bestellt und für gewöhnlich bei Raumtemperatur ohne Schaumkrone in pints (0,57 Liter) getrunken. Weine, die in Pubs ausgeschenkt werden, sind eher zu meiden. Arbeitskollegen treffen sich häufig in Pubs auf ein Gläschen, bevor sie sich auf den Heimweg machen. Außer Getränken bieten heutzutage viele Pubs auch gute, preiswerte Küche an und werden deswegen von Berufstätigen auch zur Mittagszeit stark frequentiert.
Wenn Sie in einer Gruppe sind, erwartet man von Ihnen, dass Sie eine Runde ausgeben. Versäumnisse dieser Art werden nicht übersehen!

Diese Runde geht auf mich. Was möchten Sie?
This round's on me. What are you having?

Ein großes Dunkles, bitte.
A pint of bitter, please.

Ein kleines Helles.
A half of lager.

Nicht für mich, bitte. Ich muss noch fahren.
Not for me, thanks. I'm driving.

Zum Wohl!/Prost!
Your health!/Cheers!

Ungefähr zehn Minuten bevor der Pub schließt, wird „Time" ausgerufen, d. h. es ist Zeit zu gehen.
Also, meine Herrschaften, wir schließen gleich!
Time, ladies and gentlemen, please!

Dürfen wir um Ihre letzten Bestellungen bitten!
Last orders, please!

BESUCHER NACH HAUSE EINLADEN | Entertaining at home

Geschäftsverbindungen werden oft durch private Einladungen vertieft. Nehmen Sie also an, wenn Sie eingeladen werden!

Come round any time ist allerdings nicht zu wörtlich zu nehmen. Eine direkte Einladung mag durchaus folgen, aber warten Sie diese erst ab, bevor Sie vorbeischauen.

Meine Frau und ich würden Sie gerne zum Essen einladen.
My wife and I would be very pleased if you would join us for dinner.

Vielen Dank! Das ist sehr nett von Ihnen.
Thank you, I'd be delighted to!

Ich hole Sie um ... Uhr vom Hotel ab.
I'll pick you up at your hotel at ... o'clock.

Gibt es etwas, das Sie nicht mögen?
Is there anything you don't eat?

Tja, eigentlich bin ich Vegetarier(in)/Diabetiker(in)/allergisch gegen ...
Well, actually, I'm vegetarian/diabetic/allergic to ...

Ich darf kein/e/n ... essen.
I'm not allowed to eat ...

Herzlichen Dank, aber leider reise ich morgen ab.
That's very kind of you, but unfortunately I'm leaving tomorrow.

Das ist aber schade! Vielleicht klappt es ja ein anderes Mal.
Oh, what a pity! Another time, perhaps.

EIN GESCHENK MITBRINGEN | Bringing a gift

Pralinen und Blumen sind immer willkommen, schenken Sie aber bitte keine roten Rosen, Lilien oder Chrysanthemen. Ein kleines Mitbringsel aus Ihrem Land wird immer gern gesehen. Überreichen Sie Ihr Geschenk der Gastgeberin. Sie wird es dann selbst auspacken und in Ihrer Gegenwart bewundern.

DANK UND KOMPLIMENTE | Thanking and complimenting

Vielen Dank für die freundliche Einladung.
It's very kind of you to invite me.

Das ist aber ein wunderschönes Haus/ein herrlicher Garten!
What a lovely house/beautiful garden!

BEI TISCH | Table manners

Beginnen Sie nicht vor Ihrer Gastgeberin mit dem Essen. Während der Essenspausen bleiben die Hände normalerweise im Schoß. In Großbritannien ist es üblich, den ersten „Nachschlag" höflich abzulehnen. Beim zweiten Mal dürfen Sie sich allerdings überreden lassen.

Darf ich Ihnen noch etwas anbieten?
Can I offer you some more?

Vielen Dank. Es hat sehr gut geschmeckt, aber ich kann wirklich nicht mehr.
Oh no, thank you! It was delicious, but I couldn't!

Na ja, vielleicht ein ganz klein wenig.
Well, perhaps just a little.

ZEIT ZU GEHEN | Time to leave

Wenn der Kaffee gereicht wird, so ist dies das Signal zum Aufbruch. Nach ein bis zwei Tassen sollten Sie sich also verabschieden.

Ach, ist es schon so spät? Dann wird es aber Zeit für mich.
Oh, is that the time? I must be getting back.

Könnten Sie mir bitte ein Taxi bestellen?
Could you order me a taxi?

Vielen Dank für den netten Abend!
Thank you very much for a lovely evening!

Sie müssen uns unbedingt besuchen, wenn Sie das nächste Mal in … sind.
You must come and visit us when you're next in …

DANKSCHREIBEN | A "Thank you" note

Es ist üblich, sich kurz schriftlich bei den Gastgebern für die Einladung zu bedanken, z. B. folgendermaßen:

Sehr geehrte/r …,
für den sehr netten Abend in Ihrem gemütlichen Heim möchte ich mich ganz herzlich bedanken. Das Essen war vorzüglich und ich habe mich gefreut, bei dieser Gelegenheit auch Ihre reizenden Kinder kennenzulernen. Meine Frau/Mein Mann und ich würden uns sehr freuen, wenn wir Sie bei Ihrer nächsten Reise nach … bei uns als Gast begrüßen dürften.
Herzliche Grüße

Dear …,

Just a short note to thank you for a most enjoyable evening in your delightful home. The dinner was superb and I enjoyed meeting your charming children. My wife/My husband and I would be very pleased if you would visit us on your next trip to … .

With best wishes,

In der City

Just go ahead!

Wie, wo, was?
Fragen kostet nichts – außer Überwindung.

▶ **Kapitel: Unterwegs,** Im Straßenverkehr

DIE GROSSSTADT

Um eine city zu werden, musste eine englische Stadt in früheren Jahrhunderten einen Dom besitzen. Deswegen gibt es einige sehr kleine englische cities, wie zum Beispiel Wells in der Grafschaft Somerset oder Ely in Cambridgeshire. Heutzutage steht „city" aber normalerweise für Großstadt, wobei mit der City of London das Finanzzentrum Großbritanniens gemeint ist, das sich im ursprünglichen Kern der Hauptstadt befindet.

Das deutsche „City" heißt übrigens (city) centre (*US:* downtown).

NACH DEM WEG FRAGEN | Asking the way

Entschuldigen Sie bitte, …
Excuse me, …

… wo ist der/die nächste …?
… where's the nearest …, please?

… gibt es (eine Post) in der Nähe?
… is there (a post office) near here?

… können Sie mir sagen, wie ich nach … komme?
… can you tell me how to get to …?

… wie komme ich am besten von hier nach …?
… what's the best way to get to … from here, please?

Gehen/Fahren Sie geradeaus.
Go/Drive straight on (*US:* ***straight ahead).***

bis zum Ende der Straße
to the end of the road

Kreuzung/Kurve/Ampel/Kreisverkehr
junction/bend/traffic lights/roundabout (*US:* ***rotary)***

Biegen Sie nach links ab./Fahren Sie halb links./Scharf nach links abbiegen.
Turn left./Bear left./Go sharp left.

Nehmen Sie die erste rechts.
Take the first right.

Und dann ist es das dritte Gebäude links.
And it's the third building on the left.

an der Ecke/neben dem Supermarkt
on the corner/next to the supermarket

gegenüber der Bank
opposite the bank

vor/hinter der Brücke
before/after the bridge

Sie können es nicht verpassen!
You can't miss it!

GEBÄUDE UND ÖFFENTLICHE EINRICHTUNGEN |
Buildings and public facilities

Apartmenthaus	**block of flats** (US: **apartment building**)
Botschaft	**embassy**
Bürgersteig	**pavement** (US: **sidewalk**)
Bürogebäude	**office block** (US: **office building**)
Fußgängerzone	**pedestrian zone**
Gebäude	**building**
(Einfamilien)Haus	**house**
Hochhaus	**high-rise, tower block**
Industrie- und Handelskammer	**chamber of commerce**
Kaufhaus	**department store**
Konsulat	**consulate**
Laden	**shop, store**
Messegelände	**trade fair grounds**
Ministerium	**ministry**
Park	**park**
Parkhaus	**multistorey car park** (US: **parking garage**)

Platz	*square*
Polizeirevier	*police station*
Rathaus	*town hall*
Straße	*street, road*
Tiefgarage	*underground car park*
	(US: underground parking)
(öffentliche) Toilette	*(public) toilet (US: restroom)*
Vorort	*suburb*
Wohnung	*flat (US: apartment)*
Wolkenkratzer	*skyscraper*
Zebrastreifen	*zebra crossing, pedestrian crossing*

GESCHICHTE, KULTUR, RELIGION, UNTERHALTUNG |
History, culture, religion, entertainment

Abendvorstellung	*evening performance*
Altstadt	*old quarter*
Ausstellung	*exhibition*
Ballett	*ballet*
Burg/Schloss	*castle/palace*
Denkmal	*monument, memorial*
Diskothek	*disco*
Dom/Kirche/Kapelle	*cathedral/church/chapel*
Eintrittskarte	*ticket*
Kartenverkaufsstelle	*ticket agency*
Festival	*festival*
Fremdenverkehrsamt	*tourist information centre*
Friedhof	*cemetery*
Frühvorstellung	*matinee*
Fußballspiel	*football match (US: soccer game)*
Fußballstadion	*football ground*
	(US: soccer stadium)
Geburtshaus/Grab	*birthplace/grave*
Gottesdienst/Messe	*(church) service/mass*
Jazzklub	*jazz club*
Kino	*cinema (US: movie theater)*
Film	*film (US: movie)*

Konzert	*concert*
Konzerthalle	*concert hall*
Kunstgalerie	*art gallery*
Museum	*museum*
Musical	*musical*
Nachtklub	*night club*
Oper	*opera*
Opernhaus	*opera house*
Theater	*theatre*
Loge/Parkett/Balkon	*box/stalls/balcony*
Theaterkasse	*box office*
Theaterstück	*play*
Veranstaltungskalender	*What's on?, List of events*
Vortrag	*lecture, talk*

EINKAUFEN | Shopping

Wer ist der Nächste, bitte?
Who's next, please?

Ich glaube, ich bin jetzt dran.
Excuse me, I think I was next.

Ach, Entschuldigung!/Nach Ihnen.
Oh, I'm sorry./After you.

Wie lange haben Sie geöffnet?
When do you close?/How long are you open?

Kann ich Ihnen helfen?
Can I help?

Nein, danke. Ich schaue mich nur um.
Thanks, I'm just looking.

Ich suche ... ./Haben Sie ...?
I'm looking for ... ./Do you have ...?

Gibt es das etwas größer?
Do you have it in a larger size?

kleiner/länger/kürzer/enger/weiter
smaller/longer/shorter/tighter/looser

heller/dunkler/gestreift/kariert/uni
lighter/darker/striped/checked/plain

So viel wollte ich eigentlich nicht ausgeben.
That's a bit more than I wanted to pay.

Gibt es das auch etwas günstiger/in einer besseren Qualität?
Have you got one a bit cheaper/in a better quality?

Möchten Sie das als Geschenk verpackt?
Would you like it gift-wrapped?

Können Sie das bitte an diese Adresse schicken?
Could you send it to this address?

Ich möchte gern … umtauschen.
I'd like to exchange …

Es funktioniert nicht richtig.
It doesn't work properly.

Es passt nicht.
It doesn't fit.

Es ist zu …/Es ist nicht … genug.
It's too …/It isn't … enough.

Vokabeln | Vocabularies

Abteilung	*department*
Accessoires	*accessories*
Andenken	*souvenirs*
Apotheke	*chemist's (US: pharmacy)*
Aufzug	*elevator (GB auch: lift)*
Bücher	*books*
Damenbekleidung	*ladies' clothing*
Drogerieartikel	*toiletries*
Elektroartikel	*electrical goods*
Friseur	*hairdresser, hair salon*
Fundbüro	*lost property office (US: lost & found)*
Herrenbekleidung	*menswear*
Kasse	*till (US: cashier)*
Kinderbekleidung	*children's clothes*
Kosmetika	*cosmetics*
Kosmetiksalon	*beauty parlour, beauty salon*
Kurzwaren	*haberdashery (US: notions)*
Lebensmittel	*food*
Parfüm	*perfume*
Reinigung	*dry cleaner's*
Reisebüro	*travel agency*

Rolltreppe	*escalator*
Schmuck	*jewellery*
Schreibwaren	*stationery*
Schuhreparaturen	*shoe repairs*
Spielwaren	*toys*
Sportartikel	*sports goods* (*US: sporting goods*)
Stock, Geschoss	*floor*
Erdgeschoss	*ground floor* (*US: first floor*)
erster Stock	*first floor* (*US: second floor*)
Untergeschoss	*basement*
Süßigkeiten	*confectionery*
Verkäufer(in)	*sales assistant*
Wegweiser	*signpost*
Zeitschriften	*magazines*
Zeitungen	*newspapers*

BANK, WECHSELSTUBE | Bank, (Bureau de) Change

Ich möchte gerne Dollars wechseln.
I'd like to change some dollars, please.

Dafür hätte ich gerne Yen.
Could you change this into yen, please?

Wie ist der Kurs heute, bitte?
What's the rate today, please?

Das ist aber ziemlich hoch/niedrig.
Oh, that's a bit high/low.

Dann lasse ich es erst (ein)mal, danke.
I'll leave it then, thanks.

Ich möchte einen Reisescheck einlösen.
I'd like to cash a traveller's cheque.

Bitte hier unterzeichnen/bestätigen.
Could you countersign them here, please?

Entschuldigung, Sie haben mir nur … gegeben.
Sorry, but you've only given me …

Ich hätte gern eine Quittung.
Could I have a receipt, please?

Der Automat hat meine Karte einbehalten.
The machine's taken my card.

Vokabeln | Vocabularies

Bankfiliale	*branch of a bank*
Bankgebühren	*bank charges*
Bankleitzahl	*bank sorting code*
Geheimzahl/PIN	*PIN (personal identity number)*
Geldautomat	*cashpoint (US: ATM = automatic teller machine)*
Geldschein	*note (US: bill)*
Konto/Kontonummer	*account/account number*
Kreditkarte	*credit card*
Münze	*coin*
Onlinebanking	*online banking*
Onlinekonto	*online account*
Onlineüberweisung	*online credit transfer*
Reisescheck	*traveller's cheque*
Schalter	*counter*
Scheck/Scheckkarte	*cheque/cheque card*
Schließfach	*safe deposit box (US: safety deposit box)*
Schweizer Franken	*Swiss franc*
SEPA-Überweisung	*SEPA credit transfer*
überweisen/Überweisung	*to transfer/money transfer*
Wechselkurs	*exchange rate*
wechseln	*to change*

POST | Post office

abschicken/ankommen	*to send/to arrive*
Absender	*sender*
Adresse	*address*
Brief	*letter*
Briefmarke	*stamp*
Briefumschlag	*envelope*
Eilbrief	*express letter*
(per) Einschreiben	*registered letter*
Empfänger	*addressee*
Empfangsbestätigung	*receipt*
Fax	*fax*
faxen	*to fax*
Leerung/Zustellung	*collection/delivery*
Paket/Päckchen	*packet/parcel*
Postkarte	*postcard*
Postkasten, Briefkasten	*postbox (US: mailbox)*
Postleitzahl	*post code (US: zip code)*
Schalter	*counter*
Telegramm	*telegram*
versenden	*to post, to mail*

How's business?

Nicht jede Frage erfordert eine ausführliche Antwort.
Es ist jedoch gut, die Fragen zu kennen.
Und einige Antworten.

▶ **Kapitel: Das Wichtigste in Kürze,** Interesse zeigen

EIN GESPRÄCH EINLEITEN | Starting a conversation

Gewöhnlich ist es Aufgabe des Gastgebers, ein Gespräch in Gang zu bringen. Erprobte Starter sind u. a. das Wetter, die Verkehrslage, aktuelle Ereignisse und Sportergebnisse. Fragen zu stellen bzw. Rückmeldung zu geben, helfen Ihnen Zeit zu gewinnen.

Schönes Wetter heute, nicht wahr?
Beautiful day, isn't it?

Ja, sehr schön.
Yes it is.

Ein schöner Abend./Scheußliches Wetter.
Lovely evening!/Terrible weather!

heiß/eisig/windig/neblig/stickig/schwül
boiling/freezing/windy/foggy/stuffy/humid

Ist das wieder ein Verkehr heute Morgen!
Terrible traffic this morning!

Stimmt. Ist das immer so schlimm?
Yes. Is it always that bad?

Haben Sie die Zeitung heute schon gelesen?
Have you seen the papers today?

Nein, noch nicht. Gibt's irgendwas Neues?
No, I haven't. What's the news?

Haben Sie schon gehört, was … über … gesagt hat?
Did you hear what … said about …?

Ja, habe ich, und was sagen Sie dazu?
Yes, I did. How do you see it?

Haben Sie gestern das Spiel gesehen?
Did you watch the match last night?

Aber sicher. Wie fanden Sie es denn?
Sure. What did you think of it?

THEMEN UND TABUS | Topics and taboos

Mit detaillierten Krankheitsschilderungen sowie Parteipolitik, Sex und Religion kann man leicht ins Fettnäpfchen treten. Das Gleiche gilt für persönliche Ausgaben (z. B. für Haus oder Möbel), es sei denn, Ihr Gesprächspartner gibt freiwillig darüber Auskunft.

Am besten eignen sich Themen, die dem Besucher vertraut sind, d. h. das Herkunftsland, der Wohnort und die Firma, berufliche Aufgaben und persönliche Interessen.
Was aber die Geschichte und Probleme des Landes angeht, überlässt man es lieber dem Gesprächspartner, diese Themen zu erläutern. Ihr eigenes Wissen darüber können Sie dann anbringen, um die „richtigen" Fragen zu stellen.

Stimmt es, dass ...?
Am I right in thinking that ...?

Bei uns ist der Eindruck entstanden, dass ... . Sind Sie auch der Meinung?
We get the impression that ... . Is that how you see it?

Laut unseren Medien ... . Was meinen Sie dazu?
According to our media ... . What's your view?

GESCHÄFT | Business

▶ **Kapitel: Unternehmen von Innen**

Sind Sie geschäftlich hier?
Are you here on business?

In welcher Branche sind Sie tätig?
What line are you in?

Und Sie?
And yourself?

Darf ich Ihnen meine Karte geben?
Let me give you my card.

Wie viele Mitarbeiter hat Ihre Firma?
How many people do you employ?

Wo ist Ihr Firmensitz?
Where are you based?

Sind Sie schon lange bei der Firma?
Have you been with the company long?

LÄNDER UND REGIONEN | Countries and regions

▶ **Kapitel: Reisevorbereitung,** Länder und Nationalitäten

Sind Sie zum ersten Mal in ...?
Is this your first visit to ...?

Wie finden Sie es?
What's your first impression?

Und woher kommen Sie?
And where are you from?

Wo ist das genau?
Where is that exactly?

Es ist in Nord-/Ost-/Mittel-/Südwest-…
It's in northern/eastern/central/south-western …

Es ist eine bergige Gegend./Es ist ziemlich hügelig.
It's a mountainous region./It's quite hilly.

Es ist eher flach.
It's pretty flat.

STÄDTE | Towns

▶ **Kapitel: Reisevorbereitung,** Städte,
   Kapitel: In der City, Geschichte, Kultur, Religion, Unterhaltung

Ich komme aus einer Kleinstadt/Großstadt.
I come from a small town/a large city.

Es liegt an der Küste/im Landesinneren.
It's on the coast/inland.

Das sind ungefähr … Kilometer von …
It's about … kilometres from …

Es hat ungefähr … Einwohner.
It has a population of about …

Es wurde im … Jahrhundert gegründet.
It was founded in the … century.

… wurde dort geboren/lebte dort/starb dort/liegt dort begraben.
… was born there/lived there/died there/is buried there.

Dort (fand) … (statt).
It's where … (happened).

Der Hauptwirtschaftszweig ist …
The main industry is …

Viele Leute pendeln nach …
A lot of people commute to …

SEHENSWÜRDIGKEITEN UND ANDENKEN | Sightseeing and souvenirs

Was ist besonders sehenswert hier?
What should I see while I'm here?

Sie müssen unbedingt … besichtigen/besuchen.
Well, you must visit …

Ich würde meiner Familie gern etwas mitbringen.
I'd like to take something back for my family.

Was ist typisch für diese Gegend?
Are there any local specialities?

Diese Gegend ist sehr bekannt für Wein/Töpferei/Glas.
This area is well-known for its wine/pottery/glass.

Ich an Ihrer Stelle würde ihnen … mitbringen.
If I were you, I'd take them …

FITNESS | Fitness

Wie halten Sie sich fit?
How do you keep fit (US: stay in shape)?

Ich spiele einmal in der Woche Squash/Tennis/Golf.
I play squash/tennis/golf once a week.

Ich gehe ziemlich regelmäßig ins Fitnesscenter.
I work out pretty regularly.

Ich jogge/schwimme/fahre Rad.
I jog/swim/go cycling.

Ich gehe nach der Arbeit mit dem Hund spazieren.
I take the dog for a walk after work.

HOBBYS | Interests

Ich höre Musik/singe in einem Chor.
I listen to music/sing in a choir.

Meine Frau und ich sind Mitglieder eines Tanzvereins.
My wife and I belong to a dancing club.

Ich lese viel/male ein wenig.
I read a lot/do a bit of painting.

Ich bastele ein wenig/arbeite im Garten.
I do a bit of DIY/work in the garden.

Ich sammele Antiquitäten/Briefmarken/Postkarten.
I collect antiques/stamps/postcards.

Ich interessiere mich für …
I'm interested in …

Ich bin bei … aktiv.
I'm involved in …

Hilfe!

Es ist dringend.

Besonders in Notfallsituationen ist es wichtig,
ein paar Dinge zu wissen, um keine Missverständnisse
aufkommen zu lassen.

FUNDBÜRO | Lost property office

Ich habe meine Aktentasche verloren.
Excuse me, I've lost my briefcase.

Ist eine abgegeben worden?
Has anybody handed one in?

Können Sie sie beschreiben?
Can you describe it, please?

Sie ist aus schwarzem Leder und hat meine Initialen an der Außenseite.
Yes, it's black leather with my initials on the outside.

Stoff/Metall/Aluminium/Gold/Silber/Messing/Kunststoff
cloth/metal/aluminium (US: aluminum)/gold/silver/brass/plastic

Griff/Träger/Verschluss/Schloss/Kombinationsschloss
handle/strap/fastener/lock/combination lock

Irgendein besonderes Fabrikat?
What make is it?

Wann haben Sie sie zum letzten Mal gesehen?
Where did you last have it?

WERTSACHEN | Valuables

Armband	**bracelet**
Armbanduhr	**watch**
Brieftasche	**wallet (US auch: billfold)**
Dokument	**document**
Feuerzeug	**cigarette lighter**
Fotoapparat	**camera**
Halskette	**necklace**
Handtasche	**handbag (US: purse)**
Kette	**chain**
Kreditkarte/Scheckkarte	**credit card/cheque card**
Pass	**passport**
Personalausweis	**ID (identity) card**
Portemonnaie	**purse/wallet**
Reisescheck	**traveller's cheque**
Ring	**ring**
Schlüssel	**key**
Umhängetasche	**shoulder bag**

DIEBSTAHL UND ÜBERFÄLLE | Theft and attacks

Ich bin beraubt/überfallen worden.
I've been mugged/attacked.

Mein/e … ist gestohlen worden.
My … has been stolen.

Taschendieb/(Straßen)Räuber
pickpocket/mugger

Wann/Wo ist das genau passiert?
When/Where did it happen exactly?

Können Sie den Täter/die Täterin beschreiben?
Can you describe the person?

ein Jugendlicher/in den Zwanzigern/mittleren Alters
a teenager/in his twenties/middle-aged

groß/mittelgroß/klein
tall/middle height/short

dünn/schlank/normal/korpulent
thin/slim/average build/overweight

glattes/lockiges/kurzes/langes Haar
straight/curly/short/long hair

blondes/rotes/braunes/schwarzes Haar
blond/red/brown/black hair

Er hatte eine Glatze/schon lichte Stellen.
He was bald/going bald.

Er hatte einen Schnurrbart/Bart.
He had a moustache/beard.

VERKEHRSUNFALL | Traffic accident

Ich habe gerade einen Unfall gehabt/gesehen.
I've just been involved in/witnessed an accident.

Jemand ist verletzt worden.
Someone has been injured.

Schicken Sie bitte einen Krankenwagen. Es ist dringend.
Please send an ambulance. It's urgent.

Wir brauchen Ihre Aussage.
You'll have to make a statement.

Fahrer(in)/Beifahrer(in)/Zeuge/Zeugin/Passant(in)/Fußgänger(in)
driver/passenger/witness/passer-by/pedestrian

... kam aus einer Seitenstraße
... came out of a side street

... schaute nicht, wohin er/sie fuhr
... wasn't looking where he/she was going

... hat mir die Vorfahrt genommen
... ignored the fact that it was my right of way (US: ... didn't yield)

... hat nicht geblinkt/fuhr bei Rot
... didn't signal/drove through a red light

... konnte nicht rechtzeitig anhalten/bremste plötzlich
... couldn't stop in time/braked suddenly

... stieß frontal mit mir zusammen/fuhr mir hinten auf
... hit me head-on/went into the back of me (US: rearended me)

zerkratzt/verbeult/beschädigt/hat Totalschaden
scratched/dented/damaged/is a write-off

MEDIZINISCHE HILFE | Medical help

Schließen Sie vor Ihrer Reise auf jeden Fall eine Auslandskranken-
versicherung ab, denn was in einem Land unter den Krankenversi-
cherungsschutz fällt, mag in einem anderen privat bezahlt werden
müssen. Belege und Quittungen für privat bezahlte Leistungen sind
auf jeden Fall aufzubewahren.
Sollten Sie ärztliche Hilfe auf einer Reise benötigen, so fragen Sie
einen Apotheker, die Firma, die Sie gerade besuchen, oder Ihr Hotel.

IN DER APOTHEKE | At the chemist's (US: drugstore)

Ich brauche Pflaster/Verbandszeug/Desinfektionsmittel.
I need some plasters (US: band-aids)/a bandage/a disinfectant.

Haben Sie etwas gegen Schlaflosigkeit?
Can you give me something for insomnia?

eine Erkältung/Husten/Halsschmerzen/Bronchitis/Grippe
a cold/a cough/a sore throat/bronchitis/flu (influenza)

Heuschnupfen/Migräne/Ohrenschmerzen/Sonnenbrand
hay fever/a migraine/earache/sunburn

Magenverstimmung/Durchfall/Verstopfung
indigestion/diarrhoea/constipation

Versuchen Sie es einmal mit diesen Tropfen.
Try these drops.

Nehmen Sie diese Tabletten bitte vor den Mahlzeiten.
Take one of these pills before meals.

Reiben Sie die Salbe zweimal täglich ein.
Rub in some of this ointment twice a day.

Sie sollten zum Arzt gehen.
You'd better see a doctor.

BEIM ARZT | At the doctor's

Können Sie mir einen Arzt empfehlen?
Can you recommend a doctor?

Arzt/Ärztin für Allgemeinmedizin
GP (general practitioner)

Spezialist(in)/Chirurg(in)/Frauenarzt(ärztin)/Zahnarzt(ärztin)
specialist/surgeon/gynaecologist/dentist

Praxis Doktor Martin.
Dr Martin's surgery.

Ich hätte gern einen Termin.
I'd like to make an appointment.

Es ist ein Notfall.
It's an emergency.

Waren Sie schon einmal bei uns?
Have you been to us before?

Bitte nehmen Sie im Wartezimmer Platz.
Please take a seat in the waiting room.

Der Nächste, bitte.
Next, please.

Guten Tag. Was kann ich für Sie tun?
Hello, come in. What's the problem?

Ich habe einen Ausschlag/eine Schwellung/Flecken.
I've got a rash/a swelling/spots.

Ich habe eine Muskelzerrung/meinen Knöchel verstaucht.
I've pulled a muscle/twisted my ankle.

Ich habe mich geschnitten/verbrannt/verbrüht.
I've cut myself/burnt myself/scalded myself.

Ich bin gestochen/gebissen worden.
I've been stung/bitten.

Mir ist übel/schwindlig.
I feel sick/dizzy.

Ich habe Fieber.
I feel feverish.

Ich muss mich ständig übergeben.
I'm having difficulty keeping food down.

Ich kann nicht richtig durchatmen/sehen.
I'm having difficulty breathing/seeing.

Ich kann mich nicht richtig bücken/Ich kann nichts heben.
I can't bend down properly/I can't lift things.

Es schmerzt/juckt.
It's painful/itchy.

Es ist wund/entzündet/geprellt/steif.
It's sore/inflamed/bruised/stiff.

Haben Sie Fieber?
Have you got a temperature?

Wo haben Sie Schmerzen?
Where does it hurt?

Dann wollen wir uns das einmal genauer ansehen.
Let's have a look at it.

Wie ist der Schmerz?
What kind of pain is it?

ein scharfer/pochender/dumpfer Schmerz
a sharp pain/a throbbing pain/a dull ache

Haben Sie das schon einmal gehabt?
Have you had this before?

Wie lange haben Sie das schon?
How long have you had it?

Was haben Sie bisher dagegen gemacht?
What are you taking for it?

Ich verschreibe Ihnen …
I'll give a you a prescription for …

Wir machen besser eine Röntgenaufnahme/einen Ultraschall.
We'd better do an X-ray/a scan.

Sie müssen ins Krankenhaus.
You'll have to go into (US: go to the) hospital.

BEIM ZAHNARZT | At the dentist's

abgebrochen	*broken off*
Abszess	*abscess*
ausgefallen	*fallen out*
beißen	*to bite*
bohren	*to drill*
Brücke	*bridge*
Füllung, Plombe	*filling*
provisorische Füllung	*temporary filling*
Gebiss, Prothese	*dentures*
gebrochen	*broken*
gesplittert	*chipped*
Kiefer	*jaw*
Krone	*crown*
Loch	*cavity*
locker	*loose*
Spritze	*injection*
spülen	*to rinse*
Weisheitszahn	*wisdom tooth*
Wurzel	*root*
Zahn	*tooth*
einen Zahn ziehen	*to extract a tooth*
Zahnfleisch	*gum*
Zahnschmerz	*toothache*

BEIM OPTIKER | At the optician's

Aufbewahrungsflüssigkeit	*saline/soaking solution*
Behälter	*container*
Brille/Sonnenbrille	*glasses/sunglasses*
Etui	*case*
Gestell	*frame*
Glas	*lens*
Kontaktlinsen (hart/weich)	*contact lenses (hard/soft)*
kurzsichtig	*short-sighted*
Linse	*lens*
Reinigungsflüssigkeit	*cleaning fluid*
Schraube	*screw*
weitsichtig	*long-sighted*

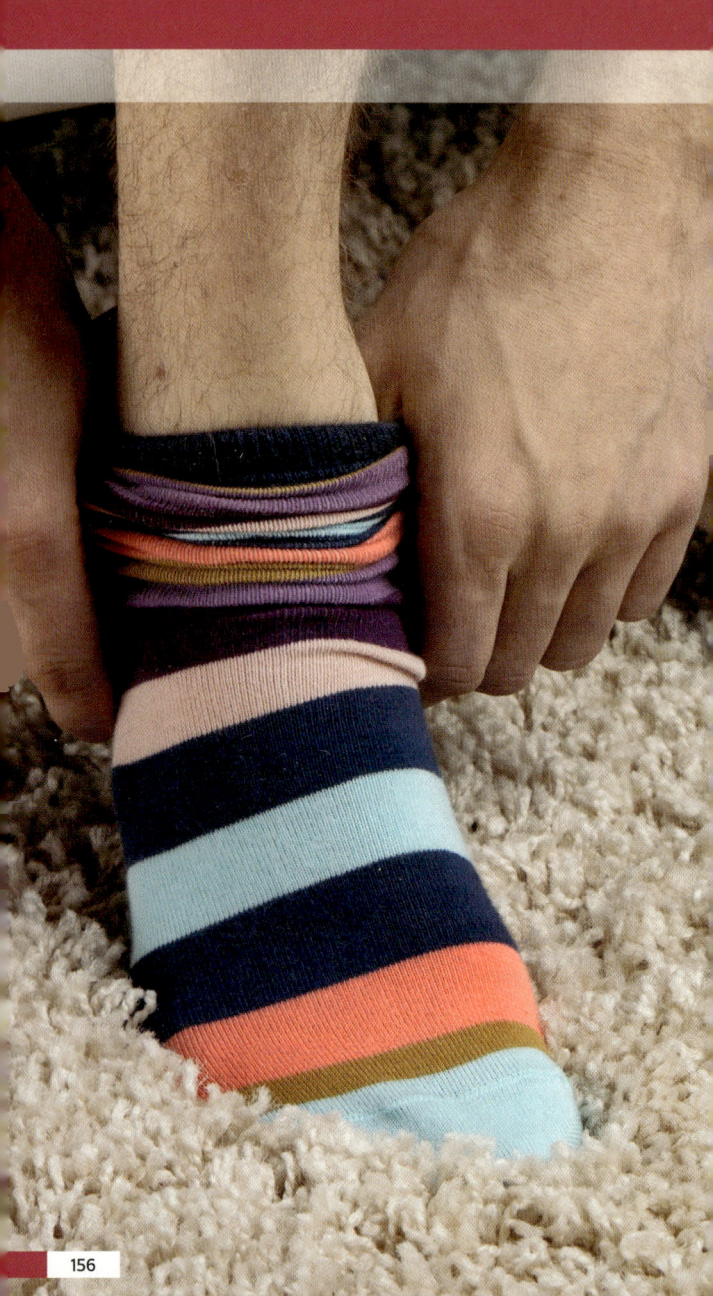

Wie war das nochmal?

Kennen Sie die Unterschiede im Verhandeln mit Schweden oder Japanern? Das Wissen über bestimmte kulturelle Eigenheiten kann gute Dienste leisten.

BUSINESS-KNIGGE UND ÜBERLEBENSWORTSCHATZ CHINA

China entwickelt sich rasant. Seit der Öffnung und den Reformen Anfang der achtziger Jahre wandeln sich in China mit dem Wirtschaftssystem auch die Vorstellungen und Ideen in der Gesellschaft. Formen des öffentlichen Lebens und die Wirtschaftsordnung orientieren sich immer mehr an westlichen Mustern, aber Lebens-, Arbeits- und Denkweisen bleiben häufig den traditionellen konfuzianischen Anschauungen verpflichtet. Westliche und fernöstliche Kulturen existieren nebeneinander und werden oftmals pragmatisch miteinander vereint. So kann es passieren, dass ein chinesischer Geschäftspartner Sie mit einem unerwarteten „westlichen" Handschlag begrüßt, Sie jedoch kurz darauf durch seinen „chinesischen" Verhandlungsstil überrascht. Es kann daher zeitraubende Anfangsfehler und frustrierende Missverständnisse ersparen, wenn man mit einigen kulturellen Hintergründen und grundliegenden Werten vertraut ist.

Harmonie

Unbedingtes Streben nach Harmonie und Ausgleich, d.h. offene Konflikte möglichst zu vermeiden, die Ordnung aufrecht zu erhalten – das ist das wichtigste Ziel im Staat und in der Gesellschaft, im Privaten ebenso wie im Geschäftlichen. Eine harmonische Atmosphäre herzustellen und zu wahren, wird als Wert an sich empfunden: denn nur unter harmonischen Bedingungen ist aus chinesischer Warte eine Zusammenarbeit überhaupt erst möglich.

Aussprache

Das Hochchinesisch kennt nur knapp 400 Silben (die deutsche Sprache hingegen weist über 10,000 Silben auf); dabei entspricht eine Silbe einem Schriftzeichen. Durch die vier Töne erhöht sich die Anzahl unterschiedlich lautender Silben auf etwa 1.300. Als Sprecheinheit besteht jede Silbe in der Regel aus einem Anlaut, einem Auslaut und einem Silbenton. Der Anlaut ist entweder ein einfacher oder ein doppelter Konsonant; nur einige wenige Silben besitzen keinen Anlaut. Den Auslaut dagegen bildet entweder ein einfacher Vokal, ein zusammengesetzter Vokal oder ein Nasalvokal (Vokal + n/ng). Einige Auslaute können auch als eigenständige Silben auftreten (z. B. áng).

Trotz der Verwendung der lateinischen Buchstaben ist die Aussprache des Chinesischen für Deutsche nicht einfach, vor allem bei einigen Anlauten, die es im Deutschen nicht oder nur in sehr abweichender Form gibt. Besonders die korrekte Aussprache der vier Töne fällt Deutschen nicht leicht.

Die vier Töne

Chinesisch ist eine „Tonsprache". Jede Silbe (jedes Wort) wird in einem ganz bestimmten Ton gesprochen, von dem die Bedeutung des Wortes abhängt. Ändert sich der Ton der Silbe, ändert sich damit auch deren Bedeutung.

Das Hochchinesisch Pǔtōnghuà (Allgemeine Umgangssprache) unterscheidet 4 Töne. Dabei darf man sich aber keine einzelnen Töne wie auf einer Tonleiter vorstellen, sondern eher einen Tonfall, in dem jede Silbe einzeln gesprochen wird, in steigendem, fallendem, hohem oder tiefem Ton.

Tonhöhen werden auch im Deutschen unterschieden, jedoch haben sie hier eine ganz andere Funktion – sie intonieren Frage, Aussage oder Ausruf. Im Chinesischen dagegen gehören die Töne unmittelbar zum Wort selbst und sind bedeutungsunterscheidend. Um die Tonhöhen der Silben im Schriftbild zu kennzeichnen, benutzt man im Hànyǔ Pīnyīn (Chinesisch-Lautschrift) vier Tonzeichen, die jeweils über den Hauptvokal gesetzt werden:

1. Ton (ˉ) hoch und gleich bleibend   mā (Mutter)

2. Ton (´) steigend   má (Hanf)

3. Ton (ˇ) fallend, dann steigend   mǎ (Pferd)

4. Ton (`) fallend und kurz   mà (schimpfen)

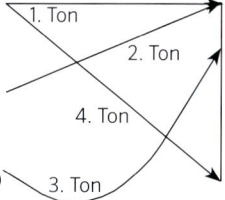

So können die obigen Silben, die sich nur im Ton unterscheiden, einen Satz bilden: Māma mà mǎ (Die Mutter beschimpft das Pferd.)

Einige wenige Silben (bzw. Wörter), die lediglich eine grammatikalische Funktion (wie die Partikeln) haben, sind immer tonlos. Ebenso kann auch die zweite Silbe in Wortkombination tonlos sein. Über solche Silben wird dann kein Tonzeichen gesetzt, wie z.B.: māma (Mutter), zhuōzi (Tisch). Dies wird „Neutraler Ton" genannt. Darüber hinaus kann auch ein und dieselbe Silbe in ein und demselben Ton gesprochen mehrere Bedeutungen haben – sie wird dann aber mit unterschiedlichen Schriftzeichen geschrieben.

Besondere Laute im Chinesischen:

c	ts-Zischlaut wie **Z**iege, stark aspiriert und stimmlos
e	Murmelvokal wie am Wortende Lag**e**
h	**ch** wie a**ch**
i	meist wie deutsch **i**; nur nach z, c, s, zh, ch, sh, r wie ein stimmhafter Nachklang des jeweiligen Konsonanten
j	wie englisch **j**eep
q	wie englisch **ch**eer, aspiriert
r	wie englisch **r**ain
s	wie Stra**ß**e, stimmlos
u	meist wie deutsch **u**; nur nach j, q, x, y wie **ü**
w	wie englisch **w**ater
x	wie i**ch**
y	**j** wie in **j**a
z	**ds** wie englisch roa**ds**
ch	wie deu**tsch**, aspiriert, mit gehobener Zungenspitze
sh	wie **sch**ön, aspiriert, mit gehobener Zungenspitze
zh	wie **Dsch**ungel, aspiriert, mit gehobener Zungenspitze
ang	wie englisch l**ong**
ian	wie **ien**
ong	wie **ung**

Dies kann natürlich nur eine erste Orientierung sein – die korrekte Aussprache lässt sich nur mit einem Muttersprachler erlernen. Doch seien Sie nicht entmutigt. Lernen Sie ein paar chinesische Ausdrücke und wenden Sie sie an! Es wird Ihnen Ihr tägliches Leben in China sehr erleichtern; nicht zuletzt werden Ihre chinesischen Partner begeistert sein und in jedem Fall Ihre Bemühungen mit Respekt honorieren.

Höflichkeit

Die Einhaltung von Förmlichkeiten und Höflichkeiten ist in China Basis jeder Etikette. Dazu gehören unter anderem großer Respekt vor den Alten, Anrede und Titel oder Berufsbezeichnungen und anderen ein Gesicht zu geben statt es zu nehmen. Geduld zu haben ist ebenfalls Voraussetzung im Umgang mit anderen Menschen.

Begrüßung und Anrede

Die Grußformeln Nǐ hǎo (guten Tag) und Nǐ zǎo (guten Morgen) sind im Chinesischen die Gebräuchlichsten und sind gleichzeitig auch deren Antworten. Nǐ hǎo gilt zu jeder Tageszeit, Nǐ zǎo wird normalerweise vor zehn Uhr vormittags verwendet. Bei der Vorstellung nennt man zuerst den Familiennamen und dann den Vornamen. Der Titel oder die „Berufsanrede" werden ebenfalls genannt, z.B. Liú zǒngjingli (Generalmanager Lu), Zhū mìshū (Sekretärin Zhu).

Visitenkarten

Visitenkarten sollten reichlich und zweisprachig (Englisch und Chinesisch) bedruckt zur Verfügung stehen. Sie werden unmittelbar nach der Begrüßung ausgetauscht. Man überreicht die Karte mit beiden Händen so, dass die chinesische Seite sicht- und lesbar ist. Die Karte nach einem kurzen Blick einfach wegzustecken, gilt als sehr unhöflich.

Welche Kleidung?

In Business-Kreisen kleidet man sich ähnliche wie im Westen. Für den Herren ist ein Anzug mit Krawatte empfehlenswert, die Dame ist mit dezenter Kleidung passend gekleidet. Auf tiefer dekolletierte Ausschnitte sollte verzichtet werden.

Guten Morgen!	zǎo ān!	Ja, bitte.	hǎo, xiè xie.
Guten Tag!	nín hǎo!	Nein, danke.	bú yào, xiè xie.
Guten Abend!	wǎn ān!	Gestatten Sie?	duìbùqǐ, ràng wǒ guò.
Grüß dich!	ní hǎo!	Entschuldigen Sie bitte die Störung.	dǎrǎo le!
Wie ist Ihr Name, bitte?	qǐng wèn, nín guì xìng?	Danke!	xièxie!
Mein Familienname ist …	wǒ xìng …	Das ist nett. Das danke!	tài hǎo le, xiè xie nǐ.
Mein Vorname ist …	wǒ jiào …	Bitte sehr!	bú xiè!
Auf Wiedersehen!	zàijiàn!	Gern geschehen.	lǐ sǔo dāng rán!
Bis morgen!	míngtiān jiàn!	Entschuldigung	duìbùqǐ!
Mach's gut!	bǎozhòng!	Keine Ursache!	méi guānxi.
Gute Nacht!	wǎn ān!	Das ist leider nicht möglich.	kěxí bù xíng.
Gute Reise!	yí lù shùnfēng!	Es tut mir Leid.	duìbùqǐ.

Zwischenmenschliches

Bescheidenheit

„Bescheidenheit ist eine hohe Tugend des Menschen", ist ein noch heute gültiges und oft zitiertes Sprichwort. Europäer sind es gewohnt, selbstbewusst, manchmal gar arrogant aufzutreten, um ihre Fähigkeiten zu zeigen und sich von anderen abzugrenzen. In China dagegen gilt ein zu stark gezeigtes Selbstbewusstsein als Zeichen fehlender Bescheidenheit, das andere Anwesende verletzen könnte. Es ist angebracht, sich reflektiert und bedacht zu etwas zu äußern, da mit einer voreilig getätigten und sich später als falsch herausstellenden Aussage ein großer Vertrauensverlust verbunden ist. Es ist auch ein Ausdruck von Höflichkeit und Zurückhaltung mehr zuzuhören als selbst zu sprechen.

Bitte.	qǐng.	Gut.	hǎo.
Danke!	xiè xie.	Richtig.	duì.
Danke, gleichfalls!	bǐcǐ!	Einverstanden!/ Abgemacht!	shuōdìng le!
Wie bitte?	qǐng zài shuō yí ci?	Okay!	méi wèntí!
Herzlichen Glückwunsch!	gōngxǐ nǐ!	Ach, so!	yuán lái rúcǐ!
Viel Glück!	zhù nǐ shùlì-chénggōng!	Wirklich?	zhēn de?
Gute Besserung!	zhù nǐ zǎorì kāngfù!	Interessant!	zhēn yǒu yìsi!
Das ist wunderbar!	tài hǎo le!	Ganz Ihrer Meinung.	wánquán tóngyi.
Das ist sehr nett von Ihnen!	nǐ tài hǎo le!	Das stimmt.	nǐ shuōde zhēn duì.
Das Essen war ausgezeichnet!	tài hǎo chī le!	Das finde ich (sehr) gut.	wǒ juéde búcuò.

Gesicht

Miànzi (Gesicht) ist wesentlich für die chinesische Mentalität. Praktisch alle gesellschaftlichen Abläufe und Spielregeln hängen damit zusammen. Die Chinesen sind sehr sensibel in Bezug auf die Wahrung ihres Gesichts bei allen gesellschaftlichen und geschäftlichen Angelegenheiten. Als Faustregel für den Umgang mit chinesischen Geschäftspartnern kann Folgendes gelten: In Anwesenheit Dritter peinliche Situationen vermeiden! So stellt man z.B. jemandem keine heikle Frage, man weist ihn auf kein Unrecht hin, man verzichtet bei delikaten Angelegenheiten auf verbale Äußerungen, aber man lobt jemanden in Gegenwart seiner Kollegen und Vorgesetzten, man ermöglicht dem anderen in peinlichen

Situationen einen Ausweg oder man bespricht heikle Punkte unter vier Augen mit dem Betroffenen.

Wie bitte?	qǐng zài shuō yí cì?	Das weiß ich nicht.	wǒ bù zhīdao.
Ich verstehe Sie nicht. Bitte, wiederholen Sie es.	wǒ tīng bù dǒng, qǐng zài shuō yí cì.	Keine Ahnung!	bù zhīdao!
Was bedeutet das?	zhè shì shénme yìsi?	Das ist mir egal.	suíbiàn.
Ja, ich verstehe.	wǒ dǒng le.	Ich weiß noch nicht.	wǒ hái bù zhīdao.
Sprechen Sie Englisch?	nǐ huìshuō yīngyǔ ma?	Vielleicht.	yěxǔ.
Schreiben Sie es mit bitte auf!	qǐng xiěxiàlái!	Wahrscheinlich.	dàgài ba.
Damit bin ich nicht einverstanden.	wǒ bù tóngyi.	Machen Sie sich keine Sorgen.	qǐng fàngxīn.
Das gefällt mir nicht.	wǒ bú tài xǐhuān.	Das ist aber ärgerlich!	zhēn fánrén!
Ich möchte lieber ...	wǒ bǐjiào xǐhuān …	Schade!	tài kěxí le!

Guānxi

„Ein Freund mehr, ein Weg mehr": Bei Geschäften in China braucht man manchmal guānxi (= gute Beziehungen). Das können Verwandte, Freunde, ehemalige Schulkameraden oder Kollegen sein. Dadurch können Dinge, die sonst umständlich wären, schnell und reibungslos erledigt werden. Lassen sich hingegen solche guānxi nicht finden, müssen Mittelsleute eingeschaltet werden, um sie herzustellen. Für Ihre Geschäfte in China wäre es auch für Sie wichtig, solche Mittelsleute zu finden und gute Beziehungen aufzubauen.

Verständigung

Körper- und Blickkontakt

Bei Treffen mit Geschäftspartnern begrüßt und verabschiedet man sich mit einem kurzen Händedruck. Dies gilt auch für Beglückwünschungen oder bei feierlichen Anlässen, z.B. beim Unterzeichnen von Verträgen. Wenn man Bekannte oder Kollegen trifft oder sich von ihnen verabschiedet, nickt man, begleitet von der entsprechenden Gruß- oder Verabschiedungsformel. Küssen und Umarmungen sind eher unüblich. Chinesen verbeugen sich auch nicht wie die Japaner. Normalerweise senken Chinesen im Gespräch ihren Blick, um ihr Gegenüber nicht durch direkten Blickkontakt zu verunsichern

Gestik

Chinesen weisen häufig mit dem Zeigefinger auf eine Person oder einen Gegenstand hin, um die Aufmerksamkeit des anderen darauf zu richten. Daumen nach oben hat in China die selbe Bedeutung wie im Westen.

Im Restaurant

In China wählt der Gastgeber die Speisen aus. Bei seiner Wahl der Speisen dürfen Sie sich auf Ihren chinesischen Geschäftspartner ruhig verlassen: er wird den Geschmack seiner europäischen Gästen weitestgehend berücksichtigen.

Es nimmt sich jeder mit seinem Stäbchen direkt von dem Teller, von dem alle essen. Wenn Ihr Gegenüber die Stäbchen hierfür umdreht, sollten Sie dies auch tun.

Suppe wird immer direkt aus der Schale gegessen, die dabei mit zwei Händen zu Munde geführt wird.

Korrekter Umgang mit Stäbchen

Folgende Regeln sollten Sie beim Essen mit Stäbchen beachten:

Stäbchen nie senkrecht in den Reis stecken.

Stäbchen nie dazu benutzen, Dinge auf dem Tisch zu verschieben.

Mit Stäbchen nie Essen von Schale zu Schale befördern.

Mit dem eigenen Stäbchen nie einem anderen Essen reichen.

Mit Stäbchen niemals Essen aufspießen wie mit einer Gabel.

Mit Stäbchen niemals gestikulieren oder auf andere zeigen.

Herr Ober/ Bedienung, ...	fúwùyuán!	Bitte ein Glas ...	lái yì bēi …
die Speisekarte, bitte	càidān.	Bitte eine Flasche ...	lái yì píng …
Ich nehme ...	wǒ yào …	Mit Eis, bitte.	jiā bīngkuài.
Ich möchte keine Suppe, danke.	bú yào tāng.	Guten Appetit!	màn chī!
Mineralwasser	kuàngquánshuǐ	Zum Wohl!	jìng nín!
Orangensaft	júzizhī	Reiswein	mǐjiǔ
Wasser	kāishuǐ	Bier	píjiǔ
Kaffee	kāfēi	Sekt	xiāngbīn
grüner Tee	lǜchá	Bezahlen, bitte.	fúwùyuán suànzhàng!
Milch	niúnǎi	Bitte alles zusammen.	yìqǐ suàn.
Limonade	qìshuǐ	Das ist für Sie.	gěi nǐ de xiǎofèi.
Wo ist bitte die Toilette?	cèsuǒ zài nǎr?	Es stimmt so.	bú yòng zhǎo le.

Zahlen

1	一	yī	17		shí qī	40		sì shí
2	二	èr	18		shí bā	50		wǔ shí
3	三	sān	19		shí jiǔ	60		liù shí
4	四	sì	20		èr shí	70		qī shí
5	五	wǔ	21		èr shí yī	80		bā shí
6	六	liù	22		èr shí èr	90		jiǔ shí
7	七	qī	23		èr shí sān	100	百	yì bǎi
8	八	bā	24		èr shí sì	101		yì bǎi líng yī
9	九	jiǔ	25		èr shí wǔ	200		liǎng bǎi
10	十	shí	26		èr shí liù	340		sān bǎi sì shí
11		shí yī	27		èr shí qī	1.000	千	yì qiān
12		shí èr	28		èr shí bā	2.000		liǎng qiān
13		shí sān	29		èr shí jiǔ	3.400		sān qiān sì bǎi
14		shí sì	30		sān shí	10.000	万	yí wàn
15		shí wǔ	31		sān shí yī	100.000		shí wàn
16		shí liù	32		sān shí èr	1.000.000		yì bǎi wàn

Zeitangaben

abends	wǎnshang	morgen früh	míngtiān zǎoshang
am Wochenende	zhōumò	morgen Abend	míngtiān wǎnshang
gestern	zuótiān	morgens	zǎoshang, shàngwǔ
heute	jīntiān	nachmittags	xiàwǔ
heute Morgen	jīntiān zǎoshàng	nächstes Jahr	míngnián
heute Abend	jīntiān wǎnshàng	nachts	jèlǐ
in einer Stunde	yí ge zhōngtóu yǐhòu	später	wǎn diǎnr
in einer Woche	yīxīngqi hòu	täglich	měitiān
jeden Tag	měitiān	übermorgen	hòutiān
jetzt	xiànzài	vor 10 Minuten	shí fēn zhōng qián
mittags	zhōngwǔ	vorgestern	qiántiān
morgen	míngtiān	vormittags	shàngwǔ

Wochentage & Monate

Montag	xīngqī yī	Januar	yí yuè
Dienstag	xīngqī èr	Februar	èr yuè
Mittwoch	xīngqī sān	März	sān yuè
Donnerstag	xīngqī sì	April	sì yuè
Freitag	xīngqī wǔ	Mai	wǔ yuè
Samstag	xīngqī liù	Juni	liù yuè
Sonntag	xīngqī rì/tiān	Juli	qī yuè
Tag/Monat	tiān/yuè	August	bā yuè
Frühling	chūntiān	September	jiǔ yuè
Sommer	xiàtiān	Oktober	shí yuè
Herbst	qiūtiān	November	shíyī yuè
Winter	dōngtiān	Dezember	shíèr yuè

BUSINESS-KNIGGE UND ÜBERLEBENSWORTSCHATZ FRANKREICH

Die Franzosen sind stolz auf ihr Land. Doch so sehr sie sich alle Frankreich verbunden fühlen, so sind Franzosen andererseits doch überzeugte Individualisten. Teamarbeit bereitet ihnen äußerste Mühe, Konformismus ist ihnen verhasst, Vorschriften werden interpretiert (und nicht – wie z.B. in Deutschland – gewissenhaft befolgt)! Machen sie sich also darauf gefasst, dass sich Ihre französischen Geschäftspartner nicht immer so verhalten, wie Sie es erwartet haben!

Den Franzosen geht es eher um vollkommene Form und perfekten Stil als um perfekte Ordnung, Klarheit oder Perfektion in der Abwicklung von Programmen. Sich brillant auszudrücken, sich elegant zu kleiden, die Etikette einzuhalten, all dies sind Beweise für das *«Savoir Vivre»*.

Höflichkeit

Zum A und O der Höflichkeit gehört in der französischen Sprache, sich persönlich an den Gesprächspartner zu wenden, wozu man *monsieur, madame* bzw. *mademoiselle* vor allem an allein gebrauchte Wörter, aber auch an kurze Sätze anfügt. Möchten Sie jemanden ansprechen, so lenken Sie dessen Aufmerksamkeit auf sich, in dem Sie sagen *Pardon, monsieur/madame/mademoiselle …* oder *Excusez-moi, monsieur/madame/mademoiselle …*

Guten Tag!	Bonjour !	Bitte.	S'il vous plaît.
Guten Morgen!	Bonjour !	Ja, bitte.	Oui, je veux bien.
Guten Abend!	Bonsoir !	Nein, danke.	Non, merci !
Hallo!/Grüß dich!	Salut !	Danke!	Merci !
Auf Wiedersehen!	Au revoir !	Bitte sehr!	Mais, je vous en prie.
Bis bald!	A bientôt !	Das ist sehr nett!	Vous êtes bien aimable.
Bis später!	A tout à l'heure !	Gern geschehen!	De rien !
Bis morgen!	A demain !	Entschuldigung!	Excusez-moi !
Mach's gut!	Salut !	Das tut mir Leid!	Je suis désolé !
Gute Nacht!	Bonne nuit !	Keine Ursache!	Je vous en prie !
Tschüss!	Salut !	Macht nichts!	Ça ne fait rien !
Gute Reise!	Bon voyage !	Gestatten Sie?	Vous permettez ?

Titel und Namen

Franzosen legen Wert auf die Einhaltung von Hierarchien und Etikette. In der Hierarchie höher gestellte Personen werden daher mit ihrem Titel angesprochen, also z.B. *Monsieur le Président*, *Monsieur le Directeur*. Der Vorname wird selbst unter Kollegen nur selten benutzt, auch wenn unter den jungen Leuten mittlerweile eine diesbezügliche Lockerung festgestellt werden kann. Niemals wird jedoch bei einem ersten Treffen allein der Vorname verwendet werden, das Siezen ist immer noch die Regel.

Welche Kleidung?

Franzosen legen großen Wert auf das äußere Erscheinungsbild. Mit einem möglichst schicken klassischen Outfit liegen Sie daher immer richtig: Der Herr sollte sich für einen Anzug oder eine Kombination mit Krawatte entscheiden, die Dame möglichst keine Hosen tragen.

Zwischenmenschliches

In Frankreich begrüßt und verabschiedet man sich mit einem kurzen Händedruck. Machen Sie die Personen miteinander bekannt, so nennen Sie deren Namen und Titel oder Beruf, jedoch nicht ihren akademischen Grad. *«Docteur»* bleibt also ganz den Ärzten vorbehalten! Gute Bekannte und auch manche Kollegen begrüßen sich anstatt per Handschlag mit einem oder – je nach Region – mehreren an der Wange vorbei gehauchten Küsschen *(bises)*. Die Frage *«ca va?»* ist eine pure Höflichkeitsfloskel, auf die man eine knappe Antwort geben sollte.

Wie geht's?	Ça va ?	Ich heiße ...	Je m'appelle ...
Gut, danke.	Bien, merci.	Angenehm!	Enchanté !
Und Ihnen/Dir?	Et vous-même/toi ?	Mit Vergnügen!	Avec plaisir !
Großartig!	Formidable !	Viel Glück!	Bonne chance !
Wie schön!	Magnifique !	Gesundheit! *(niesen)*	A vos souhaits !
Das ist sehr nett von Ihnen!	C'est très gentil de votre part !	Es ist wirklich traumhaft hier!	C'est vraiment fantastique ici !
Das Essen war ausgezeichnet!	Le repas était excellent.	Ich finde Sie sehr sympathisch.	Je vous trouve très sympathique.
Prima!	Parfait !	Das finde ich gut.	Je trouve ça bien.
Toll!	Génial !	Das gefällt mir.	Ça me plaît.
Das ist wunderbar!	C'est magnifique !	Abgemacht!	C'est d'accord !

Die Kunst der Konversation: mehr als Smalltalk

Konversation ist eine Kunst, der sich die Franzosen mit Freuden hingeben. Sie lassen sich nur allzu gern vom Gespräch mitreißen und schweifen dadurch häufig vom ursprünglichen Thema ab. Kultur, Kunst, Politik, diesen Themen widmen sie sich mit Vorliebe und Ausdauer. Wer sich auch als Ausländer informiert zeigt, beispielsweise durch Lektüre von Wochenzeitungen wie *L'Express* oder *Le Point*, hat mit Gewissheit von vornherein einen Bonus. Für viele Franzosen ist die Gesprächsführung als solche, also das „Wie?", wichtiger als der Gesprächsgegenstand. Sie gehen völlig im Gespräch auf und verfechten ihren Standpunkt leidenschaftlichst. Mit ihrer ganz persönlichen Meinung halten sie dabei dennoch eher hinter dem Berg und bewegen sich lediglich im Bereich allgemeiner Argumentationen. So sind die persönlichen politischen Überzeugungen sowie Vermögensdinge in traditionellen Gesellschaftskreisen auch immer noch absolute Tabuthemen. In Bezug auf geschäftliche Fragen kommt man nur ganz allmählich und auf indirekte Weise auf das Wesentliche zu sprechen. oft begnügt man sich mit Andeutungen. Um eine gemeinsame Strategie entwickeln zu können, wird sich der deutsche Geschäftsreisende zunächst als akzeptabler Gesprächspartner erweisen müssen, indem er – natürlich äußerst diskret – zeigt, über welche persönliche Beziehungen er verfügt. Erst danach wird über Leistung und Produkt gesprochen, und ganz zum Schluss über den entscheidenden Faktor, den Preis.

Verständigung

Wie bitte?	Comment ?	Ja, ich verstehe.	Oui, je comprends.
Könnten Sie das bitte wiederholen?	Vous pouvez répéter, s.v.p. ?	Ich spreche nur wenig Französisch.	Je parle un tout petit peu français.
Können Sie es mir bitte aufschreiben?	Vous pouvez me l'écrire, s.v.p. ?	Bitte sprechen Sie etwas langsamer.	Vous pourriez parler un peu plus lentement, s.v.p. ?
Ach, so!	Ah, bon !	Das stimmt.	C'est ça.
Wirklich?	Vraiment ?	Das weiß ich nicht.	Je ne sais pas.
Okay!	O.K.	Keine Ahnung!	Aucune idée !
Genau!	Exactement.	Das ist mir egal.	Ça m'est égal.
Das gefällt mir nicht.	Ça ne me plaît pas.	Ich weiß noch nicht.	Je ne sais pas encore.
Ich will nicht.	Je ne veux pas.	Vielleicht.	Peut-être.
Hilfe!	Au secours !	Wahrscheinlich.	Probablement.

Gestik und Mimik

Der Franzose spricht nicht nur mit seinen Händen, sondern mit seinem ganzen Körper. Jedes Treffen beginnt und endet mit einem Händeschütteln. Der Franzose lächelt, gestikuliert und verstärkt das Gesagte durch entsprechende Mimik. Er zuckt mit den Achseln, um der Ernsthaftigkeit Ausdruck zu verleihen, als ob er sagen wollte: *«Je n'y peux rien!»* – „Ich kann nichts dafür!" Er zieht die Augenbrauen hoch, um zu überzeugen: *«Vous me comprenez, n'est-ce pas!»* – „Sie verstehen mich doch?" Hier scheint der reservierte und maßvolle Deutsche eher kühl, weshalb es umso wichtiger ist, seine Begeisterung offen zum Ausdruck zu bringen.

Präsentationen

Bei der Vorbereitung einer Präsentation sollten Sie daran denken, dass sich die Mentalität von Deutschen und Franzosen in vielen Punkten unterscheidet. Die Deutschen bevorzugen in der Regel gründliche und um Klarheit bemühte Darstellungen. Die Franzosen sind hingegen „schnelllebiger" und vor allem sehr ungeduldig. Der Deutsche tendiert dazu, lange Erklärungen zu geben, Fakten und Zahlen zu nennen, den Ursachen des Problems nachzuspüren, was den französischen Gesprächspartner in vielen Fällen rasch zu langweilen beginnt. Präsentieren Sie daher möglichst nur die Schlüsselfakten und halten Sie die Details für eventuelle Nachfragen bereit. Achten Sie darauf, die Informationen gut zu dosieren und sie vor allem mit Hilfe von Fotos, Videos, Schaubildern, Broschüren etc. aufgelockert zu präsentieren.

Im Restaurant

Tischkultur

Im Restaurant wartet man, bis sich der Gastgeber setzt. Die Speisekarte wird nun von allen ausführlich „kommentiert", anschließend wird der Wein gewählt. Wenn alles serviert ist, erhebt der Gastgeber sein Glas, alle Anwesenden tun es ihm gleich und man probiert den Wein. Als unhöflich gilt, mit dem Essen zu beginnen, solange noch jemand auf seine Bestellung wartet.

Selbstverständlich gehört zu einem gelungenen Essen ein brillantes Gespräch. Bei einem Geschäftsessen geht es allerdings in erster Linie darum, die Beziehungen zwischen den Teilnehmern zu vertiefen. Franzosen haben das Bedürfnis, ihre Partner besser kennen zu lernen, um sich sicher zu sein. Im Laufe des allgemein gehaltenen Gesprächs wird man daher mehrmals – indirekt – auf die Geschäfte zu sprechen kommen.

Das Brot

Weißbrot (ohne Butter!) gehört in Frankreich zu jedem Essen, man isst es jedoch nicht, während man noch auf das Essen wartet! Als böser Fauxpas gilt auch, vom Brot abzubeißen, es werden nur kleine mundgerechte Stücke abgebrochen und zum Mund geführt. Und wenn die Sauce noch so lecker sein sollte: Widerstehen Sie der Versuchung, sie mit dem Brot aufzutunken!

Übrigens: Geflügel isst man in Frankreich nie mit den Fingern. Und Salat wird nicht mit dem Messer geschnitten; sind die Blätter zu groß, müssen sie geknickt werden.

Herr Ober, ...	Garçon	Bitte, ...	S'il vous plaît, ...
die Speisekarte	la carte, s.v.p	ein Glas ...	un verre de ...
die Getränkekarte	la carte des boissons, s.v.p.	eine Flasche ...	une bouteille de ...
Ich nehme ...	Je prends ...	mit Eis	avec des glaçons
ein Mineralwasser	de l'eau minérale	Rotwein	vin rouge
mit Kohlensäure	gazeuse	Weißwein	vin blanc
ohne Kohlensäure	non gazeuse	Zum Wohl!	A votre santé
einen Orangensaft	un jus d'orange	Guten Appetit!	Bon appétit !
ein Bier	une bière	Bezahlen, bitte.	L'addition, s.v.p.
einen Kaffee	un café	Bitte alles zusammen.	Je paie le tout.
einen Tee	un thé	Das ist für Sie.	Voilà pour vous.
Wo ist die Toilette?	Où sont les toilettes ?	Es stimmt so.	Gardez la monnaie.

Zahlen					
1	un	17	dix-sept	40	quarante
2	deux	18	dix-huit	50	cinquante
3	trois	19	dix-neuf	60	soixante
4	quatre	20	vingt	70	soixante-dix
5	cinq	21	vingt et un	80	quatre-vingts
6	six	22	vingt-deux	90	quatre-vingt-dix
7	sept	23	vingt-trois	100	cent
8	huit	24	vingt-quatre	101	cent un
9	neuf	25	vingt-cinq	200	deux cents
10	dix	26	vingt-six	300	trois cents
11	onze	27	vingt-sept	1.000	mille
12	douze	28	vingt-huit	2.000	deux mille
13	treize	29	vingt-neuf	3.000	trois mille
14	quatorze	30	trente	10.000	dix mille
15	quinze	31	trente et un	100.000	cent mille
16	seize	32	trente-deux	1.000.000	un million

Zeitangaben

Was das Zeitmanagement der Franzosen und der Deutschen anbelangt, so bedarf es einiger Erklärungen, damit erst gar keine Probleme auftauchen. Sprichwörtlich geworden ist die übergroße Pünktlichkeit der Deutschen, während sich die Franzosen – bekanntermaßen – oftmals verspäten. Termine werden häufig verschoben, mit der Beantwortung der Geschäftskorrespondenz lassen sie sich nur allzu oft reichlich Zeit. Da sie stets mehrere Dinge gleichzeitig erledigen, gelingt es ihnen nicht immer, den Zeitplan und das vereinbarte Programm einzuhalten. Zudem messen sie persönlichen Kontakten wesentlich höheren Stellenwert bei als Ablaufplänen, da Geschäfte eben gerade dank dieser sorgfältig geknüpften „Beziehungsnetze" zustande kommen. Missverstehen Sie Verspätungen und Wartezeiten daher nicht als mangelnde Wertschätzung Ihrer Person bzw. Firma!

abends	le soir	morgen früh	demain matin
am Wochenende	ce week-end	morgen Abend	demain soir
gestern	hier	morgens	le matin
heute	aujourd'hui	nachmittags	l'après-midi
heute Morgen	ce matin	nächstes Jahr	l'année prochaine
heute Abend	ce soir	nachts	la nuit
in einer Stunde	dans une heure	später	plus tard
in einer Woche	dans une semaine	täglich	tous les jours
jeden Tag	tous les jours	übermorgen	après-demain
jetzt	maintenant	vor 10 Minuten	il y a dix minutes
mittags	le midi	vorgestern	avant-hier
morgen	demain	vormittags	le matin

Wochentage & Monate

Montag	lundi	Januar	janvier
Dienstag	mardi	Februar	février
Mittwoch	mercredi	März	mars
Donnerstag	jeudi	April	avril
Freitag	vendredi	Mai	mai
Samstag	samedi	Juni	juin
Sonntag	dimanche	Juli	juillet
ein Tag/Monat	un jour/mois	August	août
Frühling	le printemps	September	septembre
Sommer	l'été	Oktober	octobre
Herbst	l'automne	November	novembre
Winter	l'hiver	Dezember	décembre

Höflichkeit

Viele Hinweise für die Vermeidung bestimmter Fettnäpfchen ähneln denen für Frankreich. So gilt auch in Italien: Jemanden Unbekannten mit dem vertrauten „Du" *(tu)* anzusprechen, wird als unhöflich und beleidigend empfunden, daher sollten Sie Geschäftspartner immer mit „Sie" *(lei)* anreden. Erweisen Sie älteren Gesprächspartnern besonderen Respekt, indem Sie etwa zur Begrüßung aufstehen. Weiblicher Begleitung sollte grundsätzlich die (Fahrzeug-)Tür geöffnet werden.

Begrüßung

Zur Begrüßung reicht man sich die Hand und schaut sich in die Augen. Einer Frau die Hand als Begrüßung zu geben, wird als distanziert betrachtet. Es wird dagegen erwartet, sich zu umarmen und auf die Wange zu küssen. Die Anzahl der Küsschen unterscheidet sich je nach Region, jedoch sind es gewöhnlich zwei. Deutsche Männer sollten immer warten, bis ihnen die italienische Geschäftspartnerin die Hand reicht.

Guten Tag!	Buon giorno.	Bitte.	Per favore.
Guten Morgen!	Buon giorno.	Ja, bitte.	Sì, grazie.
Guten Abend!	Buona sera.	Nein, danke.	No, grazie.
Hallo!/Grüß dich!	Ciao!	Danke!	Grazie!
Auf Wiedersehen!	Arrivederci!	Bitte sehr!	Prego!
Bis bald!	A presto!	Das ist sehr nett!	Molto gentile!
Bis später!	A più tardi!	Gern geschehen!	Non c'è di che!
Bis morgen!	A domani!	Entschuldigung!	Scusi!
Mach's gut!	Stammi bene!	Das tut mir Leid!	Mi dispiace!
Gute Nacht!	Buona notte!	Keine Ursache!	Niente!
Tschüs!	Ciao!	Macht nichts!	Non fa niente!
Gute Reise!	Buon viaggio!	Gestatten Sie?	Permette?

Titel und Anrede

Die formlose Begrüßung *Ciao* („Hallo" oder „Tschüs") ist nur Freunden gegenüber vorbehalten – in der Geschäftswelt dagegen hat diese Grußformel nichts zu suchen, denn sie entspricht dem Duzen. Verwenden Sie immer **Buon giorno** („Guten Tag") oder **Buona sera** („Guten Abend"). Bei der Anrede legen die Italiener großen Wert auf Titel. Die korrekte Anrede enthält die Anredeform **„Signor"** oder **„Signora"**, sowie die Position (**„Presidente", „Direttore"** etc.). In Italien wird jeder Studierte mit **„dottore"** oder **„dottoressa"** und jeder Lehrer mit **„professore"** angesprochen. Position und Titel sollten Sie bei der Anrede Ihres Gegenübers fortwährend benutzen.

Welche Kleidung?

Auf korrekte und elegante Kleidung wird sehr viel Wert gelegt. In Italien wird ein Großteil des Einkommens hierfür ausgegeben. Besonders im Norden Italiens ist modisch-stilvolle Garderobe wichtig. Männer sollten gut geschnittene Anzüge tragen und bei Krawatten auf knallige Farben verzichten. Frauen liegen mit einem eleganten Kostüm oder Hosenanzug in gedeckten Farben richtig, die perfekte Passform und hochwertige Stoffe sind hierbei ausschlaggebend.

Zwischenmenschliches

Italiener sind beziehungsorientierter als Deutsche. Deshalb empfiehlt es sich, Zeit für eine ausführliche Begrüßung und etwas Smalltalk zu nehmen. Es ist wichtig, geduldig zu sein und nicht alles genau festzulegen, sondern auch Dinge offen zu lassen. Oft muss man die Italiener mit viel Charme für etwas überzeugen. Freundlich, scherzend und ein bisschen ironisch schafft man es meistens, auf das gewünschte Thema zurück zu kommen.

Wie geht's?	Come va?	Ich heiße ...	Mi chiamo ...
Gut, danke.	Bene, grazie.	Angenehm!	Piacere!
Und Ihnen/Dir?	E Lei/tu?	Mit Vergnügen!	Con piacere!
Großartig!	Eccellente!	Viel Glück!	Buona fortuna!
Wie schön!	Che bello!	Gesundheit! (niesen)	Salute!
Das ist sehr nett von Ihnen!	Che bel pensiero da parte Sua!	Es ist wirklich traumhaft hier!	È veramente un incanto qui.
Das Essen war ausgezeichnet!	Il mangiare era ottimo!	Ich finde Sie sehr sympathisch.	La trovo molto simpatico, -a.
Prima!	Magnifico!	Das finde ich gut.	Buona idea.
Toll!	Fantastico!	Das gefällt mir.	Mi piace.
Das ist wunderbar!	È meraviglioso!	Abgemacht!	D'accordo!

Smalltalk

Als geeignetes Gesprächsthema spielt die Familie grundsätzlich eine große Rolle. Beim Geschäftsessen ist es durchaus üblich, von der Familie zu erzählen und nach der Familie des Gesprächspartners zu fragen. Beliebte Themen sind natürlich der Fußball (selbst Frauen geben sich hier oftmals erstaunlich gut informiert!) sowie Italiens Weine, Architektur, Literatur und Kunst. Sportliche Autos sind in Italien sehr beliebt und Italiener unterhalten sich gern über ihre Autos. Zu vermeiden sind dagegen die Themen Innenpolitik, Mafia und Korruption, sowie die Probleme der katholischen Kirche.

Nähe erwünscht!
Wenn der Gesprächspartner bei der Unterhaltung etwas näher kommt, ist dies kein Zeichen von Aggressivität. Es ist hier einfach üblich, sich beim Sprechen etwas näher zu stehen, als wir das in Nordeuropa kennen. In Gesprächen stets Blickkontakt zu halten gilt als Zeichen von Aufrichtigkeit und Ehrlichkeit.

Verständigung

Italiener gestikulieren viel und sehen es nicht als unhöflich an, wenn man sie unterbricht. Im Gegenteil, wenn Sie Ihren Gesprächspartner stets ausreden lassen, kann dies durchaus als Desinteresse Ihrerseits missverstanden werden.

Wie bitte?	Come dice?	Ja, ich verstehe.	Sì, capisco.
Könnten Sie das bitte wiederholen?	Potrebbe ripeterlo, per favore?	Ich spreche nur wenig Italienisch.	Parlo solo un po' d'italiano.
Können Sie es mir bitte aufschreiben?	Potrebbe scrivermelo, per favore!	Bitte sprechen Sie etwas langsamer.	Per favore, parli più piano.
Ach, so!	Ah, ecco!	Das stimmt.	È vero.
Wirklich?	Davvero?	Das weiß ich nicht.	Non lo so.
Okay!	Va bene!	Keine Ahnung!	Non ho idea.
Genau!	Esatto!	Das ist mir egal.	Non mi importa.
Das gefällt mir nicht.	Non mi piace.	Ich weiß noch nicht.	No lo so ancora.
Ich will nicht.	Non voglio.	Vielleicht.	Forse.
Hilfe!	Aiuto!	Wahrscheinlich.	Probabilmente.

Im Restaurant

In Italien sucht man sich seinen Tisch nicht selbst aus, sondern wartet, bis einem ein Tisch zugewiesen wird. Beim Essen sollte man gute Tischmanieren pflegen, zum Beispiel dreht man die Spaghetti mit der Gabel auf dem Löffel und zerschneidet sie nicht. Das Brot wird mit der Hand gebrochen. Die Ellenbogen werden nicht auf den Tisch gelegt. Ist man mit dem Essen fertig, werden Messer und Gabel parallel auf den Teller gelegt (auf die 4 Uhr Position).

Nicht nur Pizza bestellen!
Es verstößt gegen die guten Sitten, in einem besseren italienischen Restaurant nur Pizza oder Pasta zu bestellen. Es empfiehlt sich, wenigstens einen Nachtisch dazu kommen zu lassen.

Bei einem Business-Lunch sollten alle geschäftlichen Themen bis zum Kaffee angesprochen sein. Denn mit dem Kaffee ist das Essen beendet und weitere Gespräche nicht vorgesehen. Üblicherweise wird Espresso bestellt. Milchkaffee und Cappuccino werden nur bis zum späten Vormittag getrunken.

Die Rechnung wird vom Gastgeber bezahlt. Dabei teilen die Italiener die Einstellung des gegenseitigen Einladens – die Devise lautet hier: heute ich, morgen du.

Herr Ober, ...	Cameriere, ...	Bitte, ...	Per favore, ...
die Speisekarte	il menu	ein Glas ...	un bicchiere di ...
die Getränke-karte	la lista delle bevande	eine Flasche ...	una bottiglia di ...
Ich nehme ...	Prendo ...	mit Eis	con ghiaccio
ein Mineral-wasser	un'acqua minerale	Rotwein	vino rosso
mit Kohlensäure	gassata	Weißwein	vino bianco
ohne Kohlen-säure	non gassata	Zum Wohl!	Salute!
einen Orangensaft	un succo d'arancia	Guten Appetit!	Buon appetito!
ein Bier	una birra	Bezahlen, bitte.	Il conto, per favore.
einen Kaffee	un caffè	Zusammen.	Tutto insieme.
einen Tee	un tè	Das ist für Sie.	Questo è per Lei.
Wo ist die Toilette?	Dov'è la toilette?	Es stimmt so.	Il resto è per Lei.

Zahlen					
1	uno	17	diciassette	40	quaranta
2	due	18	diciotto	50	cinquanta
3	tre	19	diciannove	60	sessanta
4	quattro	20	venti	70	settanta
5	cinque	21	ventuno	80	ottanta
6	sei	22	ventidue	90	novanta
7	sette	23	ventitré	100	cento
8	otto	24	ventiquattro	101	centouno
9	nove	25	venticinque	200	duecento
10	dieci	26	ventisei	300	trecento
11	undici	27	ventisette	1.000	mille
12	dodici	28	ventotto	2.000	duemila
13	tredici	29	ventinove	3.000	tremila
14	quattordici	30	trenta	10.000	diecimila
15	quindici	31	trentuno	100.000	centomila
16	sedici	32	trentadue	1.000.000	un milione

Zeitangaben

Die Annahme, dass Italiener unpünktlich seien, trifft nicht zu. Zwar kommen Verspätungen im Norden seltener, im Süden dafür häufiger vor, dennoch lässt sich diese Regel nicht verallgemeinern. Wenn Sie als Geschäftspartner Wert auf Manieren legen, sind Sie in jedem Fall pünktlich.

In Meetings werden Tagesordnungspunkte selten strikt eingehalten, sondern es wird das abgearbeitet, was gerade möglich ist. Niemand sollte sich da aus der Ruhe bringen lassen: Ungeduld oder übermäßiger Druck sollte in Meetings nicht an den Tag gelegt werden. Ebenso wenig mögen es Italiener, in Besprechungen verbessert oder bevormundet zu werden.

abends	la sera	morgen früh	domattina
am Wochenende	il fine settimana	morgen Abend	domani sera
gestern	ieri	morgens	la mattina
heute	oggi	nachmittags	il pomeriggio
heute Morgen	stamattina	nächstes Jahr	l'anno prossimo
heute Abend	stasera	nachts	la notte
in einer Stunde	fra un'ora	später	più tardi
in einer Woche	fra una settimana	täglich	tutti i giorni
jeden Tag	ogni giorno	übermorgen	dopodomani
jetzt	adesso	vor 10 Minuten	dieci minuti fa
mittags	a mezzogiorno	vorgestern	l'altro ieri
morgen	domani	vormittags	la mattina

Wochentage & Monate			
Montag	lunedì	Januar	gennaio
Dienstag	martedì	Februar	febbraio
Mittwoch	mercoledì	März	marzo
Donnerstag	giovedì	April	aprile
Freitag	venerdì	Mai	maggio
Samstag	sabato	Juni	giugno
Sonntag	domenica	Juli	luglio
ein Tag/Monat	un giorno/mese	August	agosto
Frühling	primavera	September	settembre
Sommer	estate	Oktober	ottobre
Herbst	autunno	November	novembre
Winter	inverno	Dezember	dicembre

Niederlande

BUSINESS-KNIGGE UND ÜBERLEBENSWORTSCHATZ NIEDERLANDE

Auch wenn das Land nicht besonders groß ist, so haben die Niederlande im Welthandel einen bedeutenden Rang. Wer in den Niederlanden geschäftlich unterwegs ist und von den lange gewachsenen Handelsbeziehungen mit Deutschland profitieren möchte, muss eigentlich nur auf seine gute Manieren vertrauen und sich in einigen wenigen Dingen umstellen: Hierarchien, Understatement und Sprache. Und natürlich niemals das größte Fauxpas überhaupt begehen: die Niederlande und Holland verwechseln – Holland umfasst lediglich zwei Provinzen in den Niederlanden. Hierarchien haben eine geringere Bedeutung als in Deutschland. Intern wird sich oft geduzt, vom Auszubildenden bis zum Geschäftsführer. Das erleichtert vor allem die Zusammenarbeit und bedeutet nicht zwangsläufig ein besonderes Vertrauensverhältnis. Trifft man ein neues Gesicht, ist es üblich zu fragen, ob man sich kurz vorstellen kann. Antwortet derjenige mit Vor- und Familiennamen, ist es üblich, den Gesprächspartner zu duzen.

Understatement ist gefragt

Niederländer sind im Allgemeinen bescheiden. Titel, Statussymbole und Designerkleidung werden selten zur Schau gestellt. Wer diese Dinge zu stark betont, gilt schnell als Angeber. Machen Sie auch keine zu üppigen Gast- oder Werbegeschenke. Für die bescheidenen Niederländer sieht das nach Bestechung aus. Ihr Auftreten sollte stets bestimmt aber bescheiden sein: Sprechen Sie weniger über sich und Ihre Erfolge, sondern überzeugen Sie mit Argumenten.

Guten Morgen!	Morgen!/ Goedemorgen!	Bitte.	(Sie) Alstublieft. (Du) Alsjeblieft.
Guten Tag!	Dag!/Goeden-dag!	Ja, bitte.	Ja, alstublieft.
Guten Abend!	Goedenavond!	Nein, danke.	Nee, dank u wel.
Hallo!/ Grüß dich!	Hallo!/Hoi!	Gestatten Sie?	Pardon, mag ik even?
Auf Wiedersehen!	Tot ziens!	Danke!	Dank u wel.
Bis bald!	Tot gauw!	Das ist nett!	Dat is heel vriendelijk!
Bis später!	Tot straks!	Bitte sehr!	Tot uw dienst!
Bis morgen!	Tot morgen!	Gern geschehen.	Graag gedaan!
Mach's gut!	Het beste!	Entschuldigung!	Neemt u mij niet kwalijk.
Gute Nacht!	Welterusten!	Das tut mir sehr Leid!	Dat spijt me zeer!
Tschüss!	Dag!	Keine Ursache!	Geeft niets!
Gute Reise!	Goede reis!	Macht nichts!	Dat is niet erg!

Höflichkeit

Anrede

Bei der allerersten Begegnung kann man Niederländer mit einem schlichten meneer (Herr) oder mevrouw (Frau) anreden. Hat sich ein Gegenüber vorgestellt, so antwortet man Prettig kennis met u te maken (Es freut mich, Sie kennen zu lernen). Dies wird mit einem Händedruck und einem freundlichen Nicken besiegelt. Ansonsten sind Niederländer mit dem Händeschütteln eher zurückhaltend.

Wie geht's?	Hoe gaat het?	Wie ist Ihr Name, bitte?	Wat is uw naam?
Danke. Und Ihnen/dir?	Goed hoor. En met u/met jou?	Ich heiße …	Ik heet …
Großartig!	Geweldig!	Darf ich bekannt machen? Das ist …	Mag ik even voorstellen? Dit is …
Prima!	Prima!	Frau X./Herr X.	mevrouw X./ meneer X.
Toll!	Hartstikke leuk!	Viel Glück!	Het beste!
Wie schön!	Wat leuk!	Gesundheit! (niesen)	Proost!
Das ist wunderbar!	Dat is fantastisch!	Abgemacht!	Afgesproken!
Das ist sehr nett von Ihnen!	Dat is heel aardig van u!	Geht in Ordnung!	Komt voor elkaar!
Das Essen war ausgezeichnet!	Het eten heeft heerlijk gesmaakt.	Ganz Ihrer Meinung.	Helemaal mee eens.
Es ist wirklich traumhaft hier!	Het is hier een klein paradijs!	Das finde ich gut.	Dat vind ik goed.

Welche Kleidung?

Männer tragen dunkle Anzüge, Hemd und Krawatte, Frauen Kostüm oder Hosenanzüge. Je nach Branche ist bei weniger formellen Anlässen auch lässigere Kleidung erlaubt. Seien Sie eher zurückhaltend mit sichtbaren Designerlabels.

Zwischenmenschliches

Niederländer schätzen Teamarbeit. Geschäftsführer schrecken nicht davor zurück, mit vermeintlich Untergebenen zusammenzuarbeiten. Umgekehrt haben die Mitarbeiter in ihrem Arbeitsbereich das sogenannte *„Inspraak"* – das Mitspracherecht. Berücksichtigen Sie das in Meetings und nehmen Sie auch den Auszubildenden am Verhandlungstisch ernst.

Meetings verlaufen sehr strukturiert. Witz und Charme zur Auflockerung werden positiv aufgenommen, Sie sollten dabei aber niemals zu weit von der Sache abschweifen.

Visitenkarten
Kein angesehener Manager verteilt ungefragt Visitenkarten. Verteilen auch Sie nur dann Karten, wenn Sie danach gefragt werden oder als Antwort auf eine, die Ihnen gereicht wird.

Verständigung

Es ist nicht selbstverständlich, dass Ihr niederländischer Geschäftspartner die deutsche Sprache beherrscht. Da ist es durchaus angebracht, auch wenn Sie kein Niederländisch sprechen, Ihren Gesprächspartnern ein freundliches *„Goede morgen"* oder *„Goede middag"* zukommen zu lassen. Wenn Sie sich besser kennen auch gerne ein *„Haloo"*. Mit *„Hoe gaat het?"* (Wie geht's) schaffen Sie einen herzlichen Rahmen und bezeugen Ihre Offenheit. Ansonsten gilt Englisch als akzeptierte Businesssprache.

Wie bitte?	Wat zegt u?	Ich verstehe Sie nicht.	Ik versta u niet.
Könnten Sie das bitte wiederholen?	Kunt u dat nog een keer zeggen?	Könnten Sie bitte etwas langsamer sprechen?	Wilt u misschien iets langzamer praten?
Können Sie das vielleicht aufschreiben?	Kunt u dat misschien opschrijven?	Ich spreche nur wenig Niederländisch.	Ik kan maar 'n beetje Nederlands.
Okay!	Oké!	Das stimmt.	Dat klopt.
Genau!	Precies!	Das weiß ich nicht.	Dat weet ik niet.
Ach, so!	Aha!	Keine Ahnung!	Geen idee!
Wirklich?	Echt waar?	Das ist mir egal.	Dat is mij om het even.
Ich habe keine Zeit.	Ik heb geen tijd.	Ich weiß noch nicht.	Ik weet het nog niet.
Damit bin ich nicht einverstanden.	Daar ben ik het niet mee eens.	Vielleicht.	Misschien.
Auf gar keinen Fall!	Niks hoor!	Wahrscheinlich.	Zou kunnen.

Im Restaurant

Geschäftsessen zu Mittag sind zwar üblich, fallen aber eher karg aus mit belegten Brötchen und Kaffee. Warm wird generell erst am Abend gegessen. Bei einem gemeinsamen Restaurantbesuch am Abend ist es nicht selbstverständlich, dass Sie eingeladen werden, es sei denn, es wurde ausdrücklich so formuliert. In diesem Fall wird die

Rechnung geteilt. Auch Sie sollten vorher ankündigen, wenn Sie die Rechnung übernehmen wollen.

Herr Ober/ Bedienung, ...	Meneer/ Juffrouw/(auch zu Frauen) Garçon ...	Was können Sie empfehlen?	Wat kunt u aanbevelen?
die Speisekarte, bitte.	mogen wij de kaart?	Bitte ein Glas ...	Een glas ... graag.
die Getränke-karte, bitte.	mogen wij de drankenkaart?	Bitte eine Flasche ...	Graag een fles ...
Ich nehme ...	Voor mij graag ...	Mit Eis, bitte.	Met ijs graag.
Mineralwasser	nineraalwater	Guten Appetit	Smakelijk eten!
mit Kohlen-säure	met belletjes	Zum Wohl!	Proost!/Santé
ohne Kohlensäure	zonder belletjes	Bitte bringen Sie uns ...	We hadden graag nog ...
Orangensaft	sinaasappelsap	Hier fehlt ein/e ...	Hier ontbreekt nog ...
Bier	bier n	Die Rechnung, bitte.	De rekening graag.
Kaffee	koffie	Bitte alles zusammen.	Alles graag op een rekening.
Tee	thee	Das ist für Sie.	Dat is voor u.
Wo ist die Toilette?	Kunt u me zeggen waar hier het toilet is?	Es stimmt so.	We doen niet moeilijk.

Niederländer überzeugen ihre ausländischen Gäste gerne davon, dass ihre Küche besser ist als angenommen. Sie machen Ihren Gastgebern daher eine große Freude, wenn Sie Ihre Begeisterung über das Essen mit einem *„Wat was dat lekker!"* ausdrücken!

Zahlen					
1	één	17	zeventien	40	veertig
2	twee	18	achttien	50	vijftig
3	drie	19	negentien	60	zestig
4	vier	20	twintig	70	zeventig
5	vijf	21	eenentwintig	80	tachtig
6	zes	22	tweeëntwintig	90	negentig
7	zeven	23	drieëntwintig	100	honderd
8	acht	24	vierentwintig	101	honderdeen
9	negen	25	vijfentwintig	200	tweehonderd
10	tien	26	zesentwintig	300	driehonderd
11	elf	27	zevenentwintig	1.000	duizend
12	twaalf	28	achtentwintig	2.000	tweeduizend
13	dertien	29	negenentwintig	10.000	tienduizend
14	veertien	30	dertig	100.000	honderdduizend
15	vijftien	31	eenendertig	1.000.000	een miljoen
16	zestien	32	tweeëndertig		

Zeitangaben

In den Niederlanden wird genauso viel Wert auf Pünktlichkeit gelegt, wie in Deutschland. Sollten Sie dennoch einmal auf Ihren Geschäftspartner warten müssen, sollten Sie Gelassenheit beweisen und die Verspätung mit Humor nehmen.

abends	's avonds	morgen früh	morgen vroeg
am Wochenende	in het weekend	morgen Abend	morgenavond
gestern	gisteren	morgens	's morgens
heute	vandaag	nachmittags	's middags
heute Morgen	vanmorgen	nächstes Jahr	volgend jaar
heute Abend	vanavond	nachts	's nachts
in einer Stunde	over een uur	später	later
in einer Woche	over een week	täglich	dagelijks
jeden Tag	iedere dag	übermorgen	overmorgen
jetzt	nu	vor 10 Minuten	tien minuten geleden
mittags	tussen de middag	vorgestern	eergisteren
morgen	morgen	vormittags	's morgens

Wochentage & Monate			
Montag	maandag	Januar	januari
Dienstag	dinsdag	Februar	februari
Mittwoch	woensdag	März	maart
Donnerstag	donderdag	April	april
Freitag	vrijdag	Mai	mei
Samstag	zaterdag	Juni	juni
Sonntag	zondag	Juli	juli
Tag/Monat	dag/maand	August	augustus
Frühling	het voorjaar, de lente	September	september
Sommer	de zomer	Oktober	oktober
Herbst	de herfst	November	november
Winter	de winter	Dezember	december

BUSINESS-KNIGGE UND ÜBERLEBENSWORTSCHATZ POLEN

Die Polen gelten nicht umsonst als die Franzosen des Ostens: sie sind höflich und galant und tragen elegante Kleidung. In Polen kommt es darauf an, ob man private oder geschäftliche Kontakte pflegt. Im privaten Bereich zeigen sie sich offen und freundlich. In offizieller Funktion hingegen geben sie sich häufig reserviert und sogar angriffslustig.

Bei der ersten Begegnung mit polnischen Geschäftspartnern machen sich die Unterschiede zu den Umgangsformen in Deutschland – abgesehen vom formal sehr höflichen Auftreten – nicht unmittelbar bemerkbar. Unterschiede sind dennoch vorhanden – sie sind nicht vordergründig, und daher umso schwieriger in der Wahrnehmung. Wird dies nicht bedacht, können kleine Fehler großen Schaden anrichten, den es anschließend mühsam und zeitintensiv wieder zu beheben gilt.

Der persönliche Geschäftskontakt in Treffen und Telefonaten wird in Polen in jedem Fall großgeschrieben. E-Mails oder Briefe sind für erfolgreiche Geschäftsbeziehungen hier nicht ausreichend. Ausgefeilte, „wasserdichte" Verträge werden im Geschäftsleben zwar durchaus als wichtig erachtet. Trotzdem liegen sie in der Rangliste etwas hinter dem ungeschriebenen Beziehungskodex, der gegenseitiges Vertrauen als das Entscheidende ansieht.

Ganz anders der Umgang mit Behörden. Die öffentliche Verwaltung legt hohen Wert auf eine genaue Einhaltung der Verwaltungswege und ein penibles, korrektes Ausfüllen von Formularen. So mancher Formfehler brachte Projekte bereits ins Schwanken.

Höflichkeit

Fehlen Sympathiewerte, kann der Lieferauftrag schnell an die Konkurrenz gehen. Im Tonfall ist Zurückhaltung stets anzuraten. Überschwängliche Fröhlichkeit und ein zu forsches „kumpelhaftes" Auftreten wirken ebenso befremdlich wie Überheblichkeit. Die Etikette verlangt eine gewisse Karenzperiode, in der eher kleine Gesten eine große Rolle spielen. Gute Manieren sollten aber durchaus offen demonstriert werden.

Begrüßung

Zur offiziellen Begrüßung sagt man tagsüber *dzień dobry* (Guten Morgen, Guten Tag) und abends *dobry wieczór* (Guten Abend). Freunde und gute Bekannte grüßen sich mit *cześć!* (Hallo!) und zum Abschied mit *cześć!* (Tschüss!). Offiziell verabschiedet man sich mit *do widzenia* (Auf Wiedersehen) und *dobranoc* (Gute Nacht). Eine gebräuchliche Begrüßung ist *co słychać?* (Wie geht's?)

Titel und Anrede

Benutzen Sie stets die korrekte Anrede mit Titel bzw.
Funktionsbeschreibung: „Herr Geschäftsführer" (*„Panie prezesie"*).
Es gilt als unhöflich, seinen Geschäftspartner nur mit dem
Nachnamen anzureden. Bei Personen, mit denen man häufiger
Geschäftskontakt pflegt, empfiehlt sich die Anrede Herr oder Frau
gefolgt vom Vornamen, z. B. „Herr Robert" (*„Pan Robert"*), „Frau
Beata" (*„Pani Beata"*).

Etikette und Frauen

In Polen ist der Handkuss noch heute üblich, jedoch nicht bei
unverheirateten Frauen. Von ausländischen Männern wird er aber
nicht erwartet. Frauen müssen und dürfen mit Komplimenten
rechnen. Sie werden in Polen nach alter Schule hofiert: man rückt
ihnen den Stuhl zurecht, hilft in den Mantel, hält die Tür auf –
selbstverständlich auch die Autotür!

Körpersprache

Gute Bekannte umarmen einander, in Geschäftskreisen sind
Berührungen jedoch zu vermeiden. Man sollte sich stets in
vornehmer Gestik und leisen Tönen üben.

Welche Kleidung?

In Polen wird formelle Business-Kleidung erwartet. Bei Männern
ist der dunkle Anzug ein Muss, Damen tragen Hosenanzug oder ein
Kostüm.

Guten Tag!	Dzień dobry!	Bitte.	Proszę.
Guten Morgen!	Dzień dobry!	Ja, bitte.	Tak, proszę.
Guten Abend!	Dobry wieczór!	Nein, danke.	Nie, dziękuję.
Hallo!/Grüß dich!	Cześć!/Witam!	Danke!	Dziękuję!
Auf Wiedersehen!	Do widzenia!	Bitte sehr!	Proszę bardzo!
Bis bald!	Do zobaczenia wkrótce!	Das ist sehr nett!	To bardzo miłe!
Bis später!	Do zobaczenia wkrótce!	Gern geschehen!	Nie ma za co!
Bis morgen!	Do jutra!	Entschuldigung!	Przepraszam!
Mach's gut!	Trzymaj się!	Das tut mir Leid!	Bardzo mi przykro!
Gute Nacht!	Dobranoc!	Keine Ursache!	Nie ma sprawy!
Tschüss!	Cześć!	Macht nichts!	Nic nie szkodzi!
Gute Reise!	Szczęśliwej podróży!	Gestatten Sie?	Pozwoli pan/pani?

Zwischenmenschliches

Smalltalk

Trotz aller Förmlichkeit können Fragen sehr direkt sein. Beginnen Sie Ihre Gespräche immer mit Smalltalk. Besonders günstig ist ein Lob Polens oder der polnischen Kultur. Sich mit der polnischen Geschichte oder Architektur auszukennen, kommt sehr gut an. Den zweiten Weltkrieg jedoch lassen Sie am besten aus. Kritische Äußerungen zu Land und Leuten sollten – wenn überhaupt – sehr wohl dosiert und gut begründet werden. Zwar ist ein gewisser Abstand zu den Geschehnissen und Zuständen im eigenen Land den Polen durchaus nicht wesensfremd. Doch ist den Menschen auch bekannt, dass im Ausland immer noch viele Klischeevorstellungen über Polen kursieren.

Nach einer gewissen Zeit, in der sich gegenseitiges Vertrauen herausgebildet hat, sowie bei länger anhaltenden Geschäftskontakten schlägt die polnische Seite für gewöhnlich völlig von selbst kritischere Töne zum eigenen Land an. Ausländer, die schon eine gewisse Zeit in Polen leben oder das Land oft bereist haben, werden als durchaus kompetente Gesprächspartner angesehen, deren Meinung geschätzt und gefragt ist. Sachkunde zu aktuellen und historischen Ereignissen spielt dabei in den Gesprächen eine herausragende Rolle. Individualität, tief empfundener katholischer Glaube sowie ein aus der Geschichte begründeter Patriotismus sind in der polnischen Werteskala hoch angesiedelt.

Wie geht's?	Co słychać?	Ich heiße ...	Nazywam się ...
Gut, danke.	Dziękuję.	Angenehm!	Bardzo mi miło!
Und Ihnen/Dir?	A co u pana/pani/ciebie?	Mit Vergnügen!	Z przyjemnością!
Großartig!	Wyśmienicie!	Viel Glück!	Powodzenia!
Wie schön!	Ale ładnie!	Gesundheit! (niesen)	Na zdrowie!
Das ist sehr nett von Ihnen!	To miło z pana/pani strony!	Es ist wirklich traumhaft hier!	Tutaj jest rzeczywiście fantastycznie!
Das Essen war ausgezeichnet!	Jedzenie było wyśmienite!	Ich finde Sie sehr sympathisch.	Uważam, że jest pan/pani bardzo sympatyczny/sympatyczna.
Prima!	Wspaniale!	Das finde ich gut.	To mi się podoba.
Toll!	Świetnie!	Das gefällt mir.	To mi się podoba.
Das ist wunderbar!	To jest wspaniałe!	Abgemacht!	Zgoda!

Verständigung

Polen freuen sich über jeden Versuch fremder Besucher, Polnisch zu sprechen. Dabei ist der Grad der Sprachbeherrschung nicht einmal von entscheidender Bedeutung. Allein das Bemühen, Zeit und Energie in das Erlernen dieser Sprache zu investieren, wird honoriert. Weil sie ihre eigene Sprache als schwer empfinden, sprechen die Polen jedoch selbst meist mehrere europäische Sprachen.
Bei Gesprächen und Verhandlungen sollte neben der eigenen Sachkenntnis auch die Fähigkeit demonstriert werden, zuhören zu können. Hier gilt die Grundregel, nur das zu sagen, was wirklich notwendig ist und nicht in einen Monolog über Nebensächlichkeiten zu verfallen.

Wie bitte?	Słucham?	Ich spreche nur wenig Polnisch.	Mówię tylko trochę po polsku.
Könnten Sie das bitte wiederholen?	Czy mógłby pan/mogłaby pani powtórzyć?	Bitte sprechen Sie etwas langsamer.	Proszę mówić trochę wolniej.
Können Sie es mir bitte aufschreiben?	Czy może mi pan/pani to zapisać?	Das stimmt.	Zgadza się.
Ja, ich verstehe.	Tak, rozumiem.	Das weiß ich nicht.	Tego nie wiem.
Ach, so!	Ach, tak!	Keine Ahnung!	Nie mam pojęcia.
Wirklich?	Naprawdę?	Das ist mir egal.	Wszystko mi jedno.
Okay!	Okay!	Ich weiß noch nicht.	Jeszcze nie wiem.
Genau!	Właśnie!	Vielleicht.	Może.
Das gefällt mir nicht.	To mi się nie podoba.	Wahrscheinlich.	Prawdopodobnie.
Hilfe!	Pomocy!	Ich will nicht.	Nie chcę.

Im Restaurant

Inzwischen hat sich weitgehend durchgesetzt, dass sich jeder Gast sein Menü anhand der Speisekarte selbst zusammenstellt. Der Genuss alkoholischer Getränke gehört nicht mehr zur Pflichtkür. Generell haben ein gutes Bier oder ein erlesener Wein das frühere obligatorische Wodkatrinken abgelöst. Aber auch alkoholfreie Getränke, etwa Mineralwasser, werden inzwischen bei geschäftlichen Essen gern gereicht.

Gastgeschenke erwünscht!
Erscheinen Sie nie mit leeren Händen zu einer Einladung: Wein für
den Hausherren, Schokolade für die Kinder und Bücher für alle.
Übersetzungen polnischer Klassiker oder Bücher über Hobbys der
Gastgeber werden sehr geschätzt.

Gut beraten ist der Gast, wenn er sich einige Tage nach der
Veranstaltung beim Gastgeber oder der Gastgeberin telefonisch für
den gelungenen Abend bzw. Nachmittag bedankt. Dies kann auch in
Form einer kleinen Aufmerksamkeit geschehen, zum Beispiel durch
die Zusendung eines Blumenstraußes nebst beigefügtem
Kartengruß.

Herr Ober, …	Przepraszam, …	Bitte, …	Poproszę …
die Speisekarte	jadłospis	ein Glas …	szklankę …
die Getränke-karte	karta napojów	eine Flasche …	butelkę …
Ich nehme …	Wezmę …	mit Eis	z lodem
ein Mineral-wasser	wodę mineralną	Rotwein	wino czerwone
mit Kohlensäure	gazowaną	Weißwein	wino białe
ohne Kohlen-säure	niegazowaną	Zum Wohl!	Na zdrowie!
einen Orangensaft	sok pomarań-czowy	Guten Appetit!	Smacznego!
ein Bier	piwo	Bezahlen, bitte.	Poproszę o rachunek.
einen Kaffee	kawę	Zusammen.	Proszę wszystko razem.
einen Tee	herbatę	Das ist für Sie.	To dla pana/pani.
Wo ist die Toilette?	Przepraszam, gdzie są toalety?	Es stimmt so.	Reszty nie trzeba.

Zahlen

1	jeden	25	dwadzieścia pięć
2	dwa	26	dwadzieścia sześć
3	trzy	27	dwadzieścia siedem
4	cztery	28	dwadzieścia osiem
5	pięć	29	dwadzieścia dziewięć
6	sześć	30	trzydzieści
7	siedem	31	trzydzieści jeden
8	osiem	32	trzydzieści dwa
9	dziewięć	40	czterdzieści
10	dziesięć	50	pięćdziesiąt
11	jedenaście	60	sześćdziesiąt
12	dwanaście	70	siedemdziesiąt
13	trzynaście	80	osiemdziesiąt
14	czternaście	90	dziewięćdziesiąt

15	piętnaście	100	sto
16	szesnaście	101	sto jeden
17	siedemnaście	200	dwieście
18	osiemnaście	300	trzysta
19	dziewiętnaście	1.000	tysiąc
20	dwadzieścia	2.000	dwa tysiące
21	dwadzieścia jeden	3.000	trzy tysiące
22	dwadzieścia dwa	10.000	dziesięć tysięcy
23	dwadzieścia trzy	100.000	sto tysięcy
24	dwadzieścia cztery	1.000.000	milion

Zeitangaben

In Polen sind kostbare Uhren ein Statussymbol, doch keinesfalls Garantie für pünktliches Erscheinen. Kommen Sie nie vor der ausgemachten Zeit. Treffen ziehen sich oft in die Länge und enden mit fünf bis zehn Minuten Smalltalk. In einem Privathaus erscheinen Sie aus Achtung vor der Gastgeberin und ihrem kulinarischen Zeitmanagement jedoch unbedingt pünktlich.

abends	wieczorem	morgen früh	jutro rano
am Wochenende	w weekend	morgen Abend	jutro wieczorem
gestern	wczoraj	morgens	rano
heute	dzisiaj	nachmittags	po południu
heute Morgen	dzisiaj rano	nächstes Jahr	w przyszłym roku
heute Abend	dzisiaj wieczorem	nachts	nocą
in einer Stunde	za godzinę	später	później
in einer Woche	za tydzień	täglich	codziennie
jeden Tag	każdego dnia	übermorgen	pojutrze
jetzt	teraz	vor 10 Minuten	przed dziesięcioma minutami
mittags	w południe	vorgestern	przedwczoraj
morgen	jutro	vormittags	przed południem

Wochentage & Monate			
Montag	poniedziałek	Januar	styczeń
Dienstag	wtorek	Februar	luty
Mittwoch	środa	März	marzec
Donnerstag	czwartek	April	kwiecień
Freitag	piątek	Mai	maj
Samstag	sobota	Juni	czerwiec
Sonntag	niedziela	Juli	lipiec
ein Tag/Monat	dzień/miesiąc	August	sierpień
Frühling	wiosna	September	wrzesień
Sommer	lato	Oktober	październik
Herbst	jesień	November	listopad
Winter	zima	Dezember	grudzień

BUSINESS-KNIGGE UND ÜBERLEBENSWORTSCHATZ RUSSLAND

Für die Benutzung des Business-Knigge und Überlebenswortschatz Russisch brauchen Sie nicht unbedingt das kyrillische Alphabet zu erlernen: Alle russischen Begriffe und Redewendungen sind auch in einer Umschrift angegeben, die den deutschen Buchstaben entspricht. Bitte beachten Sie dabei folgende Besonderheiten:

- Die Betonungsstelle ist durch ein Akzentzeichen [´] gekennzeichnet. Sie muss unbedingt eingehalten werden, sonst wird ein Wort leicht unverständlich.
- [ʌ] ist ein stets unbetonter Murmellaut etwa zwischen **a** und **o**.
- [ⁱ] nach einem Konsonanten bedeutet, dass bei der Aussprache ein angedeutetes **j** mitgesprochen wird (sog. weiche Aussprache).
- [sh] steht für ein stimmhaftes **sch** wie in *dt./frz.* Gara**g**e.
- [ß] ist ein stimmloses **s** wie in *dt.* Stra**ß**e, [s] immer ein stimmhaftes **s** wie in *dt.* Sen**s**e.
- [y] liegt etwa zwischen **i** und **u**, die Lippen werden nicht gerundet.

Guten Tag!	Добрый день! [dóbryj dⁱenⁱ!]
Guten Morgen!	Доброе утро! [dóbrʌje útrʌ!]
Guten Abend!	Добрый вечер! [dóbryj wⁱétschir!]
Hallo!/Grüß dich!	Привет! [prⁱiwⁱát!]
Auf Wiedersehen!	До свидания! [dʌ-ßwⁱidánⁱijʌ!]
Bis bald!	До скорой встречи! [da-ßkórʌj fßtrⁱétschi!]
Bis morgen!	До завтра! [da-sáftrʌ!]
Mach's gut!	Счастливо! [schtschißlⁱíwʌ!]
Gute Nacht!	Спокойной ночи! [ßpakójnʌj nótschi!]
Tschüs!	Пока! [paká!]
Gute Reise!	Счастливого пути! [schtschißlⁱíwʌwʌ putⁱí!]
Bitte.	Пожалуйста. [pashálßtʌ.]
Ja, bitte.	Да, пожалуйста. [da, pashálßtʌ.]
Nein, danke.	Нет, спасибо! [nⁱät, ßpaßⁱíbʌ!]
Danke!	Спасибо! [ßpaßⁱíbʌ!]
Bitte sehr!	Пожалуйста! [pashálßtʌ!]
Nichts zu danken!	Не за что. [nⁱá-sʌ-schtʌ.]
Das ist nett von Ihnen, danke!	Очень любезно с Вашей стороны, спасибо! [ótschinⁱ lⁱubⁱásnʌ ß-wáschyj ßtʌraný, ßpaßⁱíbʌ!]
Entschuldigung!	Извините! [iswⁱinⁱítⁱe!]
Das tut mir sehr Leid!	Очень сожалею! [ótschinⁱ ßʌshalⁱéju!]
Keine Ursache!	Ничего страшного! [nⁱitschiwó ßtráschnʌwʌ!]
Macht nichts!	Не беспокойтесь! [nⁱi-bⁱißpakójtⁱß!]
Gestatten Sie?	Разрешите? [rʌsrⁱischýtⁱe?]

Höflichkeit

Die russische Herzlichkeit ist sprichwörtlich, und wer schon einmal bei seinem russischen Gastgeber eingeladen war, weiß, was damit gemeint ist. In der Öffentlichkeit gehört es sich aber nicht, viele Emotionen zu zeigen. Gutes Benehmen heißt in Russland möglichst nicht auffallen. Freude oder Missfallen äußert man nicht lautstark oder durch heftige Gesten, und auch das in Westeuropa zur Höflichkeit gehörige Anlächeln des Gesprächspartners ist in Russland nicht so üblich und gegenüber Unbekannten auch nicht unbedingt angebracht.

Begrüßung

Zur Begrüßung werden allgemein weniger Hände geschüttelt als in den deutschsprachigen Ländern, vor allem Männer überlassen dabei Frauen am besten die Initiative. Wenn man sich gut kennt und vor allem im privaten Umfeld sind Umarmungen und Küsse üblich. Unter jungen Leuten trifft man die gleiche Spanne an Begrüßungsriten zwischen *cool* und *Bussi* an, wie in anderen Ländern auch.
Auf die Frage nach dem Befinden, die sich meist an die Begrüßung anschließt, wird normalerweise keine ausführliche Antwort erwartet.

Anredeformen

Russische Namen bestehen aus drei Teilen: Vorname (и́мя [ímʲʌ]), Vatersname (о́тчество [ótschißtwʌ]) und Familienname (фами́лия [famʲílʲijʌ]). Der Vatersname wird vom Vornamen des Vaters durch Anhängen von -ович [-ʌwʲitsch] oder -евич [-jiwʲitsch] bei Männern und von -овна [-ʌwnʌ] oder -евна [-jiwnʌ] bei Frauen gebildet (z. B. Ива́н – Ива́нович [iwán – iwánʌwʲitsch] bzw. Ива́новна [iwánʌwnʌ]). Der Familienname der Frau trägt oft eine weibliche Endung. Die höflichste Anredeform unter Russen besteht aus Vor- und Vatersnamen. Ausländern gegenüber ist sie nicht üblich; sie werden mit господи́н/ госпожа́ [gʌßpadʲín/gʌßpashá] und Familiennamen angesprochen.

Etikette und Frauen

Russland ist immer noch Männerland. Es wird geradezu als Unhöflichkeit empfunden, wenn Frauen Weinflaschen entkorken, Türen selbst öffnen, in Anwesenheit von Männern schwere Dinge tragen, Zigaretten selbst anzünden oder bei einem Treffen die Rechnung bezahlen. Letzteres würde den Stolz des russischen Mannes verletzen.

Zwischenmenschliches

Für Russen sind Gefühle oft wichtiger als Fakten. Sie scheuen auch nicht, ihr Interesse durch einen intensiven Augenkontakt weit über die Begrüßung aus zu signalisieren. Winken und Nicken während eines Gesprächs zeigen Zustimmung und Zufriedenheit, körperliche Nähe ist ebenfalls positiv zu werten. Gespräche und Kaffeepausen im Büro sind üblich, der persönliche Kontakt zählt mehr als starre Effizienz und trägt zur Arbeitseffektivität bei. So kommt man im Gespräch auch nicht sofort auf den Punkt, sondern plaudert zunächst ein wenig, wobei auch philosophische, historische und literarische Themen zur Sprache kommen können.

Smalltalk

Die Kultur bildet, noch vor den Wirtschaftsbeziehungen, die tragfähigste Grundlage im Smalltalk. Die klassische Musik, vor allem die deutsche Musik, ist ein ideales Thema. Das gilt auch für alles, was mit der Familie zu tun hat. Erkundigen Sie sich respektvoll nach Details zur russischen Geschichte, und lassen Sie den Kommunismus aus dem Spiel. Über mafiöse Strukturen und Bestechlichkeit geben Sie ebenfalls besser keinen Kommentar ab.

Wie geht es Ihnen?	Как Вы поживаете? [kak wy pʌshywájitʲe?]
Wie geht's?	Как дела? [kag dʲilá?]
Danke. Und Ihnen/Dir?	Спасибо. А у Вас?/у тебя? [ßpaßʲíbʌ. a u-wáß?/u-tʲibjá?]
Großartig!	Великолепно! [wʲilʲikalʲápnʌ!]
Wie schön!	Как красиво! [kak kraßʲíwʌ!]
Das ist sehr nett von Ihnen/dir!	Это очень мило с Вашей/с твоей стороны! [áto ótschinʲ mʲílʌ ß-wáschyj/ß-twajéj ßtʌraný!]
Das Mittag-/Abendessen war ausgezeichnet!	Обед/Ужин был бесподобен! [abʲát/úshyn byl bʲißpadóbʲin!]
Prima!	Здорово! [sdórʌwʌ!]
Toll!	Классно! [kláßnʌ!]
Das ist wunderbar!	Это чудесно! [átʌ tschudʲáßnʌ!]
Wie ist Ihr Name?	Как Вас зовут? [kak waß sawút?]
Wie heißt du?	Как тебя зовут? [kak tʲibjá sawút?]
Ich heiße ...	Меня зовут ... [mʲinʲá sawút ...]
Viel Glück!	Удачи! [udátschi!]
Gute Besserung! *(Ihnen/dir)*	Поправляйтесь!/Поправляйся! [pʌprawlʲájtʲiß!/pʌprawlʲájßʲʌ!]
Einverstanden!	Согласен! *m* [ßaglássʲin!]/ Согласна! *f* [ßaglássnʌ!]
Alles in Ordnung!	Всё в порядке! [ffßʲó f-parʲátkʲe!]

Verständigung

Russen sind bis zu einem bestimmten Punkt unglaublich geduldig, können aber explodieren, wenn dieser Punkt überschritten wird. Riskieren Sie deshalb nie, einen Russen das Gesicht verlieren zu lassen. Machen Sie lieber einen alternativen Gegenvorschlag, als den Vorschlag eines Russen zu kritisieren.

Wie bitte?	Извините, как Вы сказали? [iswʲinʲítʲe, kak wy ßkasálʲi?]
Wiederholen Sie/ Wiederhole bitte.	Повтори́те/Повтори́, пожа́луйста. [pʌftarʲítʲe/pʌftarʲí, pashálßtʌ.]
Können Sie es mir bitte aufschreiben?	Не могли́ бы Вы мне э́то написа́ть? [nʲi-maglʲí by wy mnʲä átʌ nʌpʲißátʲ?]
Gut.	Хорошо́. [chʌraschó.]
Wirklich?	Пра́вда? práwdʌ?]
Okay!	Ла́дно! [ládnʌ!]
Genau!	То́чно! [tótschnʌ!]
Das gefällt mir (nicht).	Э́то мне (не) нра́вится. [átʌ mnʲä (nʲi-) nráwʲitßʲʌ.]
Hilfe!	Помоги́те! [pʌmagʲítʲe!]
Ich verstehe.	Я понима́ю. [ja pʌnʲimáju.]
Ich spreche nur wenig …	Я то́лько немно́го говорю́ … [ja tólʲkʌ nʲimnógʌ gʌwarʲú …]
Sprechen Sie/Sprich bitte etwas langsamer.	Говори́те/Говори́ поме́дленнее, пожа́луйста. [gʌwarʲítʲe/gʌwarʲí pamʲédlʲinnʲije, pashálßtʌ.]
Das stimmt.	Э́то пра́вда. [átʌ práwdʌ.]
Das weiß ich nicht.	Не зна́ю. [nʲi-snáju.]
Ich habe keine Ahnung.	Поня́тия не име́ю. [panʲátʲijʌ nʲi-imʲéju.]
Das ist mir egal.	Мне всё равно́. [mnʲä fßʲó rawnó.]
Ich weiß noch nicht.	Ещё не зна́ю. [jischtschó nʲi-snáju.]
Vielleicht.	Мо́жет быть. [móshyt bytʲ.]
Wahrscheinlich.	Вероя́тно. [wʲirajátnʌ.]

Körpersprache

Das intensive Händeschütteln der Gesprächspartner nach einem Austausch ist stets ein gutes Zeichen. Ein Lächeln wiederum werden Sie selten sehen. Der körperliche Abstand, den man zueinander hält, ist viel geringer als in den deutschsprachigen Ländern.

Im Restaurant

Restaurants gehobener Kategorie besucht man in Abendgarderobe.
Mäntel und Jacken werden nicht mit in den Speiseraum genommen.
Typisch ist, dass zu späterer Stunde laute Live-Musik zum Tanz
aufspielt.

Zum Essen trinkt man oft Wodka. In Gesellschaft wird Wodka
gleichzeitig getrunken, wobei man sich zuvor zuprostet und einen
Trinkspruch (тост [toßt], s.u.) ausbringt. Üblicherweise wird das Glas
auf einen Zug «до дна́» [«da-dná»] („bis auf den Grund") geleert und
direkt danach ein kleines Häppchen (заку́ска [sakúßkʌ]) gegessen, z.B.
Salzgurken (солёные огурцы́ *m pl* [ßalʲónyje agurzý]), marinierte Pilze
(марино́ванные грибы́ *m pl* [marʲinówannyje grʲibý]) oder Sauerkohlsalat
(ки́слая капу́ста [kʲißlajʌ kapúßtʌ]).

Vorsicht
Benutzen Sie niemals das Wort Toilette. Nach der Toilette fragt man
eleganter: «Где мо́жно помы́ть ру́ки?» [«gdʲä móshnʌ pamýtʲ rúkʲi?»] („Wo
kann man die Hände waschen?").

Herr Ober/Bedienung, ...	Официа́нт, ... [afʲizyánt, ...]
die Speisekarte, bitte!	меню́, пожа́луйста! [mʲinʲú, pashálßtʌ!]
die Getränkekarte, bitte!	ка́рту напи́тков, пожа́луйста! [kártu napʲítkʌf, pashálßtʌ!]
Ich nehme ...	Я возьму́ ... [ja wasʲmú ...]
Mineralwasser	минера́льная вода́ [mʲinʲirálʲnʌjʌ wadá]
Apfelsaft	я́блочный сок [jáblʌtschnyj ßok]
Bier	пи́во [pʲíwʌ]
Für mich bitte keinen Wodka.	Мне во́дку не на́до. [mnʲä wótku nʲi-nádʌ.]
Kaffee	ко́фе *m* [kófʲe]
mit Milch	с молоко́м [ß-mʌlakóm]
Tee	чай [tschaj]
Bitte, ein Glas ...	Стака́н ... *(+ gen)*, пожа́луйста. [ßtakán ..., pashálßtʌ.]
Bitte eine Flasche ...	Буты́лку ... *(+ gen)*, пожа́луйста. [butýlku ..., pashálßtʌ.]
Mit Eis, bitte.	Со льдо́м, пожа́луйста. [ßa-lʲdóm, pashálßtʌ.]
Rotwein	Вино́ кра́сное [wʲinó kráßnʌje]
Weißwein	Вино́ бе́лое [wʲinó bʲálʌje]
Guten Appetit!	Прия́тного аппети́та! [prʲijátnʌwʌ appʲitʲítʌ!]
Auf Ihre/deine Gesundheit!	За Ва́ше/За твоё здоро́вье! [sa-wáschy/sʌ-twajó sdaröwʲje!]
Reichen Sie mir bitte ...	Пода́йте, пожа́луйста, ... *(+ akk)*. [padájtʲe, pashálßtʌ, ...]

Die Rechnung, bitte!	Óбщий счёт, пожáлуйста. [ópschtschij schtschót, pashálßtʌ.]
Bitte alles zusammen.	Óбщий счёт, пожáлуйста. [ópschtschij schtschót, pashálßtʌ.]
Es stimmt so.	Сдáчи не нáдо. [sdátschi nʲi-nádʌ.]

Zahlen

1	одúн *m* [adʲín]/однá *f* [adná] однó *n* [adnó]	11	одúннадцать [adʲínnʌzʌtʲ]
2	два *m n* [dwa]/две *f* [dwʲä]	12	двенáдцать [dwʲinázʌtʲ]
3	три [trʲi]	13	тринáдцать [trʲinázʌtʲ]
4	четы́ре [tschitýrʲe]	14	четы́рнадцать [tschitýrnʌzʌtʲ]
5	пять [pʲatʲ]	15	пятнáдцать [pʲitnázʌtʲ]
6	шесть [scheßtʲ]	16	шестнáдцать [schyßnázʌtʲ]
7	семь [ßʲemʲ]	17	семнáдцать [ßʲimnázʌtʲ]
8	вóсемь [wóßʲimʲ]	18	восемнáдцать [wʌßʲimnázʌtʲ]
9	дéвять [dʲéwʲitʲ]	19	девятнáдцать [dʲiwʲitnázʌtʲ]
10	дéсять [dʲéßʲitʲ]	20	двáдцать [dwázʌtʲ]
21	двáдцать одúн *m*/однá *f*/однó *n* [dwázʌtʲ adʲín/adná/adnó]		
22	двáдцать два *m n*/две *f* [dwázʌtʲ dwa/dwʲä]		
23	двáдцать три [dwázʌtʲ trʲi]		
24	двáдцать четы́ре [dwázʌtʲ tschitýrʲe]		
25	двáдцать пять [dwázʌtʲ pʲatʲ]		
26	двáдцать шесть [dwázʌtʲ scheßtʲ]		
27	двáдцать семь [dwázʌtʲ ßʲemʲ]		
28	двáдцать вóсемь [dwázʌtʲ wóßʲimʲ]		
29	двáдцать дéвять [dwázʌtʲ dʲéwʲitʲ]		
30	трúдцать [trʲízʌtʲ]		
31	трúдцать одúн *m*/однá *f*/однó *n* [trʲízʌtʲ adʲín/adná/adnó]		
32	трúдцать два *m n*/две *f* [trʲízʌtʲ dwa/dwʲä]		
40	сóрок [ßórʌk]		
50	пятьдеся́т [pʲidʲdʲißát]		
60	шестьдеся́т [schysdʲdʲißát]		
70	сéмьдесят [ßʲémʲdʲißʲit]		
80	вóсемьдесят [wóßʲimʲdʲißʲit]		
90	девянóсто [dʲiwʲinóßtʌ]		
100	сто [ßto]		
101	сто одúн *m*/однá *f*/однó *n* [ßto adʲín/adná/adnó]		
200	двéсти [dwʲéßtʲi]		
300	трúста [trʲíßtʌ]		
1.000	ты́сяча [týßʲitschʌ]		
2.000	две ты́сячи [dwʲä týßʲitschi]		
3.000	три ты́сячи [trʲi týßʲitschi]		
10.000	дéсять ты́сяч [dʲéßʲitʲ týßʲitsch]		
100.000	сто ты́сяч [ßto týßʲitsch]		
1.000.000	миллиóн [mʲillʲión]		

Zeitangaben

In Russland ist Zeit ein dehnbarer Begriff, der pünktliche Beginn einer Besprechung ist eher selten. Verhandlungen können langwierig sein. Bis sie überhaupt zustande kommen, wie lange sie andauern und bevor es zu einen definitiven Ergebnis kommt, ist ein gutes Maß an Geduld gefragt. Von Ausländern wird allerdings Pünktlichkeit erwartet. Eine halbe Stunde Verspätung wird im Ernstfall, vor allem aus verkehrstechnischen Gründen, zugestanden.
Eile gilt grundsätzlich als unhöflich. So wäre es unklug, bei Verhandlungen frühzeitig eine Deadline vorzugeben. Sie kann allzu oft nicht eingehalten werden, allein wegen der bürokratischen Mühlen, die deutlich langsamer mahlen und voller Fallstricke sind. Darüber hinaus hat Aussitzen schon manches Gegenüber motiviert, das Angebot zu verbessern.

abends	вéчером [wʲétschirʌm]
am Wochenende	в концé недéли [f-kanzá nʲidʲélʲi]
gestern	вчерá [ftschirá]
heute	сегóдня [ßʲiwódnʲʌ]
heute Morgen	сегóдня ýтром [ßʲiwódnʲʌ útrʌm]
heute Abend	сегóдня вéчером [ßʲiwódnʲʌ wʲétschirʌm]
in einer Stunde	через час [tschirʲisch-tschʌß]
in einer Woche	через недéлю [tschirʲis-nʲidʲélʲu]
jeden Tag	кáждый день [káshdyj dʲenʲ]
jetzt	сейчáс [ßʲijtscháß], тепéрь [tʲipʲérʲ]
mittags	в пóлдень [f-póldʲinʲ]
morgen	зáвтра [sáftrʌ]
morgen früh	зáвтра ýтром [sáftrʌ útrʌm]
morgen Abend	зáвтра вéчером [sáftrʌ wʲétschirʌm]
morgens	ýтром [útrʌm]
nachmittags	пóсле обéда [póßlʲe abʲádʌ]
nächstes Jahr	в слéдующем годý [f-ßlʲádujuschtschim gadú]
nachts	нóчью [nótschju]
später	пóзже [póshy]
täglich	ежеднéвно [jishydnʲáwnʌ]
übermorgen	послезáвтра [pʌßlʲisáftrʌ]
vor 10 Minuten	дéсять минýт назáд [dʲéßʲitʲ mʲinút nasát]
vorgestern	позавчерá [pʌsʌʌftschirá]
vormittags	до обéда [dʌ-abʲádʌ]

Wochentage & Monate

Tag	день *m* [dʲenʲ]	Monat	ме́сяц [mʲéßʲiz]
Montag	понеде́льник [pʌnʲidʲélʲnʲik]	Januar	янва́рь *m* [jinwárʲ]
Dienstag	вто́рник [ftórnʲik]	Februar	февра́ль *m* [fʲiwrálʲ]
Mittwoch	среда́ [ßrʲidá]	März	март [mart]
Donnerstag	четве́рг [tschitwʲárk]	April	апре́ль *m* [aprʲélʲ]
Freitag	пя́тница [pʲátnʲizʌ]	Mai	май [maj]
Samstag	суббо́та [ßubbótʌ]	Juni	ию́нь *m* [ijúnʲ]
Sonntag	воскресе́нье [wʌßkrʲißʲénʲje]	Juli	ию́ль *m* [ijúlʲ]
Frühling	весна́ [wʲißná]	August	а́вгуст [áwgußt]
Sommer	ле́то [lʲátʌ]	September	сентя́брь *m* [ßʲintʲábrʲ]
Herbst	о́сень *f* [óßʲinʲ]	Oktober	октя́брь *m* [aktʲábrʲ]
Winter	зима́ [sʲimá]	November	ноя́брь *m* [najábrʲ]
		Dezember	дека́брь *m* [dʲikábrʲ]

BUSINESS-KNIGGE UND ÜBERLEBENSWORTSCHATZ SCHWEDEN

Schweden ist uns auf den ersten Blick sehr vertraut. Nicht zuletzt zahlreiche importierte Alltagsprodukte bedingen, dass wir uns unseren nordischen Nachbarn sehr verbunden fühlen. Manchmal ein bisschen zu verbunden. Denn der Schwede unterscheidet sich in seiner Mentalität, ob in privaten oder geschäftlichen Angelegenheiten, ganz massiv von der in deutschsprachigen Ländern. Allerdings würde er Konflikte, die sich aus der kulturellen Verschiedenheit ergeben, aus Höflichkeit niemals Ihnen gegenüber offen zur Sprache bringen. Und Sie blieben unter Umständen sehr lange in dem Glauben, dass im Geschäftsleben Ideale wie Zielstrebigkeit, individueller Erfolg und schneller Aufstieg auch oberhalb von Dänemark gleich viel wert sind.

Denn so sehr wir vom Gedanken an Konkurrenz und Gewinn geprägt sind, so sehr zählen für die Schweden Harmonie und Egalität. Teamwork bedeutet hier nicht, dass zwar alle ihre Ideen in den Ring werfen dürfen, am Ende aber trotzdem der Ranghöchste entscheidet. Hierarchien sind hier flach, ein Chef hat keine Mitarbeiter, sondern nur Kollegen. Alle dürfen und sollen sich äußern und es wird so lange diskutiert, bis alle mit der Lösung eines Problems einverstanden sind. Einen bis ins Detail ausgearbeiteten Vorschlag präsentiert oder gar vorgesetzt zu bekommen, empfindet der Schwede als Beschneidung seiner Kreativität und als Eingriff in sein basisdemokratisches Mitspracherecht. Wer dagegen sein eigenes Können und Wissen respektvoll unter den Scheffel stellt und mit seiner Meinung hinterm Berg hält, hat schon mal einige Bonuspunkte gesammelt.

Jantelagen

Das tief in der schwedischen Seele verwurzelte *Jante-Gesetz* beschreibt das mentale Regelwerk von Gleichheit und Ebenbürtigkeit aller Menschen und hält dazu an, sich nicht über andere zu erheben oder anzunehmen, man könne und wisse oder sei mehr wert als andere. Das inkludiert, nicht mit Besitztum und Erfolg zu prahlen. Zufrieden ist man denn auch am meisten mit einer Situation oder Sache, die *lagom* ist, nämlich **gerade richtig** und nicht zu viel und nicht zu wenig.

Höflichkeit

Höflich und zurückhaltend kann man in Schweden also quasi nicht genug sein. Mit einer großen Ausnahme: Die Tugenden eines klassischen Gentlemans zählen nichts. Die Schweden sind zwar ein kollektivistisches Volk, legen aber auch Wert auf Eigenständigkeit. Bieten Sie also niemandem ungefragt ein Taschentuch an, auch wenn er ständig die Nase hochzieht. Wer einem älteren Kollegen zuvorkommend die Tür aufhalten oder einer Dame in den Mantel helfen möchte, hört oft: *Jag klarar mig själv.* Die Antwort **Ich komme alleine zurecht** ist Ausdruck des schwedischen Selbstverständnisses, dass jeder selbst am besten weiß, was für ihn gut ist. Ungefragt Ratschläge zu erteilen, und seien sie noch so gut gemeint, fällt ebenfalls in diese Tabuzone.

Titel und Anrede

Auch wenn es für unsere Ohren erst einmal unhöflich, weil zu persönlich klingt – in Schweden duzt man sich ungefragt und spricht sich mit dem Vornamen an. Der Vorgesetzte wird nicht mit **Guten Morgen Herr Dr. Svensson**, sondern mit *Hej Karl* begrüßt. Überhaupt sorgen Titel nicht für mehr Anerkennung. Gemäß dem Jantelag zählt der Mensch, nicht seine Funktion. Akademische Grade und Positionen finden deshalb auch auf Visitenkarten keinen Platz. Versuchen Sie also besser nicht, mit Ihrem großen Verantwortungsbereich oder Ihren Qualifikationen zu punkten. Auch eine detaillierte Darstellung, wer welche Position im Unternehmen bekleidet und wie viel Einfluss hat, befremdet schwedische Präsentationszuschauer.

Dagegen immer gern gehört ist das Wörtchen *tack* – danke. Ob anstelle des deutschen **bitte** an Aufforderungen angehängt oder in feste Ausdrücke verpackt, daran muss man nicht sparen. Nach dem Essen beispielsweise ist *tack för maten!* angebracht, nach einer Einladung kommt eine Karte mit *tack för senast!* (wörtlich: **danke für neulich**) sehr gut an.

Guten Tag!	God dag!	Bitte.	Var snäll och … (als Aufforderung, etwa: Sei so lieb und …); varsågod (als Antwort auf „danke")
Guten Morgen!	God morgon!	Ja, bitte.	Jag, tack.
Guten Abend!	God kväll!	Nein, danke.	Nej, tack.
Hallo!/Grüß dich!	Hej! Hejsan!	Danke!	Tack!
Auf Wiedersehen!	Adjö!	Bitte sehr!	Varsågod!
Bis bald!	Vi ses!	Das ist sehr nett!	Det var snällt!
Bis später!	Hej så länge!	Gern geschehen!	Det var så lite!
Bis morgen!	Vi ses i morgon!	Entschuldigung!	Ursäkta!/Förlåt!
Mach's gut!	Ha det så bra!	Das tut mir leid!	Jag är ledsen!
Gute Nacht!	God natt!	Keine Ursache!	Ingen orsak!
Tschüss!	Hej då!	Macht nichts!	Det gör ingenting!
Gute Reise!	Trevlig resa!	Gestatten Sie?	Får jag?

Zwischenmenschliches

Welche Kleidung?

Auch was das äußere Erscheinen anbelangt, ist ein Hervorstechen in Schweden eher verpönt. Hier braucht keiner einen Maßanzug oder handgenähte Schuhe, um seriös zu wirken. Teure Füllfederhalter oder exklusive Uhren schinden ebenfalls keinen Eindruck. Ein gepflegtes Hemd reicht im Arbeitsalltag allemal aus. In traditionell jüngeren Branchen, wie z. B. in der IT, halten sogar lässige Turnschuhe Einzug. Vermeiden Sie unbedingt, einen Schweden durch große Geschenke zu beschämen. Für den Wert von Gastgeschenken gilt eine ungeschriebene Obergrenze von 100 schwedischen Kronen. Im tendenziell seltenen Fall einer Einladung Ihrer Geschäftspartner nach Hause (das Heim ist traditionell der Familie und guten Freunden vorbehalten), liegen Sie mit einer Flasche Wein, Blumen oder Pralinen richtig. Und vergessen Sie dort nicht, gleich am Eingang Ihre Straßenschuhe auszuziehen!

Selbst wenn man sich nach guten Geschäftsabschlüssen vertrauter geworden ist, kommt körperliche Nähe wie kollegiales Schulterklopfen gar nicht gut an. Kollektives Händeschütteln rund um den Konferenztisch ist ebenso nicht üblich, ein freundliches „Hej" in die Runde, oder beim Abschied „hejdå", ist Standard. Sich körperlich zurückzuhalten ist ebenso Usus wie sich im Ausdruck der Emotionen zu zügeln.

Fikapaus

Ihre Kaffeepause ist den Schweden heilig! Die Runde Kaffee vormittags mit belegten Brötchen und am Nachmittag bei einer Zimtschnecke wird arbeitsrechtlich zwar nicht offiziell als Pause abgerechnet, dient aber der unbezahlbaren Motivation der Mitarbeiter. Neben dem Austausch von Privatem werden hier unter Umständen entspannt mit der Tasse in der Hand auch wichtige geschäftliche Aspekte erörtert. Nehmen Sie also unbedingt an solchen Pausen teil und sammeln Sie Sympathiepunkte, in dem Sie selbst vorschlagen, eine solche einzulegen.

Wie geht's?	Hur mår du?/ Hur står det till?	Ich heiße ...	Jag heter ...
Gut, danke.	Bra, tack.	Angenehm!	Trevligt att träffas!
Und Ihnen/Dir?	Och själv?	Mit Vergnügen!	Så gärna!
Großartig!	Fantastiskt!	Viel Glück!	Lycka till!
Wie schön!	Vad fint!	Gesundheit! (niesen)	Prosit!
Das ist sehr nett von Ihnen!	Det är väldigt bussigt av dig!	Es ist wirklich traumhaft hier!	Det är härligt här!

Das Essen war ausgezeichnet!	Maten var utmärkt!	Ich finde Sie sehr sympathisch.	Jag gillar dig.
Prima!	Bra!	Das finde ich gut.	Det tycker jag är bra.
Toll!	Toppen!	Das gefällt mir.	Jag tycker om det.
Das ist wunderbar!	Det är jättebra!	Abgemacht!	Då säger vi så!

Verständigung

Um niemanden zu düpieren oder mit seiner offen vorgetragenen Meinung als Rechthaber zu gelten, ist es zuweilen schwer, einem Schweden eine klare Antwort oder Stellungnahme zu entlocken. Selten hört man ein deutliches Ja und Nein. Eine positive Antwort wird eher mit *Jag tror det* – **Ich glaube das** eingeleitet, eine Verneinung mit *Det blir svårt* – **Das wird schwer**. Das bedeutet denn auch wirklich, dass nichts möglich ist.

Verzweifeln Sie auch nicht, wenn Meetings zu Ende gehen, ohne dass ein konkretes Ergebnis erzielt worden ist. *Ta det lugnt* – **Immer mit der Ruhe**, pflegen die Schweden zu sagen, wenn Ihnen vielleicht aufgrund der nahenden Deadline schon die Schweißperlen auf der Stirn stehen, *det kommer att ordna sig.* Dass sich die Dinge schon regeln werden, davon ist man tief überzeugt. Und eine florierende Wirtschaft gibt den Schweden recht, dass sie mit Besonnenheit und kühlem Kopf sehr weit gekommen sind.

Wie bitte?	Förlåt? Hur sa?	Ja, ich verstehe.	Ja, jag förstår.
Könnten Sie das bitte wiederholen?	Kan du säga det en gång till?	Ich spreche nur wenig Schwedisch.	Jag talar bara lite svenska.
Können Sie es mir bitte aufschreiben?	Kan du skriva ner det åt mig?	Bitte sprechen Sie etwas langsamer.	Var snäll och prata lite långsammare.
Ach so!	Jaså! Jaha!	Das stimmt.	Det stämmer.
Wirklich?	Verkligen?	Das weiß ich nicht.	Det vet jag inte.
Okay!	Okej!	Keine Ahnung!	Ingen aning.
Genau!	Precis!	Das ist mir egal.	Det kvittar.
Schade!	Vad synd!	Ich weiß nicht, woran es liegt.	Jag vet inte vad det beror på.
Das gefällt mir nicht.	Det tycker jag inte om.	Ich weiß noch nicht.	Jag vet inte ännu.
Ich will nicht.	Jag vill inte.	Vielleicht.	Kanske.
Hilfe!	Hjälp!	Wahrscheinlich.	Antagligen.

Im Restaurant

Auch beim Essen oder in der Bar hat die Zuvorkommenheit in Schweden eine Grenze: Geben Sie lieber keine Runde aus! Ihre schwedischen Kollegen fühlten sich dann bemüßigt, ebenfalls eine Runde schmeißen zu müssen, wofür sie angesichts der hohen Alkoholpreise allerdings tief in die Tasche greifen müssten. *Göra rätt för sig* bedeutet, dass jeder für das eben seine aufkommt. Auch, was die Essensrechnung anbelangt.

Gerade beim Mittagessen wird sowieso oft vor Verzehr gezahlt. Die typischen Mittagsrestaurants mit ihren preisgünstigen Tagesmenüs *dagens rätt* sind auf Selbstbedienung ausgerichtet. Nach dem geduldigen Warten in der Schlange und dem Bezahlvorgang – in Schweden üblicherweise selbst bei kleinsten Beträgen mit Karte – stellt man sich seine Mahlzeit am Buffet aus warmen Speisen, Salat und Nachtisch selbst zusammen. Ein Getränk ist meist inklusive, ein weiterer Kaffee auch. Ganz der allgemeinen Zurückhaltung entsprechend sollte man auch wirklich nur einmal nachfüllen, selbst wenn über der Getränkebar ein Schild mit der Aufschrift *ingår påtår* – **Nachschenken inbegriffen** dazu einlädt, die ganze Kanne leerzumachen.

Nutzen Sie die geselligen Essensrunden, um mit Ihren Geschäftspartnern über Sport, Reisen, Freizeitaktivitäten, die Familie oder das Königshaus zu plaudern. Auch der in Schweden sehr populäre Eurovision Song Contest oder Fußball sind gute Themen. Politik und Religion lassen Sie lieber außen vor, genauso wie geschäftsbezogene Aspekte, es sei denn, Sie treffen sich zum erklärten Businesslunch.

Herr Ober, …	Ursäkta, …	ein Glas …	ett glas …
die Speisekarte	matsedeln/menyn	eine (halbe) Flasche …	en (halv) flaska …
die Getränkekarte	listan över drycker/vinlistan	mit Eis	med is
Ich nehme …	Jag tar …	Rotwein	rödvin
ein Mineralwasser	mineralvatten	Weißwein	vitvin
mit/ohne Kohlensäure	kolsyrat/naturell	Zum Wohl!	Skål!
einen Orangensaft	en appelsinjuice	Guten Appetit!	Smaklig måltid!
eine Limonade	en läskedryck	Hat alles gepasst?	Var det bra så?
ein Bier	en öl	Bezahlen, bitte.	Får jag be om notan?/Kan jag få betala?
einen Kaffee	en kopp kaffe	Zusammen.	Ihop./Tillsammans.
einen Tee	en kopp te	Das ist für Sie.	Det är till dig.

mit/ohne Zucker	med/utan socker	Es stimmt so.	Det är jämnt.
mit/ohne Milch	med/utan mjölk	Wo ist die Toilette?	Ursäkta mig, var ligger toaletten?

Zahlen

1	en, ett	25	tjugofem
2	två	26	tjugosex
3	tre	27	tjugosju
4	fyra	28	tjugoåtta
5	fem	29	tjugonio
6	sex	30	trettio
7	sju	31	trettioen, -ett
8	åtta	32	trettiotvå
9	nio	40	fyrtio
10	tio	50	femtio
11	elva	60	sextio
12	tolv	70	sjuttio
13	tretton	80	åttio
14	fjorton	90	nittio
15	femton	100	(ett)hundra
16	sexton	101	(ett)hundraen, -ett
17	sjutton	200	tvåhundra
18	arton	300	trehundra
19	nitton	1.000	(ett)tusen
20	tjugo	2.000	tvåtusen
21	tjugoen, -ett	3.000	tretusen
22	tjugotvå	10.000	tiotusen
23	tjugotre	100.000	hundratusen
24	tjugofyra	1.000.000	en miljon

Zeitangaben

Im Anspruch an Pünktlichkeit ähneln unsere nordischen Nachbarn den Deutschen sehr. Erscheinen zum Glockenschlag oder nur wenige Minuten später macht einen guten Eindruck. Das weitere Verständnis in Bezug auf die Arbeitszeit weicht allerdings wiederum ziemlich von den hiesigen Maßstäben im Geschäftsleben ab. Überstunden sind nicht üblich. Wer nach dem offiziellen Büroschluss noch länger bleibt, gerät schnell in Verruf, ein Wichtigtuer zu sein. Häufig zu beobachten ist auch, dass Kollegen sich um 15 Uhr mit dem Hinweis verabschieden, sie müssten den Nachwuchs aus dem Kindergarten abholen. Das sollten Sie unbedingt respektieren und darauf vertrauen, dass der Schwede seine Arbeit zuverlässig erledigt – wer früher gehen muss, setzt sich fraglos abends zu Hause noch einmal vor den Rechner. Sie tun also allen einen Gefallen, wenn Sie wichtige Meetings besser vor dem frühen Nachmittag ansetzen. Der Entspannung und Effektivität aller ist außerdem zuträglich, wenn wichtige Fristen nicht gerade im Juli oder August ablaufen – in diesen zwei Monaten hat quasi das komplette Land Betriebsurlaub.

Wochentage & Monate			
Montag	måndag	Januar	januari
Dienstag	tisdag	Februar	februari
Mittwoch	onsdag	März	mars
Donnerstag	torsdag	April	april
Freitag	fredag	Mai	maj
Samstag	lördag	Juni	juni
Sonntag	söndag	Juli	juli
ein Tag/Monat	en dag/månad	August	augusti
Frühling	vår	September	september
Sommer	sommar	Oktober	oktober
Herbst	höst	November	november
Winter	vinter	Dezember	december

BUSINESS-KNIGGE UND ÜBERLEBENSWORTSCHATZ SPANIEN

Spanische Gastgeber legen großen Wert darauf, dass Ihre Geschäftspartner einen angenehmen Aufenthalt haben. Dafür scheuen sie keine Mittel und haben für ihre Gäste ein oft komplettes Freizeitprogramm parat. Einladungen sollten Sie daher stets annehmen, um ihre Gastgeber nicht vor den Kopf zu stoßen. Auch Kopfschmerzen, Müdigkeit oder ein anderer Vorwand sind keine ausreichende Entschuldigung, um sich ins Hotel zurückzuziehen.

Höflichkeit

Begrüßen

Buenos dias sagt man bis zum Mittagessen. Sich bei der Begrüßung die Hand zu geben, ist in Spanien zwar allgemein üblich, jedoch nicht obligatorisch. Bei zwanglosen Gelegenheiten und Veranstaltungen begrüßen sich die Gesprächspartner oft nur mit einem einfachen ¡hola!. Beim Vorstellen nennt man entweder nur den Familiennamen oder den Familiennamen mitsamt dem Vornamen.

Guten Tag!	¡Buenas tardes!	Bitte.	Por favor.
Guten Morgen!	¡Buenos días!	Ja, bitte.	Sí, por favor.
Guten Abend!	¡Buenas tardes!	Nein, danke.	No, muchas gracias.
Hallo!/Grüß dich!	¡Hola!	Danke!	¡Gracias!
Auf Wiedersehen!	¡Adiós!	Bitte sehr!	¡De nada!
Bis bald!	¡Hasta pronto!	Das ist sehr nett.	Es muy amable de su parte.
Bis später!	¡Hasta luego!	Gern geschehen.	No hay de qué.
Bis morgen!	¡Hasta mañana!	Entschuldigung!	¡Perdón!
Mach's gut!	¡Que vaya bien!	Das tut mir Leid.	Lo siento.
Gute Nacht!	¡Buenas noches!	Keine Ursache!	¡No hay de qué!
Tschüss!	¡Adiós!	Macht nichts!	¡No pasa nada!
Gute Reise!	¡Buen viaje!	Gestatten Sie?	¿Permite?

Namen und Anrede

Alle Spanier besitzen zwei Familiennamen. Normalerweise tragen sie als ersten Familiennamen den des Vaters und als Zweiten den der Mutter. Auch wenn eine Frau heiratet, behält sie diese beiden Namen, weshalb Ehepartner unterschiedliche Nachnamen haben. In der Regel wird auch im modernen Spanien eine ledige Frau noch mit *Señorita* und nicht mit *Señora* angesprochen, das den verheirateten Frauen vorbehalten bleibt.

Titel

In Spanien gibt es zwar viele Titel, sie werden jedoch in der Anrede so gut wie nie verwendet. Jemanden mit *señor doctor Hernández* anzusprechen, wirkt in Spanien eher lächerlich. Seien Sie daher nicht überrascht, wenn Sie einen Doktortitel haben und einfach mit *señor* („Herr") angesprochen werden.

Welche Kleidung?

Spanier legen sehr viel Wert auf Kleidung. Als Faustregel könnte gelten: „leger aber chic", doch im Zweifelsfall oder bei Gesprächen auf höherer Ebene sollten Sie sich immer für einen Anzug bzw. ein Kostüm entscheiden. Klassische, eher gedeckte Farben sind empfehlenswert.

Zwischenmenschliches

In Spanien wird nicht so häufig gesiezt wie im Deutschen und der Übergang zum Duzen (mit Vorname) findet im Alltag sehr schnell statt. Auch unter Geschäftspartnern wird recht schnell das „Du" angeboten. Um jedoch sicher zu sein, keinen Fauxpas zu begehen, empfiehlt es sich, so lange beim „Sie" zu bleiben, bis der Gesprächspartner das „Du" anbietet.

Wie geht's?	¿Qué tal?	Ich heiße …	Me llamo …
Gut, danke	Bien, gracias.	Angenehm!	¡Encantado!
Und Ihnen/Dir?	¿Y usted/tú?	Mit Vergnügen!	¡Con mucho gusto!
Großartig!	¡Magnífico!	Viel Glück!	¡Mucha suerte!
Wie schön!	¡Qué bonito!	Gesundheit! (niesen)	¡Jesús!
Das ist sehr nett von Ihnen!	¡Muy amable de su parte!	Es ist wirklich traumhaft hier!	¡Este es un lugar maravilloso!
Das Essen war ausgezeichnet!	La comida estaba excelente.	Ich finde Sie sehr sympathisch.	La encuentra muy simpática.
Prima!	¡Fantástico!	Das finde ich gut.	Me parece bien.
Toll!	¡Estupendo!	Das gefällt mir.	Me gusta.
Das ist wunderbar!	¡Esto es fantástico!	Abgemacht!	¡Hecho!

Smalltalk

Zu den sicheren Gesprächsthemen gehören Sitten und Gebräuche, persönliche Interessen (Thema Nr. 1 in Spanien ist Fußball), Wirtschaft und das Unternehmen. Auch die nationale Politik ist besonders in den lateinamerikanischen Ländern ein beliebtes und oft erörtertes Thema, zumal die Firmen dort in wesentlich stärkerem Maße als in Europa von politischen Entscheidungen abhängig sind.

Lassen Sie sich also nicht aus der Ruhe bringen, wenn Ihre Gastgeber über Politik sprechen. Es wird Ihnen nicht übel genommen, wenn Sie sich nicht am Gespräch beteiligen oder sich durch Fragen informieren.

Tabuthemen

Eher heikle Themen sind nationale Gesinnungen, religiöse Überzeugungen und die Separationsbewegungen (einschließlich Terrorismus) und Stierkämpfe. Auch von einem Ausländer geübte Kritik wird in der Regel nicht gerne gehört, in Lateinamerika noch viel weniger wenn sie von einem Europäer kommt. Sie sollten daher vermeiden, die Sitten und Gebräuche oder zum Beispiel die Regierungspolitik zu kritisieren. Es ist unwahrscheinlich, dass Ihre guten Absichten, die hinter einer solchen Kritik stecken mögen, er- und anerkannt werden. Sie werden Ihre Partner allenfalls in ihrem Nationalstolz verletzen.

Verständigung

Wie bitte?	¿Cómo dice/dices?	Ich verstehe.	Entiendo.
Könnten Sie das bitte wiederholen?	¿Puede repetir, por favor?	Ich spreche nur wenig Spanisch.	Hablo sólo un poco de ...
Können Sie es mir bitte aufschreiben?	Escríbamelo, por favor.	Bitte sprechen Sie etwas langsamer.	Por favor, hable un poco más despacio.
Ach, so!	¡Ah!	Das stimmt.	Es verdad.
Wirklich?	¿De veras?	Das weiß ich nicht.	No lo sé.
Okay!	¡De acuerdo!	Keine Ahnung!	Ni idea.
Genau.	Exacto.	Das ist mir egal.	Me da lo mismo.
Das gefällt mir nicht.	No me gusta.	Ich weiß noch nicht.	No sé todavía.
Ich will nicht.	No quiero.	Vielleicht.	Quizás.
Hilfe!	¡Ayuda!, ¡Socorro!	Wahrscheinlich.	Probablemente.

Gestik

Für Spanier spielt wie für die meisten Bewohner der Mittelmeerländer die Körpersprache – und dabei die Gestik – beim Reden eine wichtige Rolle. Den Blickkontakt zu halten ist ein Zeichen von Höflichkeit und Aufmerksamkeit.

Präsentationen

Bei Präsentationen gelten auch in Spanien die allgemeinen Grundsätze: Klar, knapp, prägnant und stimulierend sollen sie sein. In der Regel brauchen Sie sich keine Notizen machen, da am Ende der

Präsentation Kopien verteilt werden. In Spanien drücken die Zuhörer ihre Zustimmung oder Begeisterung durch Klatschen aus. Andere Ausdrucksformen – wie das Klopfen auf den Tisch – sind unüblich.

Im Restaurant

Für den Spanier ist das Essen nicht nur eine Notwendigkeit, sondern vor allem ein Genuss. Spanier reden gern über die kulinarischen Besonderheiten ihres Landes, über Gerichte und wie sie zubereitet werden. Um sie nicht in ihrem „gastronomischen" Stolz zu verletzen, sollten Sie sich jeder kritischen Bemerkung enthalten und auch bei Muscheln oder anderen für Sie ungewohnten Speisen nicht skeptisch sein.

Herr Ober, …	camarero	Bitte, …	Por favor, …
die Speisekarte	la carta	ein Glas …	un vaso de …
die Getränkekarte	la carta de bebidas	eine Flasche …	una botella de …
Ich nehme …	Voy a tomar …	mit Eis	con hielo
ein Mineralwasser	un agua mineral	Rotwein	vino tinto
mit Kohlensäure	sin gas	Weißwein	vino blanco
ohne Kohlensäure	con gas	Zum Wohl!	¡Salud!
einen Orangensaft	un zumo de naranja	Guten Appetit!	¡Que aproveche!
ein Bier	una caña	Bezahlen, bitte.	¡La cuenta, por favor!
einen Kaffee	un café solo	Zusammen.	Todo junto.
einen Tee	un té	Das ist für Sie.	Para usted.
Wo ist die Toilette?	¿Dónde están los servicios?	Es stimmt so.	Está bien así.

Da man in Spanien auch noch zu sehr später Stunde zu Abend isst, sollten Sie sich bei einer Abendeinladung vergewissern, ob Sie bereits gegessen haben sollten oder ihren Appetit besser noch etwas zügeln.

Keine Verhandlungen beim Essen!
In Spanien kann man sich beim Essen zwar auch über geschäftliche Themen unterhalten, als Tabu gilt jedoch, Verhandlungen führen oder Geschäfte abschließen zu wollen. Beim Essen kann man schon mal auf die gute Zusammenarbeit anstoßen. Will man einen Geschäftsabschluss feiern, so ist der geeignete Zeitpunkt dafür vor dem Nachtisch.

Normalerweise bezahlt der Gastgeber. Häufen sich die Restaurantbesuche, so darf sich auch der Gast anbieten, die

Rechnung zu übernehmen. Zahlt man mit Karte, so legt man sie auf den Tisch, ohne sich die Rechnung anzusehen. Wer bar bezahlt, legt die Scheine unter die Rechnung, damit niemand die Höhe des Betrags sieht.

Zahlen

1	un, uno	29	veintinueve
2	dos	30	treinta
3	tres	31	treinta y uno, -a
4	cuatro	32	treinta y dos
5	cinco	40	cuarenta
6	seis	26	veintiséis
7	siete	27	veintisiete
8	ocho	28	veintiocho
9	nueve	29	veintinueve
10	diez	30	treinta
11	once	31	treinta y uno, -a
12	doce	32	treinta y dos
13	trece	40	cuarenta
14	catorce	50	cincuenta
15	quince	60	sesenta
16	dieciséis	70	setenta
17	diecisiete	80	ochenta
18	dieciocho	90	noventa
19	diecinueve	100	cien, ciento
20	veinte	101	ciento uno, -a
21	veintiuno (veintiún), -a	200	doscientos, -as
22	veintidós	300	trescientos, -as
23	veintitrés	1.000	mil
24	veinticuatro	2.000	dos mil
25	veinticinco	3.000	tres mil
26	veintiséis	10.000	diez mil
27	veintisiete	100.000	cien mil
28	veintiocho	1.000.000	un millón

Zeitangaben

Obwohl Pünktlichkeit auch in Spanien geschätzt wird, werden kleinere Verspätungen eher entschuldigt als in Deutschland. Bis zu einer Stunde Wartezeit liegt im Bereich des Üblichen. Spätestens wenn abzusehen ist, dass diese Zeit überschritten wird, sollte man sich mit der Firma in Verbindung setzen und die Gründe erklären.

abends	por la tarde	morgen früh	mañana por la mañana
am Wochenende	el fin de semana	morgen Abend	mañana por la tarde
gestern	ayer	morgens	por la mañana
heute	hoy	nachmittags	por la tarde
heute Morgen	esta mañana	nächstes Jahr	el año que viene
heute Abend	esta tarde	nachts	por la noche
in einer Stunde	dentro de una hora	später	más tarde
in einer Woche	dentro de una semana	täglich	a diario, todos los días
jeden Tag	todos los días	übermorgen	pasado mañana
jetzt	ahora	vor 10 Minuten	hace diez minutos
mittags	a mediodía	vorgestern	anteayer
morgen	mañana	vormittags	por la mañana

Wochentage & Monate			
Montag	el lunes	Januar	enero
Dienstag	el martes	Februar	febrero
Mittwoch	el miércoles	März	marzo
Donnerstag	el jueves	April	abril
Freitag	el viernes	Mai	mayo
Samstag	el sábado	Juni	junio
Sonntag	el domingo	Juli	julio
ein Tag/Monat	un día/mes	August	agosto
Frühling	primavera	September	septiembre
Sommer	verano	Oktober	octubre
Herbst	otoño	November	noviembre
Winter	invierno	Dezember	diciembre

BUSINESS-KNIGGE UND ÜBERLEBENSWORTSCHATZ TSCHECHIEN

Die Tschechische Republik, kurz auch Tschechien genannt, ist ein relativ junger, eigenständiger Staat. Jung zu sein, ist jedoch kein Manko, auch dann nicht, wenn es um den wirtschaftlichen Erfolg geht. Tschechien existiert seit 1993 und ist neben der Slowakei einer der beiden Nachfolgestaaten der Tschechoslowakei. Wirtschaftlich gehörte das Terrain des heutigen Staates Tschechien, vor allem zwischen den beiden Weltkriegen, zu den stärksten Regionen in Europa. Später flaute die Wirtschaftskraft ab, aber Tschechien scheint sich allmählich wieder nach oben zu kämpfen. Vor allem der Automobil- und der Maschinenbau sowie die Logistikbranche wirken als treibende Kräfte dieser Entwicklung.

To chce klid – „Immer mit der Ruhe" – sagt Hašeks braver Soldat Švejk, der sich Vorgesetzten gegenüber zwar scheinbar loyal gibt, dennoch immer etwas dämlich auftritt und die Befehle nicht so ausführt, wie es sich die Obrigkeit vorstellt. Die meisten Tschechen identifizieren sich gern mit dieser Leitfigur. Ein Unterschied zu anderen Nationalitäten ist vielleicht der, dass man sich selbst auf die Schippe nehmen kann.

Höflichkeit

Treten Sie höflich, sensibel und bescheiden auf, denn extrovertiertes Verhalten wird nicht gern gesehen. Wichtigtuerei, Arroganz und unsachliche Kritik sind unangebracht.

Guten Morgen!	Dobré ráno ! Dobré jitro!	Bitte.	Prosím.
Guten Tag!	Dobrý den!	Ja, bitte.	Ano prosím.
Guten Abend!	Dobrý večer!	Nein, danke.	Ne, děkuji/děkuju.
Hallo!/Grüß dich!	Ahoj! Čau !	Gestatten Sie?	Dovolíte?
Ich heiße ...	Jmenuji se/ Jmenuju se ...	Danke!	Děkuji!/Děkuju!
Auf Wiedersehen!	Na shledanou!	Das ist nett. danke.	To je milé, děkuju.
Bis morgen!	Na shledanou zítra!	Bitte sehr!	Prosím!
Mach's gut!	Měj se!	Gern geschehen!	Rádo se stalo!
Bis bald!	Brzy na shledanou	Entschuldigen Sie!	Promiňte!
Gute Nacht!	Dobrou noc!	Das tut mir sehr Leid!	To mi je moc líto.
Tschüss! *(geduzt)*	Ahoj/Čau	Keine Ursache!	To nevadí.
Gute Reise!	Šťastnou cestu!	Das ist leider nicht möglich.	Není to bohužel možné.

Begrüßung

„Guten Morgen" (*dobré ráno*) sagt man spätestens kurz nach dem Frühstück, mit „Guten Tag" (*dobrý den*) liegt man bis zur Dunkelheit immer richtig. „Gute Nacht" (*dobrou noc*) kann man auch am späten Abend beim Abschied sagen, nicht nur unmittelbar vor dem Insbettgehen.

Titel und Anrede

In Tschechien ist Förmlichkeit in der Anrede Trumpf. Titel sind enorm wichtig. Sicherheitshalber sprechen Sie alle Erwachsenen mit Titel und Nachnamen an, bis Ihnen Anderes erlaubt wird. Richten Sie Ihre Briefe lieber an Firmen- als an Privatadressen.

Frauliches und Männliches

Bei allen weiblichen Personen – unabhängig vom Alter und Familienstand – hat der Familienname die Endung -ová, auch bei Ausländerinnen: Steffi Grafová, Condoleezza Riceová, Eva Schmidtová.
Nicht nur die Namensendungen unterscheiden das Geschlecht, auch manche Wörter. Wenn eine Frau heiratet, dann „gibt sie sich hin" – vdát se, der Mann „beweibt sich" – oženit se. Die Bezeichnung slečna (Fräulein) ist nach wie vor auch im Geschäftsleben üblich.

Welche Kleidung?

Im Business kleiden sich Tschechen gerne klassisch, wenn auch nicht unbedingt von elegantem Chic. In eleganten Restaurants, in Oper und Theater sind Anzug mit Krawatte bzw. Kleid angebracht. Bei Einladungen nach Hause sollten Sie Sakko und Krawatte, elegante Hosen oder Röcke tragen. Bei festlichen Empfängen geht es nicht ohne Smoking bzw. Cocktail- oder Abendkleid.

Zwischenmenschliches

Smalltalk

Der Tscheche übt sich, insbesondere zu Beginn der Kommunikation, eher in einer förmlichen Zurückhaltung. Ein aufrichtiges Interesse an Land und Leute kann dazu beitragen, diese formale Atmosphäre zu lockern. Sie sollten sich für solch einen Smalltalk jedoch den richtigen Zeitpunkt wählen. Im Allgemeinen möchten Tschechen bei Gesprächen mit potenziellen Geschäftspartnern recht bald zum Wesentlichen kommen. Das kann bei innerbetrieblichen Besprechungen durchaus anders sein: hier lassen sich Tschechen mitunter mehr Zeit für Privates als Deutsche.

Tabuthemen

Diskutieren Sie nicht über Themen aus der Vergangenheit wie zum Beispiel über den Kommunismus oder die Besetzung durch die Nationalsozialisten. Wörter wie „Tschechei" sollten Sie übrigens meiden, da diese Bezeichnung für das Land für einige Ihrer tschechischen Geschäftspartner vorbelastet sein könnte.

Wie geht es Ihnen?	Jak se máte?	Darf ich bekannt machen?	Smím vás seznámit?
Danke, Und Ihnen?	Děkuju. A vy?	Das ist Frau …/ Herr …	To je paní …/ pan …
Wie ist Ihr Name, bitte?	Jaké je vaše jméno, prosím?	Viel Glück!	Hodně štěstí!
Abgemacht!	Souhlasím!	Gesundheit! (niesen)	Pámbíček!
Wie schön!/ Prima!	Prima!	Das ist gut.	To je dobré.
Das ist wunderbar!	To je výborné!	Das gefällt mir.	To se mi líbí.
Das ist sehr nett von Ihnen!	To je od Vás moc milé !	Das Essen war ausgezeichnet!	Jídlo bylo vynikající!
		Es ist wirklich traumhaft hier!	Je to tu opravdu báječné!

Verständigung

Vermeiden Sie es, in Verhandlungen während der Redepausen sofort das Wort zu ergreifen, und umgehen Sie lange Monologe. Tschechen schätzen keine großen Präsentationen, die direkt zu Anfang einer Besprechung aufgefahren werden, sondern vielmehr den direkten Dialog mit seinem geschäftlichen Gegenüber. Daher kann dieses Gespräch durchaus auch einmal länger dauern.

Körpersprache

Es gibt Menschen, die reden mit Händen und Füßen ebensoviel wie mit dem Mund. Sie untermalen ihre Argumente gerne mit leuchtenden Neonfarben und lieben Superlative, wenn sie potenziellen Partnern Geschäftsbeziehungen schmackhaft machen möchten. Im Allgemeinen ist das nicht tschechischer Stil und es könnte auf tschechische Geschäftsleute befremdlich wirken, wenn sie so agieren. In Tschechien ist Körpersprache im Business eher von Zurückhaltung geprägt.

Wie bitte?	Co prosím?	Ja, ich verstehe.	Rozumím.
Könnten Sie das bitte wiederholen?	Prosím, zopa-kujte/zopakuj to ještě jednou.	Ich spreche nur wenig ...	Mluvím jen málo ...
Können Sie es mir bitte aufschreiben?	Napište mi to prosím!	Könnten Sie bitte etwas langsamer sprechen?	Mluvte, prosím trochu pomaleji.
Ach, so!	Aha	Das stimmt.	To je fakt.
Wirklich?	Opravdu?	Das weiß ich nicht.	To nevím.
Okay!	Tak jo!/Okay!	Keine Ahnung.	Nemám zdání.
Genau.	Přesně tak.	Das ist mir egal.	To mi je jedno.
Das gefällt mir gar nicht.	To se mi vůbec nelíbí!	Ich weiß noch nicht.	Nevím ještě.
Damit bin ich nicht einverstanden.	S tím nesouhlasím.	Vielleicht.	Možná.
Ich habe keine Zeit.	Nemám čas.	Wahrscheinlich.	Pravděpodobně./ Asi.

Im Restaurant

Einladungen zum Essen erfolgen in der Tschechischen Republik häufiger als in Deutschland, meist wird Ihr Geschäftspartner mit Ihnen in ein Restaurant gehen. Hier erfolgt oft ein geschäftlicher Informationsaustausch.

Herr Ober, ...	Pane vrchní/ slečno, ...	Mit Eis, bitte.	S ledem prosím.
die Speisekarte, bitte.	jídelní lístek prosím.	Mineral-/ Sodawasser	minerálka/ sodovka
die Getränkekarte, bitte.	nápojový lístek prosím.	Orangensaft	pomerančová šťáva
Ich nehme ...	Dal/-a bych si ...	Zum Wohl!	Na zdraví!
Budweiser	Budvar	Guten Appetit!	Dobrou chuť!
Pilsner Urquell	Plzeňský prazdroj	Wo sind bitte die Toiletten?	Kde jsou tady toalety?
Kaffee	káva	Bezahlen, bitte.	Platit prosím!
Tee	čaj	Bitte alles zusammen.	Prosím všechno dohromady.
Bitte, ein Glas ...	Prosím sklenici ...	Es stimmt so.	To je v pořádku.
Bitte, eine Flasche ...	Prosím láhev ...	Das ist für Sie.	To je pro vás.

Zahlen

1	jedna *f*, (jeden *m*)	17	sedmnáct
2	dva *m*, dvě *f*	18	osmnáct
3	tři	19	devatenáct
4	čtyři	20	dvacet
5	pět	21	dvacet jedna od. jednadvacet
6	šest	22	dvacet dva od. dvaadvacet
7	sedm	23	dvacet tři od. třiadvacet
8	osm	24	dvacet čtyři
9	devět	25	dvacet pět
10	deset	26	dvacet šest
11	jedenáct	27	dvacet sedm
12	dvanáct	28	dvacet osm
13	třináct	29	dvacet devět
14	čtrnáct	30	třicet
15	patnáct	31	třicet jedna
16	šestnáct	32	třicet dva
40	čtyřicet	200	dvě stě
50	padesát	300	tři sta
60	šedesát	1.000	tisíc
70	sedmdesát	2.000	dva tisíce
80	osmdesát	10.000	deset tisíc
90	devadesát	100.000	sto tisíc
100	sto	1.000.000	milión
101	sto jedna		

Zeitangaben

Generell wird im Business in Tschechien großen Wert auf Pünktlichkeit gelegt, wobei eine Verspätung von fünf bis zehn Minuten noch entschuldbar sind, wenn es hierfür einen guten Grund gibt.

abends	večer	morgen früh	zítra ráno
am Wochenende	o víkendu	morgen Abend	zítra večer
gestern	včera	morgens	ráno
heute	dnes(ka)	nachmittags	odpoledne
heute Morgen	dnes(ka) ráno	nächstes Jahr	příští rok
heute Abend	dnes(ka) večer	nachts	v noci
in einer Stunde	za hodinu	später	později
in einer Woche	za týden	täglich	denně
jeden Tag	každý den	übermorgen	pozítří
jetzt	teď	vor 10 Minuten	před deseti minutami
mittags	v poledne	vorgestern	pře(de)včírem
morgen	zítra	vormittags	dopoledne

Wochentage & Monate

Montag	pondělí	Januar	leden
Dienstag	úterý	Februar	únor
Mittwoch	středa	März	březen
Donnerstag	čtvrtek	April	duben
Freitag	pátek	Mai	květen
Samstag	sobota	Juni	červen
Sonntag	neděle	Juli	červenec
		August	srpen
Frühling	jaro	September	září
Sommer	léto	Oktober	říjen
Herbst	podzim	November	listopad
Winter	zima	Dezember	prosinec

Auf den ersten Blick unterscheidet türkische Büros kaum etwas von Geschäftsräumen in anderen Ländern. Ähnlich steht es mit den allgemeinen Umgangsformen und dem Auftreten von Geschäftsfrauen und -männern: Gepflegt und höflich geht es unter türkischen Geschäftsleuten zu. Die Unterscheide zeigen sich erst in Details. Es lohnt sich, sie genau wahrzunehmen und einige Besonderheiten zu beachten, wenn Sie erfolgreiche und dauerhafte Geschäftsbeziehungen in der Türkei anstreben. Da türkische Geschäftsleute geschäftliche und private Beziehungen meist weniger stark trennen, als es in Deutschland üblich ist, und sie anders bewerten, könnte ein vermeintlich kleiner Fauxpas unerwartete Folgen haben. Die türkische Gastfreundschaft ist sprichwörtlich groß, aber auch sie kennt Grenzen.

Auf den zweiten Blick fallen die kleinen Gläser auf, die in keinem türkischen Büro fehlen: Schwarzer Tee, genannt Çay, wird den ganzen Tag überall gerne getrunken und oft von einem Çaycı, einem Teeverkäufer, direkt an den Arbeitsplatz gebracht. gebracht wird. Ebenso allgegenwärtig ist auch noch fast 100 Jahre nach seinem Tod der Republikgründer Mustafa Kemal Atatürk, dessen Porträt in jedem Büro und jedem öffentlichen Gebäude hängt.

Höflichkeit

Man kann es gar nicht oft genug betonen: Höflichkeit wird in der Türkei großgeschrieben. Mit ihr eng verbunden ist die Gastfreundschaft, die auch Geschäftspartnern gegenüber selbstverständlich ausgeübt wird. Nicht vergessen sollte man, dass die türkische Gesellschaft trotz vieler Veränderungen insgesamt eher traditionell und patriarchalisch geprägt ist und Älteren grundsätzlich Respekt gezeigt wird.

Bringen Sie auf jeden Fall Geduld. Denn die türkische Höflichkeit erfordert, dass zunächst Begrüßungsfloskeln ausgetauscht werden, dem Gast etwas zu trinken angeboten und Smalltalk gepflegt und damit eine persönliche Beziehung aufgebaut wird.

Zur Begrüßung reicht man seinem Gegenüber die Hand. Nur unter guten Freunden ist es üblich, einander zur Begrüßung auch zu umarmen. Der höchstrangige Geschäftspartner wird in der Regel zuerst begrüßt.

Wenn Sie als Mann eine Frau begrüßen möchten, sollten Sie besser abwarten, ob sie Ihnen von sich aus die Hand reicht. Für die Mehrzahl der Frauen ist die Begrüßung per Handschlag selbstverständlich, aber einige konservativ religiöse Frauen ziehen es vor, einem nicht verwandten Mann nicht die Hand zu geben. Zurückhaltung einer Frau gegenüber wird grundsätzlich als höflicher empfunden.

Erfolgreiche Geschäftsfrauen

Die Türkei ist ein Land voll überraschender Kontraste — auch hinsichtlich der Rolle der Frauen in der Gesellschaft. So gibt es einerseits deutlich mehr weibliche als männliche Analphabeten, Mädchen verlassen die Schulen im Durchschnitt ein bis zwei Jahre früher als Jungen und noch nicht einmal ein Drittel der türkischen Frauen ist erwerbstätig. Andererseits sind deutlich mehr weibliche Führungskräfte und Vorstände in türkischen Großunternehmen zu finden als in deutschen.

Auch in der Politik zeigt sich der Widerspruch: Zwar liegt der Anteil der weiblichen Abgeordneten in der Türkei mit rund 15 Prozent im internationalen Vergleich sehr niedrig, aber mit Tansu Çiller wurde bereits 1993 zum ersten Mal eine Frau Ministerpräsidentin des Landes.

Die Begrüßung verläuft zunächst formelhaft. Am Beginn eines Gesprächs steht der einleitende Gruß, je nach Tageszeit ist das *günaydin* (guten Morgen), *iyi günler* (guten Tag) oder *iyi akşamlar* (guten Abend). (Diese Ausdrücke können übrigens ebenso zum Abschied gesagt werden.) Anschließend fragt man sein Gegenüber nach dem Befinden: *Nasılsınız?* (Wie geht es Ihnen?) Daraufhin bedankt man sich *Teşekkür ederim, iyiyim* (Danke, mir geht es gut) und fragt gleich zurück: *Sız nasılsınız?* (Wie geht es Ihnen?) Erst dann beginnt das eigentliche Gespräch, das sich langsam zum eigentlichen Thema vorantastet.

Visitenkarten werden gerne in vielen Situationen ausgetauscht. Eine angebotene Visitenkarte nicht anzunehmen, würde als unhöflich empfunden.

Guten Tag!	Iyi günler! (ab Mittag) Merhaba!	Bitte.	lütfen (bei Aufforderung) rica ederim (als Antwort) bir şey değil (nach Dank)
Guten Morgen!	Günaydin!	Ja, bitte.	Evet, lütfen.
Guten Abend!	İyi akşamlar	Nein, danke.	Hayır, teşekkür ederim.
Hallo!/Grüß dich!	Selam!/ Merhaba!	Danke!	Teşekkür ederim!/ Sağ olun!
Auf Wiedersehen!	Allaha ısmarladık! Güle güle! (als Antwort)	Bitte sehr!	Buyrun!
Bis bald!	(Yakında) görüşmek üzere!	Das ist sehr nett!	Çok nazik, teşekkür ederim.

Bis später!	Görüşürüz!	Gern geschehen!	Bir şey değil!/ Rica ederim!
Bis morgen!	Yarın görüşmek üzere!	Entschuldigung!	Özür dilerim! Affedersiniz!
Mach's gut!	Hoşça kal!	Das tut mir leid!	Üzgünüm.
Gute Nacht!	İyi geceler!	Keine Ursache!	Bir şey değil!
Tschüss!	Görüşürüz!	Macht nichts!	Zararı yok!
Gute Reise!	İyi yolculuklar!	Gestatten Sie?	Müsaade eder misiniz?/ İzninizle?

Namen und Anrede

Die höfliche Anrede bei Geschäftstreffen besteht aus dem Vornamen, gefolgt von *Bey* für Mann und *Hanım* für Frau. Aus Andreas Müller, in Deutschland angesprochen als „Herr Müller", wird in der Türkei also Andreas *Bey*, aus Heike Schmitz, in Deutschland „Frau Schmitz", wird Heike *Hanım*. Verbunden wird die Anrede in Sätzen mit einem Verb in der zweiten Person Plural.

Soll besondere Ehrerbietung ausgedrückt werden, kann ein Titel mit *Bey* oder *Hanım* verbunden werden. „Herr Direktor" wird so zum *Müdür Bey*, „Frau Direktor" zu *Müdüre Hanım*.

In einem weniger förmlichen Umfeld, auch unter Fremden, ist die Anrede mit Verwandtschaftsbezeichnungen wie *Abi*, *Abla*, *Amca* oder *Teyze* üblich. Durch diese scheinbare Verwandtschaft wird eine freundschaftliche soziale Atmosphäre geschaffen. Das Gegenüber darf in diesem Fall auch geduzt, also in der zweiten Person Singular angesprochen werden.

Kleidung und Kopftuch

Die Geschäftskleidung für Männer und Frauen entspricht internationalen Gepflogenheiten: Anzug mit Krawatte für den Mann, Hosenanzug oder Kostüm ohne gewagte Ausschnitte für die Frau. Das gilt auch bei hochsommerlichen Temperaturen! Selbst in den Straßen türkischer Großstädte tragen höchstens ausländische Touristen kurze Hosen. Gepflegte Kleidung dient auch als Statussymbol.

Frauen mit Kopftuch sind ein gewohnter Anblick im Straßenbild, im Geschäftsleben sind sie weniger oft anzutreffen. Seit kürzlich das seinerzeit von Atatürk erlassene Kopftuchverbot an türkischen Schulen und Hochschulen und für Angestellte in öffentlichen Institutionen aufgehoben wurde, werden Sie auch in Büros häufiger auf Frauen treffen, die ihren Kopf bedecken.

Zwischenmenschliches

Im Anschluss an die Begrüßung spricht man immer noch nicht direkt das eigentliche Thema an. Zunächst wird Smalltalk gepflegt, denn nur so kann eine Grundlage für die weiteren Verhandlungen entstehen. Vermeiden Sie dabei unbedingt konfliktträchtige Themen wie Politik und Religion. Auch Kritik an türkischen Gewohnheiten und Traditionen, die auf Sie befremdlich wirken mögen, kommt nicht gut an und verletzt den Nationalstolz. Dagegen freuen sich Ihre Gesprächspartner sehr, wenn Sie schon einmal in der Türkei Urlaub gemacht haben, Interesse an Land und Leuten bekunden oder von positiven Erlebnissen und Begegnungen berichten. Viele Türken interessieren sich übrigens für Fußball, sind Fans eines Teams und kennen sich auch mit internationalem Fußball gut aus – möglicherweise ergeben sich daraus Anknüpfungspunkte beim Smalltalk.

Lädt ein Geschäftspartner Sie zu sich nach Hause ein, denken Sie bitte an die türkische Sitte, dass Privatwohnungen und -häuser normalerweise ohne Straßenschuhe betreten werden. Ihr Gastgeber wird es zu schätzen wissen, wenn Sie diesen Brauch kennen. Vielleicht fordert er Sie aber ausdrücklich auf, Ihre Straßenschuhe anzubehalten, richten Sie sich am besten nach Ihrem Gastgeber. Vergessen Sie bei einer privaten Einladung auf keinen Fall, ein Gastgeschenk mitzubringen. Eine Schachtel Pralinen oder andere Süßigkeiten eignen sich immer als höfliches und unverfängliches Mitbringsel.

Wie geht's?	Nasılsın(ız)?	Ich heiße …	Adı … olmak.
Gut, danke.	İyiyim, teşekkür ederim.	Angenehm!	Memnun oldum!
Und Ihnen/dir?	Sız/sen nasılsınız/ nasılsın?	Mit Vergnügen!	İyi eğlenceler!
Großartig!	Şahane!	Viel Glück!	Bol şanslar!
Wie schön!	Çok güzel!	Gesundheit! (niesen)	Çok yaşa(yın)!
Wie nett von Ihnen!	Çok naziksiniz.	Es ist wirklich traumhaft hier!	Burası rüya gibi.
Das Essen war ausgezeichnet!	Yemek çok güzeldi./(bei Privatbesuchen) Ellerinize sağlık.	Ich finde Sie sehr sympathisch.	Sizi çok sempatik buluyorum.
Prima!	Harika!	Das finde ich gut.	Bana uygun geliyor.
Toll!	Enfes!	Das gefällt mir.	Hoşuma gidiyor.
Das ist wunderbar!	Mükemmel!	Abgemacht!	Tamam!

Verständigung

Türkischkenntnisse wird niemand von Ihnen erwarten, aber Ihre Geschäftspartner freuen sich, wenn Sie zumindest versuchen, einige Wendungen zu lernen und anzubringen. Mit Englisch, Deutsch oder Französisch kommen Sie meist gut weiter. Absolventen ausländischer Gymnasien in der Türkei sprechen die dort gelehrte Sprache auf muttersprachlichem Niveau, Ähnliches gilt für die nicht seltenen Rückkehrer aus europäischen Ländern.

Wie bitte?	Efendim?	Hilfe!	İmdat!
Könnten Sie das bitte wiederholen?	Lütfen tekrarlayın.	Ich verstehe.	Anlıyorum.
Bitte sprechen Sie etwas langsamer.	Lütfen biraz yavaş konuşun.	Ich spreche nur wenig Türkisch.	Biraz Türkçe konuşuyorum.
Ach, so!	Öyle mi!	Das stimmt.	Bu doğru.
Wirklich?	Gerçekten mi?	Tut mir leid, das weiß ich nicht.	Bilmiyorum, maalesef.
Okay!	Okey!	Keine Ahnung!	Hiç haberim yoktu.
Genau!	Tam!	Das ist mir egal.	Bana ne.
Das gefällt mir (nicht).	Bu hoşuma gidiyor (gitmiyor).	Ich weiß noch nicht.	Henüz bilmiyorum.
Ich will nicht.	İstemiyorum.	Vielleicht.	Belki.

Im Restaurant

Bei Restaurantbesuchen zahlt grundsätzlich und selbstverständlich ein Gastgeber. Getrennte Rechnungen sind nicht üblich und gelten als unhöflich.
Schnäuzen Sie sich keinesfalls am Tisch die Nase, das wird in der Türkei als ekelhaft empfunden.
Kein Problem ist es dagegen, wenn Sie während des Essens nach einer kurzen Entschuldigung ein Handygespräch annehmen.
Alkohol wird von vielen Türken getrunken, gehört aber weniger selbstverständlich zum Essen dazu als in anderen Ländern. Nehmen Sie Rücksicht auf das, was Ihre Geschäftspartner vorziehen.
Das Essen beginnt gerne mit einer reichhaltigen Vorspeisenplatte, nach dem Essen wird ein türkischer Mokka gereicht. Oft stellt der Gastgeber das komplette Menü zusammen.

Herr Ober, …	Garson …	Bitte, …	Lütfen …
die Speisekarte	yemek listesi	ein Glas …	bir bardak …
die Getränkekarte	içecekler listesi	eine (halbe) Flasche …	(Yarım) şişe …
Ich nehme …	Ben … alacağım.	mit Eis	buz ile
ein Mineralwasser	madensuyu	Rotwein	kırmızı şarap
mit Kohlensäure	soda	Weißwein	beyaz şarap
ohne Kohlensäure	madensuyu	Zum Wohl!	Sıhhatinize!
ein Bier	bira	Guten Appetit!	Afiyet olsun!
einen Kaffee	kahve	Bezahlen, bitte.	Hesabı lütfen.
einen Tee	çay	Das ist für Sie.	Bu size.
Wo ist bitte die Toilette?	Tuvalet nerede lütfen?	Es stimmt so.	Bu tamam.

Zahlen

1	bir	13	on üç	25	yirmi beş	80	seksen
2	iki	14	on dört	26	yirmi altı	90	doksan
3	üç	15	on beş	27	yirmi yedi	100	yüz
4	dört	16	on altı	28	yirmi sekiz	101	yüz bir
5	beş	17	on yedi	29	yirmi dokuz	200	iki yüz
6	altı	18	on sekiz	30	otuz	300	üç yüz
7	yedi	19	on dokuz	31	otuz bir	1.000	bin
8	sekiz	20	yirmi	32	otuz iki	2.000	iki bin
9	dokuz	21	yirmi bir	40	kırk	3.000	üç bin
10	on	22	yirmi iki	50	elli	10.000	on bin
11	on bir	23	yirmi üç	60	altmış	100.000	yüz bin
12	on iki	24	yirmi dört	70	yetmiş	1.000.000	bir milyon

Zeitangaben

Was Besuchern aus Deutschland bei Geschäftskontakten in der Türkei etwas Kopfzerbrechen bereiten könnte, ist ein anderes Zeitempfinden. Was Deutsche als Unpünktlichkeit empfinden, ist für Türken normal: ein großzügiger Umgang mit Zeit. Zwar werden, besonders in international agierenden Unternehmen, Geschäftstermine zuverlässig eingehalten. Aber diese Pünktlichkeit gilt nicht unbedingt für alle Bereiche des türkischen Alltags. Stellen Sie sich darauf ein, dass es auch einmal zu Verzögerungen kommt, und sei es allein durch die Verkehrssituation in Millionenstädten wie Istanbul, Ankara oder Izmir.
Bringen Sie also insgesamt Zeit und Geduld mit und verwechseln Sie höfliche Gewohnheiten nicht mit fehlender Arbeitsmoral.

abends	akşamleyin, akşamları	morgen früh	yarın sabah
am Wochenende	hafta sonunda	morgen Abend	yarın akşam
gestern	dün	morgens	sabahları, sabahleyin
heute	bugün	nachmittags	öğleden sonraları
heute Morgen	bu sabah	nächstes Jahr	gelecek yıl
heute Abend	bu akşam	nachts	geceleri, geceleyin
in einer Stunde	bir saat sonra/ içinde	stündlich	saatte bir
in einer Woche	bir hafta sonra	täglich	günlük/her gün
jeden Tag	her gün	übermorgen	öbür gün
jetzt	şimdi	um diese Zeit	bu saatlerde
mittags	öğleyin, öğlenleri	vorgestern	önceki gün
morgen	yarın	vormittags	öğleden önceleri

Wochentage & Monate

Montag	pazartesi	Januar	ocak
Dienstag	salı	Februar	şubat
Mittwoch	çarşamba	März	mart
Donnerstag	perşembe	April	nisan
Freitag	cuma	Mai	mayıs
Samstag	cumartesi	Juni	haziran
Sonntag	pazar	Juli	temmuz
Tag/Monat	gün/ay	August	ağustos
Frühling	ilkbahar	September	eylül
Sommer	yaz	Oktober	ekim
Herbst	sonbahar	November	kasım
Winter	kış	Dezember	aralık

Wörterbuch Deutsch – Englisch

A

Aachen Aix-la-Chapelle, Aachen
Aal eel
ab off
abbauen dismantle
Abbiegespur filter lane, turning lane *(US)*
Abend evening
Abendessen evening meal
abends in the evening
Abendvorstellung evening performance
aber but
abfahren leave
Abfahrt departure
Abfall fall, decrease; rubbish
abflachen level off, flatten out
Abflug departure
Abflughalle departure lounge
abgebrochen broken off
abheben take off
abholen collect
Abitur German school leaving certificate
Abkommen agreement
Ablagekorb tray
Ablaufdatum expiry date
absagen cancel
Absatz paragraph
abschicken send
abschließen finalize; lock
Absender sender
absichtlich deliberately, on purpose
Absichtserklärung declaration of intent
abstimmen vote
Abszess abscess
Abteilung department
Abteilungsleiter/in head of department
abwesend absent
Accessoires accessories

Achse (senkrecht/waagerecht) axis (vertical/horizontal)
Adapter adaptor
Adresse address
Agentur agency
Ägypten/ägyptisch Egypt/ Egyptian
ähnlich similar
Akkreditiv letter of credit (L/C)
akkreditivstellende Bank issuing bank
Akku battery
Aktenordner ring binder
Aktie share
Aktionär/in shareholder
aktuell current
Alkoholfreie Getränke non-alcoholic drinks
alkoholfreies Bier alcohol-free beer
Alkoholische Getränke alcoholic drinks
alle all
allein alone
Alleinvertreter sole representative
Alleinvertretung exclusivity
Alleinvertriebsrecht exclusive distribution rights
Allergie allergy
alles everything
allmählich gradual(ly)
als when, as, than
als Gegenleistung quid pro quo
als Gegenleistung in return *(US)*
als ob as if
also therefore
Alsterwasser, Radler shandy
alt old
Alte(r) old man, old woman
Alter age
Altstadt old quarter
am on; at
am besten best, best of all
am liebsten most (of all) , best (of all)
am meisten (the) most

Ampel traffic lights

Amtszeichen dialling tone

an at, on; switched on

Ananas pineapple

anbieten offer

Andenken souvenirs

andere(r, s) other

ändern amend, change

anders different

Änderung amendment

anfangen begin

Angaben specifications

Angebot offer, quotation

Angebot und Nachfrage supply and demand

Angestellte/r white collar worker

Angst fear

anhalten stop

Anhang appendix; *(Brief:)* enclosures

ankommen arrive

Ankunft arrival

Ankunft arrival

Anlage annexe

Anmeldung registration

anprobieren try on

Anruf call

Anruf entgegennehmen take a call

Anrufbeantworter answerphone, answering machine *(US)*

anrufen call, phone, make a (telephone) call

Anschlussflug connecting flight

Anspitzer (pencil) sharpener

anstellen hire

anstellen take on

Antrag motion

Antrag stellen propose a motion

Antwort answer

Anweisungen instructions

anwesend present

anziehen get dressed; put on

Anzug suit

Apartmenthaus block of flats, apartment building *(US)*

Aperitif apéritif

Apfel apple

Apfelsine orange

Apotheke chemist's, pharmacy *(US)*

Aprikose apricot

Arbeit job, work

arbeiten work

Arbeiter/in blue collar worker

arbeitslos unemployed

ärgern get angry

Arm arm

arm poor

Armband bracelet

Armbanduhr watch

Ärmelkanal The (English) Channel

Art way, kind, sort

Arzt/Ärztin doctor

Aschenbecher ashtray

Assistent/in assistant

Athen Athens

atmen breathe

Aubergine aubergine, eggplant

auch also; too

auf on; at

auf einmal at once

aufbauen construct

Aufbewahrungsflüssigkeit saline/ soaking solution

Aufenthalt stay

aufhängen hang up

aufheben rescind; pick up

aufhören stop

auflegen hang up

Aufmerksamkeit attention

aufpassen watch out

Aufsichtsratsvorsitzende/r chairman of the board

aufstehen get up

Auftrag contract

aufwachen wake up

Aufzug elevator, lift *(GB)*

Auge eye

aus from; out of; switched off

ausbauen extend

Ausbildungszentrum training centre

Ausfahrt exit

ausführen export
Ausgang way out, exit
Ausgangskorb out-tray
ausgeben spend
ausgefallen fallen out
aushandeln negotiate
Auskunft information; (Telefon) directory (enquiries)
Auskunft information
Auskunftsstelle information desk
Ausland abroad
Ausländer(in) foreigner
Auslandsflug international flight
ausleihen borrow
Auslieferung delivery
ausruhen rest
ausschalten switch off
Ausschlussklausel exclusion clause
außer except
außerdem besides
Außerkraftsetzung waiver
äußerst extremely, most
aussteigen get off
Aussteller/in exhibitor
Ausstellung exhibition
Ausstellungsstück sample (not for sale)
Ausstellungsverzeichnis exhibition guide
Austern oysters
auswählen choose
Ausweis ID (identification)
Auszubildende/r trainee
Auto car
Autobahn motorway, freeway (US)
automatisiert automated
Avocado avocado

B

Baby baby
Bäcker baker's
Bad bathroom; bath
Bademantel bathrobe
Badematte bathmat

baden have a bath
Badewanne bath, bathtub (US)
Badezimmer bathroom
Bahn railway
Bahnhof train station
bald soon
Balken bar
Balkendiagramm bar chart
Balkon balcony
Ballett ballet
Banane banana
Bank bank
Bankfiliale branch of a bank
Bankgebühren bank charges
Bankleitzahl bank sorting code
Bankwechsel bank draft
Bargeld cash
Barsch perch
Bart beard
Basel Bâle, Basle, Basel
Bauch stomach
Bauernhof farm
Baum tree
Bayern Bavaria
beachten observe
Beamer beamer
bedanken thank
Bedarf need, requirement
bedauern regret
bedeuten mean
bedienen serve
Bedingungen conditions
beeilen hurry
beenden finish
Beförderung transportation
beginnen begin
beglaubigen witness
behalten keep
Behälter container
behindert disabled
bei near, by
beide both
beige beige
Bein leg
beißen bite
bekommen get
Beleuchtung lighting

Belgien/belgisch Belgium/ Belgian
beliebt popular
benutzen use
Benzin petrol, gas *(US)*
Berater/in consultant
Bereich division
bereit ready
bereits already
Berg mountain
Beruf job
beruhigen calm down
beschaffen purchase
beschäftigen employ
beschäftigt busy
beschränkte Haftung limited liability
beschreiben describe
beschweren complain
besetzt engaged; taken
Besetztzeichen engaged tone, busy signal *(US)*
besitzen own, possess
besondere(r, s) special
besonders especially
Besprechung meeting
Besprechung abhalten have a meeting
Besprechung ansetzen arrange a meeting
Besprechung moderieren chair a meeting
Besprechung vorbereiten plan a meeting
Besprechungsraum conference room
besser better
beste(r, s) best
bestellen order
Bestellformular order form
Bestellkarte order card
bestimmen stipulate
bestimmt definitely
Bestimmung stipulation
Besuch visit; visitor
besuchen visit
Besucher(in) visitor

beteiligen participate in
Beteiligung participation
betreten enter
Betriebsrat (Organ) staff council, workers council
betrunken drunk
Bett bed
bevor before
bewegen move
bezahlen pay
Bezahlung payment
Bezahlung gegen Dokumente cash against documents (C/D)
Bezirksleiter/in district manager
Bier beer
Bild picture
Bildschirm screen
Birne pear
bis until
bisschen a little bit (of)
bitte please
bitten request; ask for
blau blue
bleiben stay
Bleifrei unleaded, lead-free
Bleistift pencil
blöd stupid, silly
Blume flower
Blumenkohl cauliflower
Blut blood
Bodenpersonal ground staff
Bodensee Lake Constance
Bohnen beans
bohren drill
Bordkarte boarding card
Börseneingang stock market listing; flotation
Botschaft embassy
Branche industry
Branchenverzeichnis yellow pages
brandneu brand-new
Brasilien/brasilianisch Brazil/ Brazilian
brauchen need
braun brown
breit wide, broad

Breite width
brennen burn
Brief letter
Briefkasten postbox, mailbox (US)
Briefmarke stamp
Briefpapier letter paper
Briefpapier stationery (US)
Brieftasche wallet, billfold (US)
Briefumschlag envelope
Brille glasses
bringen bring, take
Brokkoli broccoli
Brosche brooch
Broschüre brochure
Brot bread
Brötchen roll
Browser browser
Brücke bridge
Bruder brother
Brüssel Brussels
Brust breast
Buch book
Bücher books
Buchhalter/in accountant
Buchstabe letter
bügeln iron
Burg castle
Bürgersteig pavement, sidewalk (US)
Bürgschaft security; surety
Büro office
Bürogebäude office block, office building (US)
Büroklammer paper-clip
Bürostuhl office chair
Bus bus
Busfahrer/in bus driver
Bushaltestelle bus stop
Butter butter

C

CD-Brenner CD-writer
Champignons, Pilze mushrooms
China/chinesisch China/Chinese
Cocktail, Mixgetränk cocktail

Computer computer
computergesteuert computerized

D

da as, since, there
dafür in favour
dagegen against
Dame lady
Damenbekleidung ladies' clothing
damit so that
danach afterwards
Dänemark/dänisch Denmark/ Danish
Dank thanks
danken thank
dann then
das the; which; that
dass that
Datum date
dauern last
Decke ceiling
dein your
deine(r, s) yours
Den Haag The Hague
den Höchststand erreichen peak, reach the highest point
denken think
Denkmal monument, memorial
denn for
der the; which; who
deutlich clear
Deutschland Germany
Devisennachweis currency declaration
Dia slide
Diaprojektor slide projector
dick thick, fat
die the; which; who
Dienstleistungen services
diese(r, s) this
Diesel diesel
Diktafon dictaphone
Diskette (floppy) disk
Diskothek nightclub
diversifizieren diversify
Dokument document

Dokumentenakkreditiv documentary credit (D/C)
Dom cathedral
Doppelbett double bed
Doppelzimmer double room
Dorf village
dort there
dramatisch dramatic(ally)
draußen outside
drehen turn
dringend urgent
drinnen indoors
Drogerie chemist's
Drogerieartikel toiletries
drücken press
Drucker printer
DSL (highspeed) broadband
du you
dumm stupid, annoying
dunkel dark
dunkelblau dark blue
dunkles Bier bitter
dunkles Brot brown bread
dunkles Starkbier (z. B. "Guinness") stout
dünn thin
durch through
durchgehend solid
durchgehender Zug through train
Durchsage announcement
Durchwahl extension (number)
dürfen be allowed to
Durst thirst
durstig thirsty
Dusche shower
Duschvorhang shower curtain

E

echt real
Ecke corner
Eckstand corner stand
effektiv effective
effizient efficient
Ehefrau wife
ehemalige(r, s) former, old
Ehemann husband

Ei egg
eigen own
eigentlich actually, really
Eigentumsvorbehalt reservation of proprietary rights
Eilbrief express letter
ein Auftrag erteilen award a contract
Einbahnstraße one-way street
einchecken check in
einfach simple
einfach(e Fahrt) single ticket, one way ticket *(US)*
Einfamilienhaus house
einführen launch; import
Eingang entrance
Eingangskorb in-tray
Einheit unit
einkaufen shop, go shopping
Einkaufspreis wholesale price
einladen invite
Einladung invitation
einmal once
einmalig unique
einschalten switch on
einschlafen fall asleep
(per) Einschreiben registered letter
einsteigen get in
einstimmig unanimous
Eintrittskarte ticket
Einwanderungsstelle immigration office
Einzelbett single bed
Einzelhändler retailer
Einzelteil component
Einzelzimmer single room
Eis ice cream
Eisenbahn railway
Eiskrem ice cream
elektrisch electric
Elektroartikel electrical goods
Eltern parents
E-Mail email
Empfang reception
Empfänger addressee
Empfangsbestätigung receipt

Empfangspersonal receptionist,
empfehlen recommend
Ende end
endlich finally
Endmontage final assembly
Endstation terminus, final stop
(US)
eng tight
Enkel grandson; grandchild
Enkelin granddaughter
Ente duck
Enthaltung abstention
entlassen sack, fire, dismiss
Entscheidungsfindung decision-
making
entschuldigen excuse
entschuldigen, sich apologize
entweder ... oder ... either ... or ...
entwerfen draw up
Entwicklung development
er he
Erbsen peas
Erdbeeren strawberries
Erdgeschoss ground floor, first
floor (US)
erfahren learn, experience
Erfolg success
erfolgreich successful
erfüllen fulfil, comply with
Erfüllungsort place of delivery/
performance
Ergebnis result
erhöhen increase, raise
erinnern remind
erinnern, sich remember
Erkältung cold
erkennen recognize
erklären explain
erkundigen make enquiries
erlauben allow, let
ernst serious
erprobt tested
erreichen reach
Ersatzteile spare parts
erschrecken frighten
erst first; only, just
Erste Hilfe first aid

erste(r, s) first
erster Stock first floor, second
floor (US)
erstklassig first class
Erwachsene(r) adult
erwarten expect
erwartet due, expected
erweitern expand
erzählen tell
es it
Espresso espresso
Essen meal
essen eat
Estland/estnisch Estonia/
Estonian
Etage floor
Etui case
etwa about
etwas a little bit (of)
euer your
eure(r, s) yours
expandieren expand
Exporteur exporter

Fabrik factory
Facharbeiter/in skilled worker
Fachbesucher/in trade visitor
Fähre ferry
fahren drive, go
Fahrer/in driver; chauffeur
Fahrkarte ticket
Fahrkartenautomat ticket
machine
Fahrkartenverkaufsstelle ticket
office
Fahrplan timetable
Fahrrad bike, bicycle
Fahrstuhl elevator
Fahrt journey, trip (US)
fallen fall, decrease, go down
fallen lassen drop
fällig due, payable
falsch wrong
Familie family
Familienbetrieb family business

Farbdrucker colour printer
Farbe colour
Fasan pheasant
fast almost
faul lazy
Fax fax
Faxanschluss fax line
faxen fax
Federbett quilt, duvet *(GB)*
fehlen be missing
fein fine
feindliche Übernahme hostile
    takeover
Feld field
Ferien holidays
Fernbedienung remote control
Ferngespräch long-distance call
fernsehen watch television
Fernseher television, TV
fertig finished, ready
Fertigung shop floor
Festival festival
Festplatte hard disk
fett fat
Feuer fire
Feuerzeug cigarette lighter
Filet fillet
Filiale branch
Film film, movie *(US)*
Filzstift felt tip (pen)
finanzieren finance
finden find
Finger finger
Firmenimage corporate image
Fisch fish
Fitnessraum fitness centre
fixe Kosten overheads
Fixkosten overheads
flach flat
Fläche area
Flasche bottle
Fleisch meat
Fleischpasteten meat pies
fliegen fly
Fließband production line
Flipchart flipchart
Flug flight

Flugbegleiter/in flight attendant
Flughafen airport
Flughafensteuer airport tax
Flugsteig gate
Flugzeug plane
fluktuieren fluctuate
Flur corridor, hall *(US)*
Fluss river
Flussdiagramm flow chart
Folge result
folgen follow
Folie transparency
Folienschreiber OHP pen
Fön hairdryer
Forelle trout
Formulierung formulation
Forschung research
Forschung & Entwicklung R & D
    (research and development)
Forschungszentrum research
    centre
Fotoapparat camera
Fotokopierer photocopier
Frage question
fragen ask
Frankreich/französisch France/
    French
Frau woman, Mrs.
frei free
Freizeit free time
Fremde(r) stranger, foreigner
Fremdenverkehrsamt tourist
    information centre
freuen, sich be glad, look forward
Freund friend, boyfriend
Freundin friend, girlfriend
Friedhof cemetery
frisch fresh
Frischkäse cream cheese
Friseur hairdresser
Frist deadline
froh happy, glad
Fruchtpüree fool
Fruchtsaft fruit juice
früh early
Frühstück breakfast
Frühstücksbüfett breakfast bar

Frühstücksraum breakfast room
Frühvorstellung matinee
fühlen feel
führend leading
Führerschein driving licence
Fuhrpark fleet
füllen fill
Füllung filling
Fundbüro lost property office, lost & found *(US)*
für for
furchtbar terrible
fürchten be afraid
Fusion merger
fusionieren merge
Fuß foot
Fußball football
Fußballspiel football match, soccer game *(US)*
Fußballstadion football ground, soccer stadium *(US)*
Fußgängerzone pedestrian precinct

G

Gabel fork
Gang aisle
ganz whole, complete; quite
Garantie guarantee
Garderobe cloakroom
Gardine curtain
Garnelen shrimps
Gast guest
Gaststätte pub
gebacken baked
Gebäude building
geben give
Gebietsleiter/in area manager
Gebiss dentures
gebraten fried
gebrauchen use
gebrochen broken
Gebühr fee, charge
gebührenpflichtige Brücke toll bridge

gebührenpflichtige Straße toll road
Geburt birth
Geburtshaus birthplace
Geburtstag birthday
gedämpft steamed
Geduld patience
gedünstet stewed, braised
geeignet suitable
Gefahr danger
gefährlich dangerous
gefallen like
Geflügel poultry
gegen around; against
Gegensprechanlage intercom
Gegenteil opposite
gegenüber opposite
gegrillt grilled, broiled *(US)*
Gehalt pay, salary
Geheimnummer PIN (personal identity number)
gehen go
gehören belong
gekocht boiled
gekochtes Ei boiled egg
gelb yellow
Geld money
Geldautomat cashpoint, ATM (automatic teller machine) *(US)*
Geldbörse wallet
Geldschein note, bill *(US)*
Gelegenheit opportunity
Gemeinschaftsunternehmen joint venture
gemischter Salat mixed salad, tossed salad *(US)*
Gemüse vegetable(s)
gemütlich comfortable
genau exact; exactly
Generaldirektor/in chief executive officer (CEO), managing director *(GB)*, president *(US)*
Generalvertretung sole agency
Genf Geneva
Genfer See Lake Geneva
genießen enjoy

Genua Genoa
genug enough
Gepäck baggage
Gepäckablage baggage rack
Gepäckausgabe baggage (re) claim
Gepäckförderband baggage conveyor
Gepäckwagen baggage trolley
gerade straight, even; just
geradeaus straight ahead
Gerät(e) equipment
geräuchert smoked
Geräusch sound, noise
Gerichtsstand venue, court of jurisdiction
geringste(r, s) least
gern(e) with pleasure
geröstet roast
Geruch smell
Geschäftsbedingungen terms of business
Geschäftsbereich business area
Geschäftsmann/-frau businessman/-woman
geschehen happen
geschieden divorced
geschlossen closed
geschmort stewed
Geschoss floor
Gesellschafter/in shareholder
Gesellschaftsraum lounge
Gesicht face
gesplittert chipped
Gespräch mit Voranmeldung person-to-person call
gestampft mashed
Gestell frame
gestern yesterday
gestrichelt broken
gesund healthy
Gesundheit health
Getränk drink
Gewerkschaft trade union, labor union *(US)*
Gewinn profit
Gewinnspanne profit margin

Gitter grid
Glas glass; *(Brille)* lens
glauben believe
gleich same, equal
gleichmäßig steady; steadily
Gleis platform, track *(US)*
global global
Glück happiness
glücklich happy
Gott god
Götterspeise jelly (US: jello)
Gottesdienst (church) service
Grab grave
Grafik (line) graph
grau grey
Griechenland/griechisch Greece/ Greek
Grippe flu
groß big; tall
Größe size
Großeltern grandparents
Großhändler wholesaler
grün green
Grund reason, purpose
gründen found
Gründer/in founder
Grundriss layout
grüner Salat green salad
Gruppe group
Gruß Greeting; wish
grüßen greet
gucken look
gültig valid
günstig reasonable, moderate, cheap; convenient
Gurke cucumber
gut good, well
Güter goods
gutgläubig bona fide

H

Haar hair
haben have
Hackfleisch, Gehacktes mince (US: ground meat)
Haferbrei porridge

haften für be liable for
Haftung liability
Hähnchen chicken
halb half
halb offen half-open
halbtrocken medium
Halbzeit half-time
Halle hall, concourse
Hallenbad (indoor) pool
Hallenplan floor plan
hallo hello
Hals neck
Halskette necklace
halten keep, hold
halten an, sich abide by
Haltestelle stop
Hammel mutton
Hand hand
Handel trade
handeln bargain
Handelsrabatt trade discount
Handelsspanne profit margin
handelsüblich customary
Handelsvertreter representative
Handelswaren merchandise
Handgepäck hand baggage
Händler/in dealer
Handtasche handbag, purse *(US)*
Handtuch towel
Handy mobile (phone) *(GB)*, cell (phone) *(US)*
Handzettel handout
hart hard
Haselnuss hazelnut
hassen hate
hässlich ugly
häufig frequently
Haupteingang main entrance
Hauptgeschäft core business
Hauptverwaltung head office, headquarters
Haus house
Hausmeister/in caretaker, building supervisor *(US)*
heben lift, raise
Hecht pike
Hefter stapler

Heiligabend Christmas Eve
Heimweg way home
heiß hot
heißen be called
helfen help
hell bright, light
hellblau light blue
helles Bier lager
Hemd shirt
herauf up
heraus out
Herd cooker
herein into
hereinkommen come in, enter
hereinlassen let in
Hering herring
Herr gentleman; *(Anrede:)* Mr.
Herrenbekleidung menswear
herrlich marvellous
herstellen produce, manufacture
Hersteller/in producer, manufacturer
Herstellung production
herunter down
hervorragend excellent, outstanding
Hessen Hesse
heute today
hier here
Hilfe help
Himbeeren raspberries
Himmel sky
hinauf up
hinein in(to), inside
hinlegen put down, lie down
hinsetzen sit down
hinstellen put down
hinten at the back
hinter behind
hinunter down
hoch high
Hochgeschwindigkeitszug high-speed train
Hochhaus high-rise, tower block
Hochkonjunktur boom
Hochzeit wedding
hoffen hope

hoffentlich hopefully
Hoffnung hope
höflich polite
Höhe height
höhere Gewalt act of God
Holding holding company
holen get
Honig honey
hören hear
Hörer receiver
Hose trousers
Hotelzimmerreservierung hotel reservation service
hübsch pretty
Hummer lobster
Hund dog
Hunger hunger
hungrig hungry

I

ich I
Idee idea
ihr her, you, their, its
Ihr your
ihre(r, s) hers, theirs
Ihre(r, s) yours
immer always
immer noch still
in die Höhe schießen rocket, shoot up
in die Höhe schießen shoot up
in Konkurs geraten go bankrupt
in Kraft treten come ineffect
in Lizenz herstellen manufacture under licence
Industrie- und Handelskammer chamber of commerce
Information information desk
informelles Gespräch informal discussion
Infotheke information desk
Ingenieur/in engineer
Inlandsflug domestic flight
intelligent intelligent
interessant interesting
interessieren be interested

internationale Vorwahl international (access) code
Internet internet
Internet-Anschluss internet connection
investieren invest
Investition investment
Investor/in investor
inzwischen meanwhile
Italien/italienisch Italy/Italian

J

ja yes
Jacke jacket
Jahr year
Jahreszeit season
Jalousie blind
Japan/japanisch Japan/Japanese
Jazzklub jazz club
je ..., desto ... the more ..., the more ...
Jeans jeans
jede(r, s) every, each
jedenfalls in any case
jedes Mal every time
jemals ever
jetzt now
Joghurt yoghurt
Johannisbeeren currants
jung young
Junge boy

K

Kabel cable
Kabeljau cod
Kabine cabin; booth
Kaffee coffee
Kaffee mit Milch white coffee
Kalb veal
kalt cold
Kaninchen rabbit
Kantine canteen, cafeteria *(US)*
Kapazität capacity
Kapelle chapel
Kapital capital

Karfreitag Good Friday
Kärnten Carinthia
Karotten carrots
Karteikarte filing card
Kartentelefon card (tele)phone
Kartenverkaufsstelle ticket agency
Kartoffel potato
Kartoffelpüree creamed potato, mashed potatoes
Käse cheese
Kasse check-out, cash desk; till
Katalog catalogue
Katze cat
kaufen buy
Kaufhaus department store
kaufm. Angestellte/r office worker
kaum hardly
kein no, not any
Kellner/in waiter/waitress
kennen know
kennen lernen get to know, meet
Kerl guy
Kerngeschäft core business
Kette chain; *(Schmuck)* necklace
Keule leg
Kiefer jaw
Kilo kilo(gram)
Kind child
Kinderbekleidung children's clothes
Kindergarten nursery school
Kino cinema, movie theater *(US)*
Kirche church
Kirsche cherry
Klarsichthülle (clear) plastic folder
Klasse class
Klausel clause
Kleid dress
Kleiderbügel coathanger
Kleiderschrank wardrobe
klein small, little
Kleingedruckte(s) small print
Klimaanlage air conditioning
klingeln ring

klug wise, clever
Knäckebrot crispbread
Kneipe pub
Knie knee
Knoblauch garlic
kochen cook
koffeinfreier Kaffee decaf, decaffeinated coffee
Koffer suitcase
Kohl cabbage
Kollege, Kollegin colleague
Köln Cologne
komisch funny
kommen come
Kommode chest of drawers
Konferenzraum meeting room
Konfitüre jam
Konkurrent/in competitor
Konkurrenz competition
konkurrenzlos no competition
konkurrieren compete
können be able (to)
Konsortium consortium
Konsulat consulate
Kontaktlinsen (hart/weich) contact lenses (hard/soft)
Konto account
Kontonummer account number
konzentrieren concentrate
Konzern group
Konzert concert
Konzerthalle concert hall
Konzession franchise
Konzessionsgeber/in franchiser
Konzessionsnehmer/in franchisee
Kooperation cooperation
Kopf head
Kopfkissen pillow
Kopfkissenbezug pillow case
Kopfschmerzen headache
Körper body
Kosmetika cosmetics
Kosten costs
kosten cost
Kosten costs
Kostenvoranschlag offer

Kotelett chop
Krabben crab
kräftig strong
kraftvoll powerful
krank ill, sick
Krankenhaus hospital
Krankenpfleger male nurse
Krankenschwester nurse
Krankheit illness
Kreditkarte credit card
Kreisverkehr roundabout, rotary *(US)*
Kreuzung crossroad(s), junction
Krieg war
kriegen get
Krone crown
Küche kitchen
Kuchen cake
Küchenchef chef
Kuchendiagramm pie chart
Kugelschreiber ballpoint (pen), biro
Kuh cow
Kühlschrank refrigerator, fridge
Kunde/Kundin client; customer
kündigen terminate
Kunstgalerie art gallery
Kurve curve
kurz short
kurzsichtig short-sighted
Kurzwaren haberdashery, notions *(US)*
Kuss kiss
küssen kiss

L

Labor lab(oratory)
Lächeln smile
Lachs salmon
Laden shop, store *(US)*
Ladenpreis retail price
Ladeplatz loading bay
Lager store
Lagerbestand stock
Lagerhalle warehouse
Lagerung storage

Laken sheet
Lamm lamb
Lampe lamp
Landebahn runway
landen land
landesweit across the country
lang long
lange for a long time
Länge length
langsam slow; slowly
langweilig boring
Laptop laptop
Lärm noise
lassen leave, allow, let
Lauch leek
laufen run, walk
Laufwerk disc drive
laut loud
Lautsprecher loudspeaker
Leben life
leben live
Lebensmittel food
Leber liver
lecker tasty
ledig single, not married
leer empty
Leerung collection
legen lay
Lehrer(in) teacher
leicht light, easy
leicht zu bedienen easy operate
Leid tun be sorry
leider unfortunately
Leinwand screen
leise quiet
Leistung performance
leiten manage
leitende/r Angestellte/r manager, executive
Leitung line; management
Lendenstück (Steaks) sirloin
lernen learn
lesen read
Lettland/lettisch Latvia/Latvian
letzte(r, s) last, latest, final
Licht light
Lichtschalter light switch

Liebe love
liebeist dear
lieben love
lieber rather
lieblich sweet
Lieblings- favourite
Lieferant supplier
Lieferbedingungen delivery conditions
Lieferfrist delivery period
Liefertermin delivery date
Lieferung delivery
liegen lie down, be situated
Likör liqueur
lila purple
Limone lime
Lineal ruler
Linie line
links left, to/on the left
Linse lens
Lissabon Lisbon
Listenpreis list price
Litauen/litauisch Lithuania/ Lithuanian
Liter litre
Lizenz licence
Lizenzabkommen licensing agreement
Lizenzgeber/in licenser
Lizenzgebühr royalty
Lizenznehmer/in licensee
Lizenzwaren goods produced under licence, licenced goods
LKW lorry
LKW-Fuhrpark truck fleet
Loch cavity, hole
Locher hole punch, perforator
locker loose
Löffel spoon
Loge box
Logo logo
Luft air
Lüge lie
lügen lie
lustig funny, cheerful
Lüttich Liège

M

machen do, make
Mädchen girl
Mailand Milan
Mailing mailshot
Mais sweet corn, Indian corn
manchmal sometimes
Mandel almond
Mann man
Mantel coat
Mappe folder
Marke brand
Marker board marker, marker pen
Markt market
Marktanteil market share
Marktführer market leader
Marktlücke gap in the market
Marktsegment sector of the market
Maschine machine; (air)plane
Maße dimensions
Matratze mattress
Matrix matrix
Maus mouse
maximal maximum
Mechaniker/in mechanic
Medizin medicine
Meer sea; seaside
Meeresfrüchte seafood
mehr more
mehrere several
Mehrkosten cost overrun
Mehrwertsteuer VAT (value added tax)
mein my
meine(r, s) mine
meinen think, believe
Meinung opinion
meiste(r, s) most
meistens mostly
Melone/Wassermelone melon/ watermelon
Menge amount
Mengenrabatt discount on/for quantity
Mensch person

Messe trade fair; *(Kirche)* mass
Messebüro trade fair office
Messegelände exhibition centre
Messer knife
Messezentrum trade fair centre
Metzgerei butcher's
Miete rental charge; rent
mieten hire, rent
Milch milk
mindeste(r, s) least
Mindestertrag fallback
Mineralwasser mineral water
Minibar minibar
minimal minimum
Ministerium ministry
Minute minute
mitbringen bring
Mitglied member
mitnehmen take
Mittag mid-day
Mittagessen lunch
Mitte middle
Mittelmeer The Mediterranean
mittelständische Unternehmen
  SME's (small and medium-sized
  enterprises)
Modem modem
Moderator/in chair(person)
moderieren chair
modern modern
mögen like, enjoy
möglich possible
Monitor monitor
Monopol monopoly
Montage assembly
Morgen morning
morgen tomorrow
morgens in the morning
Moskau Moscow
Motorrad motorbike
müde tired
Mühe trouble
München Munich
Mund mouth
Münze coin
Münztelefon coin (tele)phone
Muscheln mussels

Museum museum
Musical musical
Musik music
Müsli muesli
müssen have to, must
Muster sample
Mut courage
mutig courageous
Mutter mother
Muttergesellschaft parent
  company
Mutti mum, mummy

N

nach after
nachher afterwards
Nachmittag afternoon
nachmittags in the afternoon
Nachricht message
Nachrichten news
nachsehen check
Nachspeisen Desserts
nächste(r, s) next
Nacht night
Nachteil disadvantage
Nachtklub night club
Nachtportier night porter
nachts at night
Nachttischlampe bedside lamp
nah(e) near, close
Namensschild badge, button *(US)*
Nase nose
natürlich naturally
Neapel Naples
neben next to, by
nehmen take
nein no
neu new
Neuenburg Neuchâtel
neueste(s) (Design) state-of-the-
  art (design)
neugierig curious
Neujahr New Year's Day
nicht not
nichts nothing
nie never

Niederlande/niederländisch The Netherlands/Dutch
Niederlassung branch
Niedersachsen Lower Saxony
niedrig low
niemand nobody, no one
Nieren kidney(s)
noch still; yet
noch einmal (once) again
Norden north
Nordrhein-Westfalen North Rhine-Westphalia
Nordsee The North Sea
normalerweise normally
Norwegen/norwegisch Norway/ Norwegian
Notausgang emergency exit
nötig necessary
Notruf emergency call
notwendig necessary
null und nichtig null and void
Nummer number
nun now
nur only
Nürnberg Nuremberg
nützlich useful

O

ob if
oben up; above; upstairs
Oberkellner/in maitre d'hotel, maitre d' *(US)*
Obersee (USA/Kanada) Lake Superior
Obst fruit
Obstsalat fruit salad
obwohl although
oder or
offen open
offensichtlich obviously
öffentlich public
öffentliche Toilette public toilet, public restroom *(US)*
Öffentlichkeit public
öffnen open
oft often

ohne without
Ohr ear
Öl oil
Oma grandma, granny
Onkel uncle
Opa grandpa
Oper opera
Opernhaus opera house
orange orange
ordentlich proper(ly)
Organigramm organigram
Ort place
Ortsgespräch local call
Osten east
Ostern Easter
Österreich Austria
Ostsee The Baltic
outsourcen outsource

P

paar a few
Paar couple; pair
Päckchen parcel
Packung packet
Paket packet
Palette range
Papa dad, daddy
Paprika peppers
Paragraph section
Parfüm perfume
Park park
parken park
Parkett stalls
Parkgebühr parking charge
Parkhaus pezialorey car park, parking garage *(US)*
Parkplatz parking space; car park
Parkschein car park ticket
Parkscheinautomat ticket machine
Parkuhr parking meter
Partner/in partner
Pass passport
passen fit
passend suitable
passieren happen

Passkontrolle passport control
Patent patent
PC PC
Pech bad luck
per Prokura per pro
Personal personnel, staff
Personalausweis passport, identity card
persönlich personal
Pferd horse
Pfingsten Whitsun, Pentecost (*US*)
Pfingstmontag Whit Monday
Pfirsich peach
Pförtner/in porter
Pfund pound
pink pink
Plan plan, map
Planungsbesprechung planning meeting
Platz place; seat; room
Plombe filling
plötzlich sudden(ly)
pochiert poached
Polen/polnisch Poland/Polish
Politik politics
Polizei police
Polizeirevier police station
Polizist policeman, police officer (*Am*)
Polizistin police woman
Pommes frites pezia fries, chips (*nur GB*)
Portemonnaie purse
Portion portion
Portugal/portugiesisch Portugal/ Portuguese
Portwein port
Post post office
Postkarte postcard
Postkasten postbox, mailbox (*US*)
Postleitzahl post code, zip code (*US*)
Prag Prague
Preis price
Preis ab Werk factory price

Preisgleitklausel price excalator clause
Preisliste price list
Pressekonferenz press conference
Pressemitteilung press release
privat private
privatisieren privatize
Probeauftrag trial order
probieren taste, try
Problem problem
Problemlösungsbesprechung problem-solving meeting
Produktionsablauf production process
Produktionsstätte production area
profitieren profit (from)
Pro-forma-Rechnung pro forma (invoice)
Programm program
Projektgruppe project group
Projektgruppenbesprechung project group meeting
Projektleiter(in) project manager
Prospekt brochure
Prospekthalter display case
Prothese dentures
Protokoll minutes
Protokoll führen take the minutes
Provision commission
provisorische Füllung temporary filling
Prozentsatz percentage
Psychologe/Psychologin psychologist
Punkt point
punktiert dotted
pünktlich punctual
Pute turkey

Q

Quadrant quadrant
Qualität quality
Qualitätskontrolle quality control

R

Rabatt discount
Rad wheel, bike
Radiergummi rubber *(GB)*,
  eraser *(US)*
Radiowecker radio alarm clock
Rahmen frame
rasieren shave
Rasthof service area
Rat (piece of) advice
Rathaus town hall
rationalisieren rationalize
Rauch smoke
rauchen smoke
Raum room
Rebhuhn partridge
Rechnung invoice
Recht right
rechte(r, s) right
rechts right; on the right
Rechtsanwalt/-anwältin lawyer
recyclebar recyclable
reden talk
reduzieren cut back
Regal shelf
Regen rain
Regenschirm umbrella
Regierung government
regional regional
Regionalleiter/in regional
  manager
regnen rain
Reh venison
reibungslos trouble-free
Reinigung dry cleaner's
Reinigungsflüssigkeit cleaning
  fluid
Reis rice
Reise journey
Reisebüro travel agency
Reisescheck traveller's cheque
Reiseziel destination
Reißwolf shredder
rentabel profitable
Rentabilität profitability
Rest rest

Restaurant restaurant
Rezeption reception
Rezeptionist/in receptionist
Rezession recession
R-Gespräch reverse charge call,
  collect call *(US)*
Rhein The Rhine
Rheinland-Pfalz Rhineland-
  Palatinate
richtig right; really
Richtung direction
riechen smell
Rind beef
Rindfleisch beef
Ring ring
Rippchen spare ribs
Roboter robot
Rock skirt
roh raw
Rohstoff raw material
Rollo blind
Rollstuhl wheelchair
Rolltreppe escalator
rosa pink
Rosé rosé
Rosenkohl Brussels sprouts
rot red
Rotkohl red cabbage
Rotwein red wine
Rücken back
Rückfahrkarte return ticket,
  round trip ticket *(US)*
Rücktrittsklausel escape clause
rufen call, shout
Rufton ringing tone
Ruhe peace, silence
ruhig quiet, peaceful
Rührei scrambled eggs
rund round
Russland/russisch Russia/
  Russian

S

Sachbearbeiter/in clerical worker
Sache thing, matter
Sackgasse dead-end street

Safe safe
Saft juice
sagen say, tell
Sahne (whipped) cream
Salat salad
Salz salt
Salzstreuer salt cellar
satt full
sauber clean
Säule pillar
Sauna sauna
S-Bahn suburban train, local train
Scanner scanner
Schadenersatz compensation claim
Schalter desk, counter; switch
Schlagsahne whipped cream
scharf spicy
schauen look
Scheck cheque
Scheckkarte cheque card
Scheibe slice
Schein (bank) note
schick smart, chic
Schild sign
Schinken ham
Schinkenspeck bacon
schlafen sleep
schlafen gehen go to sleep
Schlafzimmer bedroom
schlagen hit, knock
schlank slim
schlau clever
schlecht bad; badly
schließen close (down)
Schließfach safety deposit box
schlimm bad
Schloss palace
Schlüssel key
schlüsselfertig turnkey
schmecken taste
Schmerz pain
Schmuck jewellery
schmutzig dirty
Schnee snow
schneiden cut
schnell fast, quick; quickly

Schnellhefter folder
Schnellzug express train
Schnitzel cutlet
Scholle plaice
schon already
schön beautiful
Schönheitssalon beauty salon
Schrank cupboard
Schraube screw
schrecklich terrible
Schreibblock writing pad
schreiben write
Schreibtisch desk
Schreibwaren stationery
schreien cry, shout
Schritt footstep, step
Schublade drawer
Schuh shoe
Schuhreparaturen shoe repairs, cobbler's
Schuld fault
Schule school
Schüler(in) pupil
Schulter shoulder
Schüssel bowl
schütteln shake
schützen protect
Schwamm wiper
schwarz black
schwarzer Kaffee black coffee
Schweden/schwedisch Sweden/ Swedish
Schwein pig; *(Fleisch)* pork
Schweinefleisch pork
Schweiz Switzerland
Schweizer Franken Swiss franc
schwer heavy, serious
Schwester sister
schwierig difficult
schwimmen swim
See, der lake
See, die sea
Seezunge sole
Segment segment
Segment segment
sehen see
sehr very, a lot, very much

sein *poss pron* his, ist
sein *v* be
seine(r, s) his
seit since; for
Sekretär/in secretary
Sekretariat office
Sekt champagne
selbst even
Selbstbedienung self-service
Selbstbedienungsrestaurant cafeteria
selbstverständlich of course
Senf mustard
Serviette napkin, serviette *(GB)*
setzen put, place
setzen, sich sit (down)
Sherry sherry
sicher sure; safe
Sicherheitsgebühr security charge
Sicherheitskontrolle security check
Sicherheitsvorschriften safety regulations
Sichtwechsel sight draft
sie she; they
Sie you
Silvester New Year's Eve
singen sing
sitzen sit
Skonto discount
SMS text (message)
so so, like this
sobald as soon as
Socke sock
Sofa settee
sofort at once, immediately
Software software
sogar even
Sohn son
solange as long as
solche(r, s) such
sollen should
sondern but
Sondersitzung pezial meeting
Sondierungsgespräch exploratory discussion

Sonne sun
Sonnenbrille sunglasses
sonst otherwise
Sorbet sorbet
sorgen worry
sorgen für take care of
sorgfältig careful
sowohl … als auch … both … and …
Spalte column
Spanien/spanisch Spain/Spanish
spannend exciting
sparen save
Spargel asparagus
Sparte division
Spaß fun
spät late
später later
spazieren gehen go for a walk
Spaziergang walk
Speck bacon
Speicherkarte memory card
Speicherstick memory stick
Speisekarte menu
Spiegel mirror
Spiegelei fried egg
Spiel game, match
spielen play
Spieler(in) player
Spielplatz play park
Spielwaren toys
Spinat spinach
Spirituosen spirits (US: liquor)
Sportartikel sports goods
Sprache language
sprechen speak
Spritze injection
spülen rinse
Spülstein sink
Spur lane
Staat state
stabil bleiben remain stable
Stadt town, city
Stadtmitte (city) centre, downtown *(US)*
Standardmodell basic model
Standnummer stand number
Standschild stand sign

stark strong
statt instead of
stattfinden take place
Stau traffic jam
Steckdose power socket, outlet *(US)*
Stecker (electric) plug
stehen stand
stehen bleiben stop
stehen für represent
Steiermark Styria
steigen go up, rise
steigern rise, increase
Steigerung rise, increase
steil sharp(ly)
Stein stone
Stelle place
stellen put, place
Stellvertreter/in deputy
Steppdecke quilt, duvet *(GB)*
sterben die
Steuer tax
steuerfrei duty-free
Stil style
still quiet; still
stilllegen close down
stimmen be right
Stock floor; stick
Stockwerk floor
stolz proud
Stöpsel plug
stören disturb
storniert cancelled
Stoßzeit rush hour
Strafklausel penalty clause
Straße street, road
Straßenbahn tram
Straßenbauarbeiten roadworks
Straßenkarte road map
Strategie strategy
strategisch strategic
streiten argue
Streitigkeiten disagreements
Strom electricity
Stromschiene lighting track
Stück piece
Stück pro Tag units per day

Stückpreis unit price
Student(in) student
Stuhl chair
Stunde hour
stürzen slump, collapse
Subvention subsidy
subventionieren subsidize
suchen look for, search
Süden south
Supermarkt supermarket
süß sweet
Süßigkeiten confectionery
Süßstoff sweetener
sympathisch nice

T

Tabelle table
Tafel board
Tag day
Tageslichtprojektor overhead projector, OHP
Tagesordnung agenda
Tagesordnung festlegen draw up the agenda
Tagesordnungspunkt item on the agenda
täglich daily
Talfahrt decline
Talsohle erreichen hit bottom, reach the lowest point
tanken fill up with petrol
Tankstelle petrol station, gas station *(US)*
Tante aunt
tanzen dance
Tasche bag
Tasse cup
Team team
Teamleiter(in) team leader
Techniker/in technician
technische Ausstattung technical equipment
technischer Standard technical standard
Tee tea
Teil part

teilen share
teilnehmen attend, take part
Teilnehmer/in participant
Teilzeitkraft part-time staff
Telefon (tele)phone
Telefonanschluss telephone line
Telefonbuch (tele)phone book,
  (tele)phone directory
telefonieren telephone
Telefonist/in Telefonist, operator
Telefonkarte (tele)phone card
Telefonnummer (tele)phone
  number
Telefonzelle call box, phone booth
  (US)
Telegramm telegram
Telex telex
Teller plate
Teppich carpet
Termin deadline
Terminal terminal
termingerecht on schedule
teuer expensive
Theater theatre
Theaterkasse box office
Theaterstück play
Theke counter
Themse The Thames
Thunfisch tuna, tunny
Thüringen Thuringia
tief deep
Tiefe depth
Tiefgarage underground car park,
  underground parking (US)
Tier animal
Tintenfisch octopus, squid
Tisch table
Tischdecke tablecloth
Toast toast
Tochter daughter
Tochtergesellschaft subsidiary
Toilette toilet, restroom (US)
toll great, terrific
Tomate tomato
Topmodell top-of-the-range
  model

Tor gate; goal
Torte gateau
tot dead
töten kill
tragen carry; wear
Traum dream
träumen dream
traurig sad
treffen meet
Treffpunkt meeting place
Treppe stairs
Tresor safe
trinken drink
trocken dry
Tschechien/tschechisch The
  Czech Republic/Czech
tschüss bye!
tun do
Tür door
Türkei/türkisch Turkey/Turkish
Tüte bag
Typ type, bloke
typisch typical

U-Bahn underground,
  subway (US)
über over, above
überall everywhere
Übereinkunft agreement
Überführung flyover,
  overpass (US)
Übergepäckgebühr excess
  baggage charge
Überholspur fast lane
übermorgen day after tomorrow
Übernahme takeover
übernehmen take over
Überraschung surprise
überschreiten overrun
überweisen transfer
Überweisung money transfer
übrig left-over
übrigens by the way
Uhr clock, watch; time

um at (bei Zeitangaben)
umdrehen turn around
umgeleitet nach diverted to
Umhängetasche shoulder bag
Umleitung diversion, detour *(US)*
umorganisieren reorganize
Umsatz turnover
Umschlag envelope
umsteigen change
und and
unentschieden split decision; not settled
Unfall accident
Ungarn/ungarisch Hungary/Hungarian
ungefähr about, around
unglücklich unhappy
unhöflich rude
Universität university
unmöglich impossible
uns us
unser our
unsere(r, s) ours
unten below, downstairs
unter under, below
unterbrechen interrupt
Unterführung subway, underpass *(US)*
Untergeschoss basement
Unterhaltung conversation
Unterkunft accomodation
unterscheiden be different
Unterschied difference
unterschreiben sign
Unterschrift signature
Untertasse saucer
unterwegs on the way
Unterzeichner/in signatory
unwiderruflich irrevocable
unwirksam inoperative, null and void
Urlaub holiday
USB-Stick USB stick

V

Vanillesoße custard
Vater father
Venedig Venice
verabreden agree meet
verabschieden say goodbye
Veranstaltung event
Veranstaltungskalender List of events, What's on?
verantwortlich responsible
verarbeiten process
verbessern improve
verbessert improved
verbieten forbid
verbindlich binding
Verbindung line, connection
verboten forbidden, not allowed
Verbrauch consumption
verbringen spend
vereinbaren agree
Vereinbarung agreement
vergessen forget
vergrößern enlarge
verhalten behave
verhandeln negotiate
Verhandlung negotiation
Verhandlungsbasis basis for negotiation
Verhandlungsführer/in negotiator
Verhandlungspaket negotiation package
verheiratet married
verkaufen sell
Verkäufer/in sales assistant, salesperson
Verkaufspreis retail price
Verkaufsschlager best-seller
Verkehrsschild traffic sign
verlängern extend
Verlängerungskabel extension lead, cord *(US)*
verlassen leave
verletzen hurt, injure
verliebt in love
verlieren lose

verlorenes/pochiertes Ei poached egg
Verlust machen loss
vermarkten market
Vermittlung operator
vernünftig sensible; reasonable
Verpackung packing
Verpflichtung obligation
verringern lower, reduce
verrückt crazy
Versand despatch
verschieben postpone
verschieden different; various
verschließen lock
versenden post, mail
versichern insure
Versicherung insurance
verspätet delayed
versprechen promise
verstaatlichen nationalize
verstehen understand
Versuch trial, try
versuchen try
Versuchsanlage pilot plant
Vertrag contract
Vertragsbruch breach of contract
Vertragserfüllung completion of contract
Vertragshändler appointed dealer; concessionary
Vertragspartner/in party the contract
Vertragsstrafe penalty for breach of contract
Vertragsverletzung breach of contract
vertreten represent
Vertretung agency, representative office
Vertrieb distribution
Vertriebsnetz distribution network
Verwaltungsgebäude admin (administration) block
Verzicht waiver
Videorekorder video recorder, VCR *(US)*

viel a lot, much
vielleicht maybe
Viertel quarter
Visitenkarte business card
Vogel bird
voll full
völlig completely; absolutely
Vollkornbrot wholemeal bread
von from; of
vor to; in front of, before; ago
Vorarbeiter/in foreman/-woman
voraussichtliche Ankunftszeit ETA (estimated time of arrival)
vorbehalten subject to
vorbei past; over
Vorbesprechung preliminary meeting
Vorgesetzte/r superior
vorgestern day before yesterday
Vorhang curtain
vorher before
Vorkaufsrecht option (purchase)
Vorleger bathmat
Vormittag morning
Vorort suburb
Vorpommern Western Pomerania
vorrätig haben have in stock
Vorschlag suggestion
vorschlagen suggest
Vorstandsmitglied board member, director
Vorstandsvorsitzende/r chief executive officer (CEO), president *(US)*, managing director *(GB)*
Vorteil advantage
Vortrag talk
Vorwahl (area) code

Waadt Vaud
wach awake
wachsen grow
Wahl choice
wahr true
während while; during

wahrscheinlich probably
Wald wood, forest
Wallis Valais
Walnuss walnut
Wand wall
Wandschrank wall cabinet
wann when
Warenzeichen trademark
warm warm
Warschau Warsaw
warten wait
Wartung maintenance
wartungsfrei maintenance-free
warum why
was what
Waschanlage car wash
Waschbecken washbasin, sink
waschen wash
Wäscheservice laundry service
Wasser water
Wechsel bill of exchange (B/E)
Wechselkurs exchange rate
wechseln change
Wecker alarm clock
weder ... noch ... neither ... nor ...
weg away
Weg way, path
wegen because of, due to
Wegweiser signpost
weich soft
Weihnachten Christmas
1. Weihnachtstag Christmas Day
2. Weihnachtstag Boxing Day
weil because
Weile while
Wein wine
Weinbrand brandy
weinen cry
Weintrauben grapes
Weisheitszahn wisdom tooth
weiß white
Weißbrot white bread
Weißwein white wine
weit far; wide
weitsichtig long-sighted
welche(r, s) which

Weltmeisterschaft World Championship
weltweit worldwide
wenig little; few
weniger less
wenigste(r, s) least
wenn when, if
wer who
Werbegeschenk giveaway, freebie
Werbematerial advertising material
Werbezettel leaflet
werden become
Werk plant
Werkhalle production hall, factory building
Werkstatt (Auto) garage; workshop
Werkzeug tool
Wertsachen valuables
Westen west
Wetter weather
wichtig important
wie as, like; how
wieder again
wiederholen repeat
Wien Vienna
Wildschwein wild boar
Wind wind
wir we
wirklich really
wirtschaftlich economical
wissen know
Wissenschaftler/in scientist
Witz joke
WLan WiFi
wo where
Woche week
Wochenende weekend
Wochentag weekday
woher from where
wohin (to) where
Wohnung flat, apartment (US)
Wohnzimmer living room
Wolke cloud
Wolkenkratzer skyscraper

wollen want
Wort word
wunderbar wonderful
wünschen wish
Wurst sausage
Wurzel root
Wut anger

Z

Zahl number
zählen count
Zahlungsbedingungen conditions
  of payment
Zahn tooth
Zahn ziehen extract a tooth
Zahnarzt dentist
Zahnbürste toothbrush
Zahnfleisch gum
Zahnpasta toothpaste
Zahnschmerz toothache
Zahnschmerzen toothache
Zebrastreifen zebra crossing,
  pedestrian crossing
Zeichen sign
zeigen show
Zeigestock pointer
Zeit time
Zeitschriften magazines
Zeitung Newspaper
Zeitungen newspapers
Zentrale *(Telefon)* switchboard;
  (Firma) headquarters
Zentrum (city) centre, downtown
  (US)
Zeug stuff
ziehen pull
Ziel aim, target
Zielgruppe target group
ziemlich rather, quite
Zigarette cigarette
Zimmer room
Zimmermädchen chambermaid
Zitrone lemon
Zoll customs
Zollerklärung customs
  declaration

zu to; closed
zu verzollen declare
Zucchini courgette (US: zucchini)
Zucker sugar
zuerst first, at first
zufällig by chance
Zug train
Zugführer/in train driver
Zuhause home
zuhören listen
zukunftsweisend forward-looking
Zulieferer supplier
zumachen close
zurück back
zurückkehren return
zurückkommen come back
zurückschrauben cut back
zusammen together
zusammenbauen assemble
zusätzlich extra
Zuschlag supplement
Zustellung delivery
zuverlässig reliable
Zweck purpose
zweitens second(ly)
Zwiebel onion
zwischen between
Zypern/zypriotisch Cyprus/
  Cypriot

A

a ein(e) (*vor gesprochenen Konsonanten*)

a.m. vormittags (*bei Zeitangaben*)

abide by sich halten an

able in der Lage, fähig

about etwa, ungefähr; über

above oben; über

abroad Ausland

abscess Abszess

absent abwesend

absolutely völlig; absolut

abstention Enthaltung

accessories Accessoires

accident Unfall

accomodation Unterkunft

according to gemäß; laut

account Konto

account number Kontonummer

accountant Buchhalter/in

across the country landesweit

act of God höhere Gewalt

adaptor Adapter

address Adresse

addressee Empfänger

admin (administration) block Verwaltungsgebäude

adult Erwachsene(r)

advantage Vorteil

advertising material Werbematerial

advice Rat

afraid verängstigt

after nach

afternoon Nachmittag

afterwards nachher, danach

again wieder, noch einmal

against dagegen; gegen

age Alter

agency Agentur, Vertretung

agenda Tagesordnung

ago vor

agree vereinbaren

agreement Abkommen, Übereinkunft, Vereinbarung

aim Ziel

air Luft

air conditioning Klimaanlage

airplane *(US)* Flugzeug, Maschine

airport Flughafen

airport tax Flughafensteuer

aisle Gang

Aix-la-Chapelle Aachen

alarm clock Wecker

alcohol-free beer alkoholfreies Bier

alcoholic drinks alkoholische Getränke

all alle, alles; ganz, völlig

all right in Ordnung

allergic allergisch

allow erlauben, lassen

allowed erlaubt

almond Mandel

almost fast; gleich

alone allein

already schon; bereits

also auch

although obwohl

always immer

amend ändern

amendment Änderung

amount Menge

an ein(e) (*vor gesprochenen Vokalen*)

and und

angry böse, verärgert, wütend

animal Tier

annexe Anlage

announcement Durchsage

another noch ein(e), ein(e) andere(r, s)

answer antworten;

answering machine *(US)* Anrufbeantworter

answerphone Anrufbeantworter

any etwas, einige, irgend-

anyone, anybody (irgend)jemand

anything (irgend)etwas
anyway jedenfalls; sowieso; überhaupt
anywhere irgendwo
apart from außer, abgesehen von
apartment *(US)* Wohnung
apartment building *(US)* Apartmenthaus
apéritif Aperitif
apologize entschuldigen, sich
appendix Anhang
apple Apfel
appointed dealer Vertragshändler
apricot Aprikose
area Fläche
area code Vorwahl
area manager Gebietsleiter/in
argue sich streiten
arm Arm
around ungefähr; gegen
arrange a meeting eine Besprechung ansetzen
arrival Ankunft
arrive ankommen
art gallery Kunstgalerie
as da, wie; als
as if als ob
as long as solange
as soon as sobald
ashtray Aschenbecher
ask fragen
ask for bitten um
asparagus Spargel
assemble zusammenbauen
assembly Montage
assistant Assistent/in
at an; um *(bei Zeitangaben)*
at all überhaupt
at once sofort
Athens Athen
ATM = automatic teller machine *(US)* Geldautomat
attend teilnehmen
aubergine Aubergine
aunt Tante
Austria Österreich
automated automatisiert

avocado Avocado
avoid (ver-)meiden
award a contract ein Auftrag erteilen
away weg, fort
axis (vertical/horizontal) Achse (senkrecht/waagerecht)

B

baby Baby
back hintere(r, s), zurück,
bacon Schinkenspeck, Speck
bad schlecht, schlimm
bad luck Pech
badge Namensschild
badly schlecht
bag Tasche,
baggage Gepäck
baggage (re)claim Gepäck-ausgabe
baggage conveyor Gepäck-förderband
baggage rack Gepäckablage
baggage trolley Gepäckwagen
baked gebacken
baker's Bäcker
balcony Balkon
Bâle Basel
ballet Ballett
ballpoint (pen) Kugelschreiber
Baltic Ostsee
banana Banane
bank Bank
bank charges Bankgebühren
bank draft Bankwechsel
bank note Geldschein
bank sorting code Bankleitzahl
bar Balken
bar chart Balkendiagramm
bargain handeln
basement Untergeschoss
basic model Standardmodell
basis for negotiation Verhandlungsbasis
Basle Basel
bath Badewanne

bathmat Badematte, Vorleger
bathrobe Bademantel
bathroom Bad, Badezimmer; *(US)* Toilette
bathtub Badewanne
battery Akku
Bavaria Bayern
be sein
beans Bohnen
beard Bart
beautiful schön
beauty salon Schönheitssalon
because weil
because of wegen
become werden
bed Bett
bedroom Schlafzimmer
bedside lamp Nachttischlampe
beef Rind(fleisch)
beer Bier
before bevor, vorher; vor *(bei Zeitangaben)*
begin anfangen, beginnen
beginning Anfang
behave verhalten; sich benehmen
behind hinter
Belgium/Belgian Belgien/belgisch
believe glauben, meinen
belong gehören
below unten; unter
best beste(r, s), am besten
best-seller Verkaufsschlager
better besser
between zwischen
bicycle, bike Fahrrad
big groß
bill Rechnung; *(US)* Geldschein
bill of exchange (B/E) Wechsel
billfold *(US)* Brieftasche
binding verbindlich
bird Vogel
biro Kugelschreiber
birthday Geburtstag
birthplace Geburtshaus
bit bisschen
bite beißen

bitter dunkles Bier
black schwarz
black coffee schwarzer Kaffee
blind Jalousie, Rollo
block of flats Apartmenthaus
bloke Typ
blood Blut
blue blau
blue collar worker Arbeiter/in
board Tafel
board marker Marker
board member Vorstandsmitglied
boarding card Bordkarte
body Körper
boiled gekocht
boiled egg gekochtes Ei
bona fide gutgläubig
book Buch
boom Hochkonjunktur
booth Kabine
boring langweilig
borrow ausleihen
both beide; sowohl ... als auch ...
bottle Flasche
bottom unten; untere(n, s)
bowl Schüssel, Schale
box Loge
box office Theaterkasse
Boxing Day 2. Weihnachtstag
boy Junge
boyfriend Freund
bracelet Armband
branch Filiale, Niederlassung
brand Marke
brand-new brandneu
brandy Weinbrand
Brazil/Brazilian Brasilien/brasilianisch
breach of contract Vertragsbruch, Vertragsverletzung
bread Brot
break kaputtmachen; Pause
breakfast Frühstück
breakfast bar Frühstücksbüfett
breakfast room Frühstücksraum
breast Brust
bridge Brücke

bright hell; strahlend
bring mitbringen, bringen
broad breit
broadband DSL
broccoli Brokkoli
brochure Broschüre, Prospekt
broiled *(US)* gegrillt
broken kaputt; *(Linie)* gestrichelt, gebrochen
broken off abgebrochen
brooch Brosche
brother Bruder
brown braun
brown bread dunkles Brot
browser Browser
Brussels Brüssel
Brussels sprouts Rosenkohl
building Gebäude
building supervisor *(US)* Hausmeister/in
burn brennen; verbrennen
bus Bus
bus driver Busfahrer/in
bus stop Bushaltestelle
business area Geschäftsbereich
business card Visitenkarte
businessman/-woman Geschäftsmann/-frau
busy beschäftigt
busy signal *(US)* Besetzzeichen
but aber, sondern
butcher's Metzgerei
butter Butter
button *(US)* Namensschild
buy kaufen
by bei, nah(e); an
by the way übrigens
bye tschüss

C

cabbage Kohl
cabin Kabine
cabin attendant Flugbegleiter/in
cable Kabel
cafeteria Selbstbedienungs-restaurant; *(US)* Kantine

cake Kuchen
call rufen; anrufen; heißen; Anruf
call box Telefonzelle
calm down sich beruhigen
camera Fotoapparat
cancel absagen
cancelled storniert
canteen Kantine
capacity Kapazität
capital Kapital
car Auto
car park Parkplatz
car park ticket Parkschein
car wash Waschanlage
card (tele)phone Kartentelefon
care sich kümmern; Sorge
careful sorgfältig, vorsichtig
carefully vorsichtig
caretaker Hausmeister/in
Carinthia Kärnten
carpet Teppich
carrots Karotten
carry tragen
case Etui
cash Bargeld
cash against documents (C/D) Bezahlung gegen Dokumente
cash desk Kasse
cash dispenser Geldautomat
cashier *(US)* Kasse
cashpoint Geldautomat
castle Burg
cat Katze
catalogue Katalog
cathedral Dom
cauliflower Blumenkohl
cavity Loch
CD-writer CD-Brenner
ceiling Decke
cell (phone) *(US)* Handy
cell phone Handy
cemetery Friedhof
centre Stadtmitte, Zentrum
certain sicher, bestimmt
certainly sicherlich, natürlich
chain Kette
chair Stuhl; moderieren

chair a meeting eine Besprechung moderieren

chair(person) Moderator/in

chairman of the board Aufsichtsratsvorsitzende/r

chamber of commerce Industrie- und Handelskammer

chambermaid Zimmermädchen

champagne Sekt

chance Gelegenheit; Zufall

change ändern; umsteigen; Wechselgeld

Channel Ärmelkanal

chapel Kapelle

charge Gebühr

chat sich unterhalten; Unterhaltung

chauffeur Fahrer/in

cheap günstig, billig

check nachsehen; überprüfen

check in einchecken

check-out Kasse

cheese Käse

chef Küchenchef

chemist's Apotheke; Drogerie

cheque Scheck

cheque card Scheckkarte

cherry Kirsche

chest of drawers Kommode

chicken Hähnchen

chief executive officer (CEO) Vorstandsvorsitzende/r, Generaldirektor/in

child Kind

children's clothes Kinderbekleidung

China/Chinese China/chinesisch

chipped gesplittert

chips (GB) Pommes frites

choice (Aus-)Wahl

choose (aus-)wählen

chop Kotelett

Christmas Weihnachten

Christmas Day 1. Weihnachtstag

Christmas Eve Heiligabend

church Kirche

church service Gottesdienst

cigarette Zigarette

cigarette lighter Feuerzeug

cinema Kino

city Stadt

city centre Stadtmitte, Zentrum

class Klasse

clause Klausel

clean sauber; reinigen

cleaning fluid Reinigungsflüssigkeit

cleaning staff (US) Zimmermädchen

clear deutlich, klar

clear plastic folder Klarsichthülle

clerical worker Sachbearbeiter/in

clever schlau, klug

client Kunde/Kundin

cloakroom Garderobe

clock Uhr

close schließen, zumachen

close (to) nah(e)

close down stilllegen, schließen

closed geschlossen

clothes Kleidung

cloud Wolke

coat Mantel

coathanger Kleiderbügel

cocktail Cocktail, Mixgetränk

cod Kabeljau

code Vorwahl

coffee Kaffee

coin Münze

coin (tele)phone Münztelefon

cold Kälte; Erkältung; kalt

collapse stürzen

colleague Kollege; Kollegin

collect abholen; sammeln

collect call (US) R-Gespräch

collection Leerung

Cologne Köln

colour Farbe

colour printer Farbdrucker

column Spalte

come kommen

come back zurückkommen

come in hereinkommen

come into effect in Kraft treten

comfortable gemütlich

commission Provision

compensation claim Schadenersatz

compete konkurrieren

competition Konkurrenz

competitor Konkurrent/in

complain sich beschweren

complete ganz, vollständig

completely völlig

completion of contract Vertragserfüllung

comply with erfüllen

component Einzelteil

computer Computer

computerized computergesteuert

concentrate konzentrieren

concert Konzert

concert hall Konzerthalle

concessionary Vertragshändler

concourse Halle

conditions Bedingungen

conditions of payment Zahlungsbedingungen

confectionery Süßigkeiten

conference room Besprechungsraum

connecting flight Anschlussflug

connection Verbindung

consortium Konsortium

construct aufbauen

consulate Konsulat

consultant Berater/in

consumption Verbrauch

contact lenses (hard/soft) Kontaktlinsen (hart/weich)

contain enthalten

container Behälter

continue fortfahren, weitermachen

contract Auftrag, Vertrag

convenient günstig

conversation Unterhaltung

cook kochen

cooker Herd

cooperation Kooperation

cord (US) Verlängerungskabel

core business Hauptgeschäft, Kerngeschäft

corner Ecke

corner stand Eckstand

corporate image Firmenimage

correct richtig

corridor Flur

cosmetics Kosmetika

cost kosten

cost overrun Mehrkosten

costs Kosten

could könnte; konnte

count zählen

counter Schalter, Theke

couple Paar; ein paar

courage Mut

courageous mutig

courgette Zucchini

court of jurisdiction Gerichtsstand

cow Kuh

crab Krabben

crazy verrückt

cream Sahne

cream cheese Frischkäse

creamed potato Kartoffelpüree

credit card Kreditkarte

crispbread Knäckebrot

crossroad(s) Kreuzung

crown Krone

cry weinen; schreien;

cucumber Gurke

cup Tasse

cupboard Schrank

curious neugierig

currants Johannisbeeren

currency declaration Devisennachweis

current aktuell

curtain Vorhang, Gardine

curve Kurve

custard Vanillesoße

customary handelsüblich

customer Kunde/Kundin

customs Zoll

customs declaration Zollerklärung

cut schneiden

cut back reduzieren, zurückschrauben
cutlet Schnitzel
Cyprus/Cypriot Zypern/ zypriotisch
Czech Republic/Czech Tschechien/tschechisch

D

Dad, daddy Papa
daily täglich
dance tanzen; Tanz
danger Gefahr
dangerous gefährlich
dark dunkel
dark blue dunkelblau
date Datum
daughter Tochter
day Tag
dead tot
dead-end street Sackgasse
deadline Frist, Termin
dealer Händler/in
dear liebe(r, s)
decaf (decaffeinated) koffein- freier Kaffee
decision-making Entscheidungs- findung
declaration of intent Absichts- erklärung
declare zu verzollen
decline Talfahrt
decrease Abfall
decrease fallen
deep tief
definitely bestimmt
delayed verspätet
deliberately absichtlich
delivery Zustellung, (Aus-)Lieferung
delivery conditions Liefer- bedingungen
delivery date Liefertermin
delivery period Lieferfrist
Denmark/Danish Dänemark/ dänisch

dentist Zahnarzt, Zahnärztin
dentures Gebiss, Prothese
depart abfahren
department Abteilung
department store Kaufhaus
departure Abfahrt; Abflug
departure lounge Abflughalle
depth Tiefe
deputy Stellvertreter/in
describe beschreiben
desk Schalter, Schreibtisch
desk clerk *(US)* Empfangs- personal
despatch Versand
desserts Nachspeisen
destination Reiseziel
detour *(US)* Umleitung
development Entwicklung
dialling tone Amtszeichen
dictaphone Diktafon
die sterben
diesel Diesel
difference Unterschied
different anders, verschieden
difficult schwierig
dimensions Maße
dinner Abendessen
direction Richtung
directions Wegbeschreibung
director Vorstandsmitglied
directory (enquiries) Auskunft
dirt Schmutz
dirty schmutzig
disabled behindert
disadvantage Nachteil
disagreements Streitigkeiten
disc drive Laufwerk
disco(theque) Diskothek
discount Rabatt, Skonto
discuss besprechen
disk Diskette
dismantle abbauen
dismiss entlassen
display case Prospekthalter
distribution Vertrieb
distribution network Vertriebs- netz

district manager Bezirksleiter/in
disturb stören
diversify diversifizieren
diversion Umleitung
diverted to umgeleitet nach
division Sparte, Bereich
divorced geschieden
do tun, machen
doctor Arzt, Ärztin
document Dokument
documentary credit (D/C) Dokumentenakkreditiv
dog Hund
domestic flight Inlandsflug
door Tür
dotted punktiert
double bed Doppelbett
double room Doppelzimmer
down herunter; hinunter
downstairs unten
downtown *(US)* Stadtmitte, Zentrum
dramatic(ally) dramatisch
draw up entwerfen
draw up the agenda die Tagesordnung festlegen
drawer Schublade
dream träumen; Traum
dress Kleid
drill bohren
drink trinken; Getränk
driver Fahrer/in
driving licence Führerschein
drop fallen lassen
drunk betrunken
dry trocken; trocknen
dry cleaner's Reinigung
duck Ente
due erwartet, fällig
due to wegen, aufgrund
during während
duty-free steuerfrei
duvet *(GB)* Steppdecke, Federbett

E

each jede(r, s), je
ear Ohr
early früh
east Osten
Easter Ostern
easy leicht
easy operate leicht zu bedienen
eat essen
economical wirtschaftlich
eel Aal
effective effektiv
efficient effizient
egg Ei
eggplant *(US)* Aubergine
Egypt/Egyptian Ägypten/ ägyptisch
either ... or ... entweder ... oder ...
electric elektrisch
electric outlet *(US)* Stecker
electric plug Stecker
electrical goods Elektroartikel
elevator Aufzug
else sonst (noch); anders
email E-Mail
embassy Botschaft
emergency call Notruf
emergency exit Notausgang
employ beschäftigen
empty leer
end Ende
engaged besetzt; verlobt
engaged tone Besetztzeichen
engineer Ingenieur/in; *(US)* Zugführer/in
English Channel Ärmelkanal
enjoy genießen, mögen
enlarge vergrößern
enough genug
enquire erkundigen, sich
enquiry Auskunft
enter hereinkommen; betreten
entrance Eingang
envelope (Brief)Umschlag
equal gleich
equipment Gerät(e)

eraser Radiergummi
escalator Rolltreppe
escape clause Rücktrittsklausel
especially besonders
espresso Espresso
Estonia/Estonian Estland/
  estnisch
ETA (estimated time of arrival)
  voraussichtliche Ankunftszeit
even selbst, sogar; gerade
evening Abend
evening meal Abendessen
evening performance Abendvorstellung
event Veranstaltung
ever jemals
every jede(r, s)
everybody, everyone jede(r); alle
everything alles
everywhere überall
exact genau
exactly genau
excellent hervorragend
except außer
excess baggage charge Übergepäckgebühr
exchange Vermittlung, Zentrale
exchange rate Wechselkurs
exciting spannend
exclusion clause Ausschlussklausel
exclusive distribution rights
  Alleinvertriebsrecht
exclusivity Alleinvertretung
excuse sich entschuldigen
executive leitende/r
  Angestellte/r
exhibition Ausstellung
exhibition centre Messegelände
exhibition guide Ausstellungsverzeichnis
exhibitor Aussteller/in
exit Ausfahrt; Ausgang
expand expandieren, erweitern
expect erwarten
expected erwartet
expensive teuer

experience erfahren; Erfahrung
expiry date Ablaufdatum
explain erklären
exploratory discussion Sondierungsgespräch
export ausführen
exporter Exporteur
express letter Eilbrief
express train Schnellzug
extend ausbauen, verlängern
extension (number) Durchwahl
extension lead Verlängerungskabel
extra zusätzlich; Ersatz-
extract a tooth einen Zahn ziehen
extremely äußerst
eye Auge

F

face Gesicht
factory Fabrik
factory building Werkhalle
factory price Preis ab Werk
fall Abfall; fallen
fall asleep einschlafen
fallback Mindestertrag
fallen out ausgefallen
family Familie
family business Familienbetrieb
far weit
farm Bauernhof
fast schnell
fast lane Überholspur
fat dick; fett
father Vater
fault Schuld
favourite Lieblings-
fax Fax; faxen
fax line Faxanschluss
fear Angst
fee Gebühr
feel fühlen
felt tip (pen) Filzstift
ferry Fähre
festival Festival
few wenige; ein paar

field Feld
filing card Karteikarte
fill füllen
fillet Filet
filling Füllung, Plombe
film Film
filter lane Abbiegespur
final letzte(r, s); entgültig
final assembly Endmontage
final stop *(US)* Endstation
finalize abschließen
finally endlich; schließlich
finance finanzieren
find finden
find out herausfinden
fine fein; gut
finger Finger
finish beenden; fertig sein
finished fertig
fire Feuer; entlassen
first erste(r, s), zuerst
first aid Erste Hilfe
first class erstklassig
first floor erster Stock; *(US)*
   Erdgeschoss
fish Fisch
fit passen
fitness centre Fitnessraum
flat flach; Wohnung
flatten out abflachen
fleet Fuhrpark
flight Flug
flight attendant Flugbegleiter/in
flipchart Flipchart
floor Etage, Stock(werk),
   Geschoss
floor plan Hallenplan
floppy disk Diskette
flotation Börseneingang
flow chart Flussdiagramm
flower Blume
flu Grippe
fluctuate fluktuieren
fly fliegen
flyover Überführung
folder Schnellhefter, Mappe
follow folgen

food Lebensmittel
fool Fruchtpüree
foot Fuß
football Fußball
football ground Fußballstadion
football match Fußballspiel
footstep Schritt
for für, denn; seit
forbid verbieten
forbidden verboten
foreigner Ausländer(in)
foreman/-woman Vorarbeiter/in
forest Wald
forget vergessen
fork Gabel
former ehemalig
formulation Formulierung
forward-looking zukunftsweisend
found gründen
founder Gründer/in
frame Rahmen, Gestell
France/French Frankreich/
   französisch
franchise Konzession
franchisee Konzessions-
   nehmer/in
franchiser Konzessionsgeber/in
free frei; kostenlos
freebie Werbegeschenk
freeway *(US)* Autobahn
french fries Pommes frites
frequently häufig
fresh frisch
fridge Kühlschrank
fried gebraten
fried bread gebratenes Brot
fried egg Spiegelei
friend Freund(in)
frighten erschrecken
from von, aus
front vorderste(r, s)
fruit Obst
fruit juice Fruchtsaft
fruit salad Obstsalat
fulfil erfüllen
full voll, satt
fun Spaß

funny komisch, lustig

G

game Spiel
gap in the market Marktlücke
garage Werkstatt, Parkplatz
garlic Knoblauch
gas *(US)* Benzin
gas station *(US)* Tankstelle
gate Flugsteig, Tor
gateau Kuchen, Torte
general allgemein
Geneva Genf
Genoa Genua
gentleman Herr
Germany Deutschland
get bekommen; holen; kriegen
get dressed sich anziehen
get in hineinkommen; einsteigen
get off aussteigen
get on einsteigen; sich (gut)
  verstehen
get ready sich fertig machen
get up aufstehen
girl Mädchen
girlfriend Freundin
give geben
giveaway Werbegeschenk
glass Glas
glasses Brille
global global
go gehen
go bankrupt in Konkurs geraten
go down fallen
go in hineingehen
go up steigen
goal Tor; Ziel
God Gott
good gut
Good Friday Karfreitag
goodbye Abschied;
  auf Wiedersehen
goods Güter
goods produced under licence
  Lizenzwaren
government Regierung

gradual(ly) allmählich
granddaughter Enkelin
grandma, granny Oma
grandpa, granddad Opa
grandparents Großeltern
grandson Enkel
grapes Weintrauben
graph Grafik
grave Grab
great großartig, toll; groß
Greece/Greek Griechenland/
  griechisch
green grün
green salad grüner Salat
greet grüßen
greeting Gruß
grey grau
grid Gitter
grilled gegrillt
ground floor Erdgeschoss
ground meat *(US)* Hackfleisch,
  Gehacktes
ground staff Bodenpersonal
group Konzern; Gruppe
grow wachsen; anbauen, züchten
grow up aufwachsen
guarantee Garantie
guest Gast
gum Zahnfleisch
guy Kerl

H

haberdashery Kurzwaren
The Hague Den Haag
hair Haar
hair salon Friseur
hairdresser Friseur
hairdryer Fön
half halb; Hälfte
half-open halb offen
half-time Halbzeit
hall Halle
hall *(US)* Flur
ham Schinken
hand Hand
hand baggage Handgepäck

handbag Handtasche

handout Unterlagen *(zu einer Besprechung)*, Handout

handset *(GB)* Hörer

hang up aufhängen; (Hörer) auflegen

happen geschehen, passieren

happiness Glück

happy glücklich; froh

hard hart; schwer

hard disk Festplatte

hardly kaum

hate hassen

have haben

have a meeting eine Besprechung abhalten

have in stock vorrätig haben

have to müssen

hazelnut Haselnuss

he er

head Kopf

head of department Abteilungsleiter/in

head office Hauptverwaltung

headache Kopfschmerzen

headquarters Zentrale, Hauptverwaltung

health Gesundheit

heavy schwer

height Höhe

hello hallo

help Hilfe; helfen

her ihr

here hier

herring Hering

hers ihre(r, s)

Hesse Hessen

high hoch

high-rise Hochhaus

highspeed broadband DSL

high-speed train Hochgeschwindigkeitszug

him ihm, ihn

hire mieten; *(Arbeitnehmer)* anstellen

his sein; seine(r, s)

hit schlagen, treffen

hit bottom die Talsohle erreichen

hold halten

hold on warten

holding company Holding

hole Loch

hole punch Locher

holiday Urlaub

holidays Ferien

home Zuhause; nach Hause

honey Honig

hope hoffen; Hoffnung

hopefully hoffentlich

horse Pferd

hospital Krankenhaus

hostile takeover feindliche Übernahme

hot heiß

hotel reservation service Hotelzimmerreservierung

hour Stunde

house (Einfamilien-)Haus

how wie

Hungary/Hungarian Ungarn/ungarisch

hungry hungrig

hurry sich beeilen

hurt verletzen

husband Ehemann

I

I ich

ice cream Eis

ID (identification) Ausweis

ID (identity) card Personalausweis

idea Idee; Ahnung

identity card Ausweis

if wenn, ob

ill krank

illness Krankheit

immediately sofort

immigration office Einwanderungsstelle

import einführen

important wichtig

impossible unmöglich

improve verbessern
improved verbessert
in in; herein; hinein
in case falls; für den Fall
in favour dafür
in front of vor
in love verliebt
in return *(US)* als Gegenleistung
increase Steigerung
increase erhöhen, steigern
Indian corn Mais
indoor pool Hallenbad
indoors drinnen
industry Branche
informal discussion informelles Gespräch
information Auskunft
information desk Auskunftsstelle, Information, Infotheke
injection Spritze
injured verletzt
inoperative unwirksam
inside drinnen; hinein; herein
instead of statt
instructions Anweisungen
insurance Versicherung
insure versichern
intelligent intelligent
intercom Gegensprechanlage
interesting interessant
international (access) code internationale Vorwahl
international flight Auslandsflug
internet Internet
internet connection Internet-Anschluss
interrupt unterbrechen
into in
in-tray Eingangskorb
invest investieren
investment Investition
investor Investor/in
invitation Einladung
invite einladen
invoice Rechnung
iron bügeln
irrevocable unwiderruflich

issuing bank akkreditivstellende Bank
it es
Italy/Italian Italien/italienisch
item on the agenda Tagesordnungspunkt
its sein

jacket Jacke
jam Konfitüre
Japan/Japanese Japan/japanisch
jaw Kiefer
jazz club Jazzklub
jeans Jeans
jelly *(US:* **jello)** Götterspeise
jewellery Schmuck
job Arbeit, Beruf
joint venture Gemeinschaftsunternehmen
joke Witz
journey Fahrt; Reise
juice Saft
junction Kreuzung
just erst, genau, gerade

keep behalten
key Schlüssel
kidney(s) Nieren
kill töten
kilo(gram) Kilo
kind Art; freundlich
kiss küssen; Kuss
kitchen Küche
knee Knie
knife Messer
knock schlagen; klopfen
know kennen; wissen

lab(oratory) Labor
labor union *(US)* Gewerkschaft
ladies' clothing Damenbekleidung

lady Dame
lager helles Bier
lake See
Lake Constance Bodensee
Lake Geneva Genfer See
Lake Superior Obersee (USA/ Kanada)
lamb Lamm
lamp Lampe
land landen
lane Spur
language Sprache
laptop Laptop
large groß
last dauern, letzte(r, s)
late spät
later später
latest letzte(r, s), neuste(r, s)
Latvia/Latvian Lettland/lettisch
laugh lachen; Lachen
launch einführen
laundry service Wäscheservice
lawyer Rechtsanwalt/-anwältin
lay legen
layout Grundriss
lazy faul
lead-free Bleifrei
leading führend
leaflet Werbezettel
learn lernen, erfahren
least wenigste(r, s); geringste(r, s); mindeste(r, s)
leave verlassen, lassen; abfahren
lecture Vortrag
leek Lauch
left links
left-over übrig
leg Bein; (Fleisch) Keule
lemon Zitrone
length Länge
lens Glas, Linse
less weniger
let lassen
let in hereinlassen
letter Buchstabe; Brief
letter of credit (L/C) Akkreditiv
letter paper Briefpapier

level off abflachen
liability Haftung
liable: be liable for haften für
licence Lizenz
licensee Lizenznehmer/in
licenser Lizenzgeber/in
licensing agreement Lizenzabkommen
lie lügen; Lüge
lie down liegen, sich hinlegen
Liège Lüttich
life Leben
lift heben; Aufzug
light Licht; leicht, hell
light switch Lichtschalter
lighting Beleuchtung
lighting track Stromschiene
like wie; mögen
lime Limone
limited liability beschränkte Haftung
line Leitung, Verbindung, Linie
line graph Grafik
liqueur Likör
liquor (US) Spirituosen
Lisbon Lissabon
List of events Veranstaltungskalender
list price Listenpreis
listen zuhören, hören
Lithuania/Lithuanian Litauen/ litauisch
litre Liter
little wenig; klein
live leben, wohnen
liver Leber
living room Wohnzimmer
loading bay Ladeplatz
lobster Hummer
local örtlich, Orts-
local call Ortsgespräch
local train S-Bahn
lock verschließen; abschließen
logo Logo
long lang
long-distance call Ferngespräch
long-sighted weitsichtig

look schauen
look at blicken auf, ansehen
look for suchen
look forward to sich freuen auf
loose locker
lorry LKW
lose verlieren
loss Verlust machen
lost verloren; verlaufen
lost & found (US) Fundbüro
lost property office Fundbüro
lot viel
loud laut
loudspeaker Lautsprecher
lounge Gesellschaftsraum
love lieben; Liebe
low niedrig
lower verringern
Lower Saxony Niedersachsen
luggage (GB) Gepäck
lunch Mittagessen; Mittag

M

machine Maschine
mad verrückt
magazines Zeitschriften
mail versenden
mailbox (US) Postkasten,
   Briefkasten
mailshot Mailing
main entrance Haupteingang
main hall Halle
maintenance Wartung
maintenance-free wartungsfrei
maitre d' (US) Oberkellner/in
maitre d'hotel Oberkellner/in
make machen
make a (telephone) call anrufen
make a profit Gewinn
man Mann
manage leiten
manager leitende/r Angestellte/r
managing director (GB)
   Vorstandsvorsitzende/r,
   Generaldirektor/in
manufacture herstellen

manufacture under licence in
   Lizenz herstellen
manufacturer Hersteller/in
many viele
map (Stadt-)Plan
marker pen Marker
market Markt; vermarkten
market share Marktanteil
market leader Marktführer
married verheiratet
marry heiraten
mashed gestampft
mashed potatoes Kartoffelpüree
mass Messe
match Spiel
matinee Frühvorstellung
matrix Matrix
matter Sache
mattress Matratze
maximum maximal
maybe vielleicht
me mich
meal Essen; Mahlzeit
mean bedeuten
meanwhile inzwischen, in der
   Zwischenzeit
meat Fleisch
meat pies Fleischpasteten
mechanic Mechaniker/in
medicine Medizin
Mediterranean Mittelmeer
medium halbtrocken (Wein)
meet treffen; kennen lernen
meeting Besprechung
meeting place Treffpunkt
meeting point Treffpunkt
meeting room Konferenzraum
melon Melone
member Mitglied
memorial Denkmal
memory card Speicherkarte
memory stick Speicherstick
menswear Herrenbekleidung
menu Speisekarte
merchandise Handelswaren
merge fusionieren
merger Fusion

message Nachricht
mid-day Mittag
middle Mitte
Milan Mailand
milk Milch
mince Hackfleisch, Gehacktes
mine meine(r, s)
mineral water Mineralwasser
minibar Minibar
minimum minimal
ministry Ministerium
minute Minute
minutes Protokoll
mirror Spiegel
Miss *Anrede für unverheiratete Frau*
miss vermissen, verpassen
mixed salad gemischter Salat
mobile (phone) Handy
modem Modem
moderate günstig
modern modern
money Geld
money transfer Überweisung
monitor Monitor
monopoly Monopol
monument Denkmal
more mehr
morning Vormittag, Morgen
Moscow Moskau
most meiste(r, s), am meisten; äußerst
most of all am liebsten
mostly meistens
mother Mutter
motion Antrag
motorbike Motorrad
motorway Autobahn
mountain Berg
mouse Maus
mouth Mund
move bewegen, (sich)
movie *(US)* Film
movie theater *(US)* Kino
much viel
muesli Müsli
multistorey car park Parkhaus

mum, mummy Mutter, Mama
Munich München
museum Museum
mushrooms Champignons, Pilze
music Musik
musical Musical
mussels Muscheln
must müssen
mustard Senf
mutton Hammel
my mein(e, r)

N

name Name
napkin Serviette
Naples Neapel
nationalize verstaatlichen
naturally natürlich
near nah(e), bei
nearby in der Nähe
necessary notwendig; nötig
neck Hals
necklace Halskette
need Bedarf; brauchen
negotiate verhandeln, aushandeln
negotiation Verhandlung
negotiation package Verhandlungspaket
negotiator Verhandlungsführer/in
neither ... nor ... weder ... noch ...
Netherlands/Dutch Niederlande/ niederländisch
Neuchâtel Neuenburg
never nie, niemals
new neu
New Year's Day Neujahr
New Year's Eve Silvester
news Nachrichten; Neuigkeiten
newspaper Zeitung
next nächste(r, s)
next to neben
nice nett; sympathisch
night Nacht
night club Nachtklub
night porter Nachtportier
no nein, kein

no competition konkurrenzlos
nobody, no one niemand
noise Lärm; Geräusch
non-alcoholic drinks alkoholfreie Getränke
none keine(r/s)
normally normalerweise
north Norden; nördlich
North Rhine-Westphalia Nordrhein-Westfalen
North Sea Nordsee
Norway/Norwegian Norwegen/norwegisch
nose Nase
not nicht
not any kein
not settled unentschieden
note Geldschein
nothing nichts
notions *(US)* Kurzwaren
now jetzt, nun
null and void null und nichtig, unwirksam
number Nummer; Zahl
Nuremberg Nürnberg
nurse Krankenschwester
nursery school Kindergarten

O

obligation Verpflichtung
observe beachten
obviously offensichtlich
octopus Tintenfisch
of von
of course selbstverständlich, natürlich
off ab; weg; ausgeschaltet
offer Angebot, Kostenvoranschlag; anbieten
office Büro, Sekretariat
office block Bürogebäude
office building *(US)* Bürogebäude
office chair Bürostuhl
office worker kaufm. Angestellte/r
often oft

OHP Tageslichtprojektor
OHP pen Folienschreiber
oil Öl
oil and vinegar Öl und Essig
old alt; ehemalig
on auf, an (Tag)
on schedule termingerecht
once einmal
one ein(s), eine(r, n)
one way ticket *(US)* einfach(e Fahrt)
one-way street Einbahnstraße
onion Zwiebel
only nur; einige(r, s)
open öffnen, offen
opera Oper
opera house Opernhaus
operator Telefonist/in, Vermittlung
opinion Meinung
opportunity Gelegenheit
opposite gegenüber; Gegenteil
option (purchase) Vorkaufsrecht, Option
or oder
orange Apfelsine, Orange; orange
order bestellen; Bestellung
order card Bestellkarte
order form Bestellformular
organigram Organigramm
other andere(r, s)
otherwise sonst
our unser
ours unsere(r, s)
out heraus
outlet *(US)* Stecker, Steckdose
outside draußen
outsource outsourcen
outstanding hervorragend
out-tray Ausgangskorb
over über; vorbei
over there da drüben, dort
overhead *(US)* Fixkosten
overhead projector Tageslicht-projektor
overheads fixe Kosten, Fixkosten
overpass *(US)* Überführung

overrun überschreiten
own eigen; besitzen
oysters Austern

P

p.m. nachmittags
packet Packung
packing Verpackung
pain Schmerz
pair Paar
palace Schloss
paper-clip Büroklammer
paragraph Absatz
parcel Päckchen; Paket
parent company Muttergesellschaft
parents Eltern
park Park; parken
parking charge Parkgebühr
parking garage *(US)* Parkhaus
parking lot *(US)* Parkplatz
parking meter Parkuhr
parking space Parkplatz
part Teil
participant Teilnehmer/in
participate in beteiligen
participation Beteiligung
partner Partner(in)
partridge Rebhuhn
part-time staff Teilzeitkraft
party the contract Vertrags-
partner/in
passport Reisepass
passport control Passkontrolle
past vorbei; nach (bei Zeitangaben)
patent Patent
patient geduldig
pavement Bürgersteig
pay bezahlen; Gehalt
payable fällig
payment Bezahlung
PC PC
peace Frieden; Ruhe
peach Pfirsich
peak den Höchststand erreichen

pear Birne
peas Erbsen
pedestrian crossing Zebrastreifen
pedestrian precinct Fußgängerzone
penalty clause Strafklausel
penalty for breach of contract
Vertragsstrafe
pencil Bleistift
pencil sharpener Anspitzer
Pentecost Pfingsten
peppers Paprika
per pro per Prokura
percentage Prozentsatz
perch Barsch
perforator Locher
performance Leistung
perfume Parfüm
person Mensch; Person
personal persönlich
personnel Personal
person-to-person call Gespräch
mit Voranmeldung
petrol Benzin
petrol station Tankstelle
pharmacy *(US)* Apotheke
pheasant Fasan
phone anrufen; Telefon
phone book Telefonbuch
phone booth *(US)* Telefonzelle
phone box Telefonzelle
phone card Telefonkarte
phone directory Telefonbuch
phone number Telefonnummer
photocopier Fotokopierer
pick up aufheben; abholen;
abnehmen
picture Bild
pie chart Kuchendiagramm
piece Stück
pig Schwein
pike Hecht
pillar Säule
pillow Kopfkissen
pillow case Kopfkissenbezug
pilot plant Versuchsanlage

PIN (personal identity number) Geheimnummer

pin *(US)* Brosche

pineapple Ananas

pink rosa

pint *Flüssigkeitsmaß (GB= 0,568 l, USA= 0,473 l)*

place Ort; Stelle; stellen, setzen

place of delivery/performance Erfüllungsort

plaice Scholle

plan Plan

plan a meeting eine Besprechung vorbereiten

plane Flugzeug, Maschine

planning meeting Planungsbesprechung

plant Werk

plastic folder Klarsichthülle

plate Teller

platform Gleis

play spielen; Theaterstück

play park Spielplatz

player Spieler

please gefallen; bitte

pleasure Vergnügen

plug Stecker, Stöpsel

poached pochiert

poached egg verlorenes/ pochiertes Ei

point Punkt

pointer Zeigestock

Poland/Polish Polen/polnisch

police Polizei

police officer Polizist(in)

police station Polizeirevier

police woman Polizistin

polite höflich

politics Politik

pool Hallenbad

poor arm

popular beliebt

pork Schweinefleisch

porridge Haferbrei

port Portwein

porter Pförtner/in, Pförtner

portion Portion

Portugal/Portuguese Portugal/ portugiesisch

possess besitzen

possible möglich

post versenden

post code Postleitzahl

post office Post

postbox Postkasten, Briefkasten

postcard Postkarte

postpone verschieben

potato Kartoffel

poultry Geflügel

pound Pfund

power point Steckdose

power socket Steckdose

powerful kraftvoll

Prague Prag

preliminary meeting Vorbesprechung

prescription (Arzneimittel-) Rezept

present anwesend

president *(US)* Vorstandsvorsitzende/r, Generaldirektor/in

press drücken

press conference Pressekonferenz

press release Pressemitteilung

pretty hübsch

price Preis

price excalator clause Preisgleitklausel

price list Preisliste

printer Drucker

private privat

privatize privatisieren

pro forma (invoice) Pro-forma-Rechnung

probably wahrscheinlich

problem Problem

problem-solving meeting Problemlösungsbesprechung

process verarbeiten

produce herstellen

producer Hersteller

production Herstellung

production area Produktionsstätte
production hall Werkhalle
production line Fließband
production process Produktionsablauf
profit Gewinn
profitability Rentabilität
profitable rentabel
profit from profitieren von
profit margin Gewinnspanne,
Handelsspanne
program Programm
project group Projektgruppe
project group meeting Projektgruppenbesprechung
project manager Projektleiter(in)
promise versprechen
properly ordentlich
propose a motion einen Antrag
stellen
protect schützen
proud stolz
psychologist Psychologe/
Psychologin
pub Kneipe; Gaststätte
public öffentlich; Öffentlichkeit
public restroom *(US)* öffentliche
Toilette
public toilet öffentliche Toilette
pull ziehen
punctually pünktlich
pupil Schüler(in)
purchase beschaffen
purple lila
purpose Grund, Zweck
purse Portemonnaie;
(US) Handtasche
put setzen; stellen; legen
put down aufschreiben; auflegen
put on anziehen; aufsetzen

quadrant Quadrant
quality Qualität
quality control Qualitätskontrolle

quarter Viertel
question Frage
queue Warteschlange; sich
anstellen
queue up anstehen, sich anstellen
quick schnell
quickly schnell
quid pro quo als Gegenleistung
quiet leise, still, ruhig
quilt Steppdecke, Federbett
quite ganz, ziemlich
quotation Angebot

R & D (research and development)
Forschung & Entwicklung
rabbit Kaninchen
radio alarm clock Radiowecker
railroad *(US)* Eisenbahn
railway Eisenbahn
rain Regen; regnen
raise heben; erhöhen
range Palette
rarely selten
raspberries Himbeeren
rather lieber; ziemlich
rationalize rationalisieren
raw roh
raw material Rohstoff
reach erreichen
reach the highest point den
Höchststand erreichen
reach the lowest point die
Talsohle erreichen
read lesen
ready bereit, fertig
real echt
really wirklich; eigentlich
reason Grund
reasonable vernünftig; günstig
receipt Empfangsbestätigung
receiver Hörer
reception Rezeption, Empfang
receptionist Empfangspersonal,
Rezeptionist/in
recession Rezession

recognize erkennen
recommend empfehlen
recyclable recyclebar
red rot
red cabbage Rotkohl
reduce verringern
refrigerator Kühlschrank
regional regional
regional manager Regional-
leiter/in
registered letter (per) Einschreiben
registration Anmeldung
regret bedauern
reliable zuverlässig
remain stable stabil bleiben
remember sich erinnern
remind erinnern
remote control Fernbedienung
rent mieten; Miete
rental charge Miete
reorganize umorganisieren
repeat wiederholen
represent vertreten, stehen für
representative Handelsvertreter
representative office Vertretung
request bitten
requirement Bedarf
rescind aufheben
research Forschung
research centre Forschungszentrum
reservation of proprietary rights
Eigentumsvorbehalt
responsible verantwortlich
rest sich ausruhen; Rest
restaurant Restaurant
restroom (US) Toilette
result Ergebnis; Folge
retail price Ladenpreis,
Verkaufspreis
retailer Einzelhändler
return zurückkehren
return ticket Rückfahrkarte
reverse charge call R-Gespräch
Rhine Rhein

Rhineland-Palatinate Rheinland-
Pfalz
rice Reis
right rechte(r, s); richtig; Recht
ring Ring; klingeln
ring binder Aktenordner
ringing tone Rufton
rinse spülen
rise steigen; steigern; Steigerung
river Fluss
road Straße
road map Straßenkarte
roadworks Straßenbauarbeiten
roast geröstet
robot Roboter
rocket in die Höhe schießen
roll Brötchen
room Zimmer; Platz
root Wurzel
rosé Rosé(wein)
rotary (US) Kreisverkehr
round rund
round trip ticket (US) Rückfahrkarte
roundabout Kreisverkehr
royalty Lizenzgebühr
rubber (GB) Radiergummi
rubbish Abfall
rude unhöflich, ungezogen
ruler Lineal
run laufen, rennen
runway Landebahn
rush eilen; Eile
rush hour Stoßzeit
Russia/Russian Russland/
russisch

S

sack entlassen
sad traurig
safe Safe, Tresor; sicher
safe deposit box (GB) Schließfach
safety deposit box (US) Schließfach
safety regulations Sicherheitsvorschriften

salad Salat
salary Gehalt
sales assistant Verkäufer/in
salesperson Verkäufer/in
saline solution Aufbewahrungsflüssigkeit
salmon Lachs
salt Salz
same gleich
sample Muster
sample (not for sale) Ausstellungsstück
satisfied zufrieden
saucer Untertasse
sauna Sauna
sausage Wurst
save retten; sparen
say sagen
scanner Scanner
school Schule
scientist Wissenschaftler/in
scrambled eggs Rührei
screen Bildschirm
screw Schraube
sea Meer; die See
seafood Meeresfrüchte
search suchen
seaside am Meer
season Jahreszeit; Saison
seat Platz
second zweite(r, s); Sekunde
second floor (US) erster Stock
secretary Sekretär/in
section Paragraph
sector of the market Marktsegment
security Bürgschaft
security charge Sicherheitsgebühr
security check Sicherheitskontrolle
see sehen
segment Segment
self-service Selbstbedienung
sell verkaufen
send abschicken
sender Absender
sensible vernünftig

serious ernst; schwer
serve servieren; bedienen
server (US) Kellner/in
service Gottesdienst
service area Rasthof
service station Tankstelle
services Dienstleistungen
serviette (GB) Serviette
settee Sofa
several mehrere
shake schütteln
shandy Alsterwasser, Radler
share Aktie; teilen
share of the market Marktanteil
shareholder Aktionär/in,
Gesellschafter/in
sharp(ly) steil
sharpener Anspitzer
shave rasieren; Rasur
she sie
sheet Laken
shelf Regal
sherry Sherry
shirt Hemd
shoe Schuh
shoe repairs Schuhreparaturen
shoot up in die Höhe schießen
shop Laden
shop floor Fertigung
shopping Einkauf
short kurz
short-sighted kurzsichtig
should sollte
shoulder Schulter
shoulder bag Umhängetasche
shout schreien
show zeigen
shower Dusche
shower curtain Duschvorhang
shredder Reißwolf
shrimps Garnelen
sick krank, übel
sidewalk (US) Bürgersteig
sight draft Sichtwechsel
sign Schild; Zeichen;
unterschreiben
sign unterschreiben

signatory Unterzeichner/in
signature Unterschrift
signpost Wegweiser
silence Ruhe
silly blöd
similar ähnlich
simple einfach
since seit
sing singen
single einzeln; allein stehend, ledig
single bed Einzelbett
single room Einzelzimmer
single ticket einfach(e Fahrt)
sink Waschbecken, Spülstein
sirloin Lendenstück (Steaks)
sister Schwester
sit sitzen, sich setzen
sit down sich hinsetzen
size Größe
skilled worker Facharbeiter/in
skirt Rock
sky Himmel
skyscraper Wolkenkratzer
sleep Schlaf; schlafen
slice Scheibe
slide Dia
slide projector Diaprojektor
slim schlank
slow langsam
slowly langsam
slump stürzen
small klein
small print Kleingedruckte(s)
smart schick
SME's (small and medium-sized enterprises) mittelständische Unternehmen
smell riechen; Geruch
smile lächeln; Lächeln
smoke rauchen; Rauch
smoked geräuchert
snow schneien; Schnee
so so; also
soaking solution Aufbewahrungsflüssigkeit
soccer (US) Fußball

soccer stadium (US) Fußball-stadion
sock Socke
soft weich; sanft
software Software
sole Seezunge
sole agency Generalvertretung
sole representative Alleinvertreter
solid durchgehend
some etwas, ein bisschen, ein paar, einige
someone jemand
something etwas
sometimes manchmal
somewhere irgendwo
son Sohn
soon bald
sorbet Sorbet
sorry Entschuldigung
sort Art
sound Geräusch; sich anhören
south Süden
souvenirs Andenken
Spain/Spanish Spanien/spanisch
spare parts Ersatzteile
spare ribs Rippchen
sparkling mit Kohlensäure
speak sprechen
special besondere(r, s)
special meeting Sondersitzung
specifications Angaben
spend ausgeben, verbringen
spicy scharf
spinach Spinat
spirits Spirituosen
split decision unentschieden
spoon Löffel
sporting goods (US) Sportartikel
sports goods Sportartikel
square Platz
squid Tintenfisch
staff Personal
staff council Betriebsrat (Organ)
stairs Treppe
stalls Parkett
stamp Briefmarke

stand stehen
stand number Standnummer
stand sign Standschild
stapler Hefter
state Staat; Zustand
state-of-the-art (design) neueste(s) (Design)
station Bahnhof
stationery Schreibwaren; *(US)* Briefpapier
stay bleiben; Aufenthalt
steadily gleichmäßig
steady gleichmäßig
steamed gedämpft
step Schritt
stewed geschmort, gedünstet
still (immer) noch; ohne Kohlensäure
stipulate bestimmen
stipulation Bestimmung
stock Lagerbestand
stock market listing Börseneingang
stomach Bauch
stone Stein
stop aufhören, anhalten; Haltestelle
storage Lagerung
store Laden, Lager
stout dunkles Starkbier (z. B. „Guinness")
straight geradeaus; gerade
straight away sofort
strange fremd, seltsam
strategic strategisch
strategy Strategie
strawberries Erdbeeren
street Straße
strict streng
strong kräftig, stark
student Student(in)
stuff Zeug
stupid dumm; doof
style Stil
Styria Steiermark
subject to vorbehalten
subsidiary Tochtergesellschaft

subsidize subventionieren
subsidy Subvention
suburb Vorort
suburban train S-Bahn
subway Unterführung; *(US)* U-Bahn
success Erfolg
successful erfolgreich
such solche(r, s), so
sudden(ly) plötzlich
sugar Zucker
suggest vorschlagen
suggestion Vorschlag
suit Anzug; (jdm) stehen
suitable geeignet, passend
suitcase Koffer
sun Sonne
sunglasses Sonnenbrille
super Super
superior Vorgesetzte/r
supermarket Supermarkt
supplement Zuschlag
supplier Lieferant, Zulieferer
supply and demand Angebot und Nachfrage
sure sicher, natürlich
surety Bürgschaft
surprise Überraschung
swear fluchen
Sweden/Swedish Schweden/ schwedisch
sweet süß; *(Wein)* lieblich; Süßigkeit;
sweet corn Mais
sweetener Süßstoff
swim schwimmen
Swiss franc Schweizer Franken
switch off ausschalten
switch on einschalten
switchboard Zentrale
switched off aus
switched on an
Switzerland Schweiz

table Tisch, Tabelle
tablecloth Tischdecke
take nehmen; mitnehmen
take a call einen Anruf
  entgegennehmen
take off ausziehen; entfernen;
  abheben
take on anstellen
take over übernehmen
take part teilnehmen
take place stattfinden
take the minutes das Protokoll
  führen
taken besetzt
takeover Übernahme
talk Vortrag; reden
tall groß
target Ziel
target group Zielgruppe
taste schmecken; probieren
tasty lecker
tax Steuer
tea Tee
teacher Lehrer(in)
team Team
technical equipment technische
  Ausstattung
technical standard technischer
  Standard
technician Techniker/in
telegram Telegramm
telephone telefonieren; Telefon
telephone book Telefonbuch
telephone box Telefonzelle
telephone card Telefonkarte
telephone directory Telefonbuch
telephone line Telefonanschluss
telephone number Telefonnummer
telephonist Telefonist/in
television, TV Fernseher
telex Telex
tell sagen, erzählen
temporary filling provisorische
  Füllung

terminal Terminal
terminate kündigen
terminus Endstation
terms of business Geschäftsbedingungen
terrible furchtbar, schrecklich
terrific toll
tested erprobt
text (message) SMS
Thames Themse
than als
thank sich bedanken
thanks Dank
that dass; das
the der, die, das; je ...
theatre Theater
their ihr
theirs ihre(r, s)
them sie, ihnen
then dann
there dort, da
therefore also
they sie
thick dick
thin dünn
thing Ding; Sache
think denken, meinen
thirsty durstig
this diese(r, s)
those diese
though obwohl
through durch
through train durchgehender Zug
Thuringia Thüringen
ticket Fahrkarte, Eintrittskarte
ticket agency Kartenverkaufsstelle
ticket machine Parkscheinautomat, Fahrkartenautomat
ticket office Fahrkartenverkaufsstelle
tight eng
till Kasse
time Zeit
timetable Fahrplan
tired müde

to zu (*Richtung*), nach; vor (*Uhrzeit*)
toast Toast
today heute
together zusammen
toilet Toilette
toiletries Drogerieartikel
toll bridge gebührenpflichtige Brücke
toll road gebührenpflichtige Straße
tomato Tomate
tomorrow morgen
tonight heute Abend, heute Nacht
too auch
tool Werkzeug
tooth Zahn
toothache Zahnschmerzen
toothbrush Zahnbürste
toothpaste Zahnpasta
top-of-the-range model Topmodell
tossed salad gemischter Salat
tourist information centre Fremdenverkehrsamt
towards auf ... zu
towel Handtuch
tower block Hochhaus
town Stadt
town hall Rathaus
toys Spielwaren
track (*US*) Gleis
trade Handel
trade discount Handelsrabatt
trade fair Messe
trade fair centre Messezentrum
trade fair office Messebüro
trade union Gewerkschaft
trade visitor Fachbesucher/in
trademark Warenzeichen
traffic jam Stau
traffic light Ampel
traffic sign Verkehrsschild
train Zug
train driver Zugführer/in
train station Bahnhof
train station (*US*) Bahnhof

trainee Auszubildende/r
training centre Ausbildungszentrum
tram Straßenbahn
transfer überweisen
transparency Folie
transportation Beförderung
travel agency Reisebüro
traveller's cheque Reisescheck
tray Ablagekorb
tree Baum
trial Versuch
trial order Probeauftrag
trip (*US*) Fahrt
trouble Ärger; Mühe
trouble-free reibungslos
trousers Hose
trout Forelle
truck fleet LKW-Fuhrpark
true wahr, treu
try versuchen; probieren
try on anprobieren
tuna Thunfisch
turkey Pute
Turkey/Turkish Türkei/türkisch
turn drehen; abbiegen
turn around umdrehen
turning lane (*US*) Abbiegespur
turnkey schlüsselfertig
turnover Umsatz
TV Fernseher
twin beds Einzelbetten
typical typisch

U

ugly hässlich
umbrella Regenschirm
unable nicht in der Lage, unfähig
unanimous einstimmig
uncle Onkel
under unter
underground U-Bahn
underground car park, underground parking (*US*) Tiefgarage
underpass (*US*) Unterführung
understand verstehen

unemployed arbeitslos
unfortunately leider
unhappy unglücklich
unique einmalig
unit Einheit
unit price Stückpreis
units per day Stück pro Tag
university Universität
unleaded Bleifrei
until bis
up herauf, hinauf
upstairs oben
urgent dringend
us uns
USB stick USB-Stick
use benutzen, gebrauchen
used to früher
be used to gewohnt sein an
useful nützlich

V

Valais Wallis
valid gültig
valuables Wertsachen
various verschieden
VAT (value added tax) Mehrwertsteuer
Vaud Waadt
VCR Videorekorder
veal Kalb
vegetable Gemüse
Venice Venedig
venison Reh
venue Gerichtsstand
very sehr
video recorder Videorekorder
Vienna Wien
village Dorf
visit besuchen; Besuch
visitor Besucher(in)
vote abstimmen

W

wait warten
waiter Kellner

waitress Kellnerin
waiver Verzicht, Außerkraftsetzung
wake up aufwachen
walk laufen, gehen; Spaziergang
wall Wand
wall cabinet Wandschrank
wallet Brieftasche
walnut Walnuss
want wollen
war Krieg
wardrobe Kleiderschrank
warehouse Lagerhalle
warm warm
Warsaw Warschau
wash waschen; Wäsche
washbasin Waschbecken
watch sehen; Armbanduhr
watch out aufpassen
water Wasser
watermelon Wassermelone
way Weg; Art
way home Heimweg
way out Ausgang
we wir
wear tragen (*Kleidung*)
weather Wetter
wedding Hochzeit
week Woche
weekday Wochentag
weekend Wochenende
well gut; nun
west Westen
Western Pomerania Vorpommern
what was
What's on? Veranstaltungskalender
wheel Rad
wheelchair Rollstuhl
when wann; als
where wo, wohin
which welche(r, s)
while Weile; während
whipped cream Schlagsahne
Whit Monday Pfingstmontag
white weiß, mit Milch (*Kaffee*)
white bread Weißbrot

white coffee Kaffee mit Milch
white collar worker Angestellte/r
Whitsun Pfingsten
who wer
whole ganz
wholemeal bread Vollkornbrot
wholesale price Einkaufspreis
wholesaler Großhändler
why warum
wide weit; breit
width Breite
wife Ehefrau
WiFi WLan
wild boar Wildschwein
will werden *(bei der Futurbildung)*
wind Wind
wine Wein
wiper Schwamm
wisdom tooth Weisheitszahn
wise klug
wish wünschen; Wunsch
wishes *(im Brief)* Grüße
with mit
without ohne
witness beglaubigen
woman Frau
wonderful wunderbar
wood Wald; Holz
word Wort
work arbeiten; Arbeit
workers council Betriebsrat
  (Organ)
workshop Werkstatt
world Welt

world championship Weltmeisterschaft
worldwide weltweit
worry Sorge, sich sorgen
worse schlechter, schlimmer
worst der/die/das schlechteste,
  am schlechtesten
would würde; möchte
write schreiben
writing pad Schreibblock
wrong falsch

Y

year Jahr
yellow gelb
yellow pages Branchenverzeichnis
yes ja
yesterday gestern
yet noch; schon
yoghurt Joghurt
you du; Sie; ihr
young jung
your dein; Ihr; euer
yours deine(r, s); Ihre(r, s);
  euere(r, s)

Z

zebra crossing Zebrastreifen
zip code *(US)* Postleitzahl
zucchini *(US)* Zucchini

SCHLAGWORTREGISTER